国家自然科学基金委资助出版（项目编号：71562028）

企业知识合作机制研究

何景涛　著

中国财经出版传媒集团

经济科学出版社
Economic Science Press

图书在版编目（CIP）数据

企业知识合作机制研究/何景涛著．—北京：经济科学
出版社，2018.8
ISBN 978 - 7 - 5141 - 9740 - 2

Ⅰ．①企…　Ⅱ．①何…　Ⅲ．①企业管理－技术合作－
研究　Ⅳ．①F273.7

中国版本图书馆 CIP 数据核字（2018）第 212374 号

责任编辑：王　娟　张立莉
责任校对：郑淑艳
责任印制：邱　天

企业知识合作机制研究

何景涛　著

经济科学出版社出版、发行　新华书店经销
社址：北京市海淀区阜成路甲 28 号　邮编：100142
总编部电话：010 - 88191217　发行部电话：010 - 88191522
网址：www. esp. com. cn
电子邮件：esp@ esp. com. cn
天猫网店：经济科学出版社旗舰店
网址：http://jjkxcbs. tmall. com
北京财经印刷厂印装
710×1000　16 开　12.5 印张　230000 字
2018 年 10 月第 1 版　2018 年 10 月第 1 次印刷
ISBN 978 - 7 - 5141 - 9740 - 2　定价：39.00 元
（图书出现印装问题，本社负责调换。电话：010 - 88191510）
（版权所有　侵权必究　打击盗版　举报热线：010 - 88191661
QQ：2242791300　营销中心电话：010 - 88191537
电子邮箱：dbts@ esp. com. cn）

序

我们处在一个知识创造财富的时代，然而，知识创造财富的方式却较之以往发生了翻天覆地的变化，创新成了这个时代最热门的词汇，创新的范式已从单一学科的技术突破转化为多学科的交叉。企业与企业之间、学科与学科之间正在进行着前所未有的广泛的知识合作，这种广泛的知识合作不是一种偶然，有其产生、发展的必然性。企业如何选择合作伙伴和合作的组织形式，通过知识合作实现快速成长？如何跨越组织边界实现与外部组织的知识合作？如何通过知识合作构建企业竞争优势实现企业的长期发展？这些都是理论界长期关注的问题，而作者则将回答这些问题作为本书的主题，对于丰富企业知识合作理论、对企业的知识合作实践活动具有重要意义。

本著作是作者多年潜心研究的成果，与现有相关研究的最大不同是作者并未采用由构念模型、研究假设以及数据检验的流行范式，而是采用逻辑推演的方式，从知识体系的架构到知识合作模式的勾画构成了一个完整的分析结构体系。体现了作者对实际问题的敏锐捕捉与理论的把控能力，也展示了作者将理性思维与创新思维融合的能力。

本著作有以下鲜明特色：

首先，作者对知识合作这一核心概念进行解构，对其内涵与外延进行了独到的界定。知识经济时代，企业之间存在广泛的合作，相互合作的知识之间必然有某种关系。以往的知识表示仅着眼于对知识这一概念的表示，很少考虑知识之间的关系。作者认为知识合作是指企业与企业之间，以问题为导向、以消费者为中心，基于知识战略考虑，形成利益相关体，用多学科汇聚的知识生产模式使得企业进行价值链上跨组织的业务活动，通过企业外部价值链上的知识整合，实现经济利益和获取竞争优势的过程。作者把知识看作生产要素，来研究作为生产要素的知识的组合模式和合作机制。

记得作者在攻读博士学位期间研究知识合作的模式时，是将知识合作的模式分为知识集聚、知识供应链、知识嫁接模式，研究不同的知识合作方式产生的不同效应对企业外部价值链的重构。并且预知由于对知识合作方式的分类仅限于对现实生活中产品现象、企业现象、学科现象的归纳，存有不完全分类的可能。时隔八载，互联网的普及使得 Web 技术支撑下的企业合作创新——知识网络合作模式已悄然成为市场的主角，这些在本著作中也得到了体现。

知识合作以及围绕这一核心概念的研究体系不仅抓住了企业为什么会有基于知识的合作行为，直入企业合作行为的本质，更为有价值的是在这种思维范式下，该著作中的理论具有对现实中企业知识合作创新的发展和演绎进行解释与预测的价值。

其次，作者提出了知识合作研究体系的架构。围绕着企业对合作伙伴和合作组织形式的选择、企业跨越组织边界实现与外部组织的知识合作的过程、企业通过知识合作构建企业竞争优势来实现企业的长期发展，这些企业迫切关注的问题构建了本书的研究框架体系。

竞争是企业求生存的基本法则，世界范围内企业之间这种以知识为基础的广泛合作现象必有某种机制，使得企业为实现合作目标自动、自觉地遵守某种制度，自动达到合作均衡。作者从系统论的角度出发，研究企业知识合作的机制，提出了知识合作的动力机制、运行机制、反馈机制，并将此体系贯穿于企业间知识合作研究的始终。进而作者从企业进行知识合作的内生动力、外生动力、知识合作剩余激励的三个方面入手，构建了企业知识合作的动力机制模型；从知识合作产生的效应与运行环境形成及新知识产生的三方面来研究知识合作的运行机制；研究知识合作在运行中存在的问题，并提出调控机制。

最后，作者对知识合作模式的研究。作者依据知识合作产生的效应将知识合作的模式分为知识集聚、知识供应链、知识嫁接、知识网络来研究组织间知识合作的形成、运行、新知识的产生。不同知识合作模式产生的不同效应，实现了对企业外部价值链的重构。知识集聚是由知识积累与交叉所产生的集聚效应形成，研究了知识集聚形成的过程、运行环境、知识创新；知识供应链是知识之间的推拉效应形成的，研究知识供应链的运行环境、新知识产生以及供应链中企业之间信任的建立；知识嫁接是由知识之间的缺口互补效应所产生的，研究了其合作原理、运行环境、风险控制；知识网络是由于平台产生的吸附作用形成的知识自组织效应而产生，研究了自组织效应的形成机理、新知识的产生等问题。另外，作者在原有（博士论文）逻辑范式下增加了对知识网络这一合作模式的最新研究成果，从而增强了作者所构建的理论科学性、现实性与可预测性。

本著作还研究了企业知识合作中的两个现实问题：一是合作的稳定性问题。以中美贸易战中，美国对中国中兴、华为的举措为引，探讨了知识合作中的伦理问题，分析了制约企业长期广泛合作的相关因素，并对知识合作的调控机制进行重构。发展的问题既是技术的问题，更是合作伦理的问题。二是合作的质量问题。企业进行知识合作有主体、客体之分。我国自改革开放以来，经济取得了举世瞩目的发展，从知识管理的视角来评价我们的工业体系是产能高、产品全，但是，技术含量低、基础研究不足。在基础材料、加工精度、提纯度等工艺缺乏核心技术。根据知识合作的特点来研究企业知识合作的质量问题，探讨我国企业如何将自主创新与知识合作创新相结合，提高知识合作中的竞争能力和合作地位。这两部分内容的加入使得本著作不仅切中时代的脉搏，而且提出了一些未来知识合作领域研究的新议题。

相信这本由作者辛勤劳动所著作品的出版，将为企业知识合作研究增加色彩。

安立仁

2018 年 6 月 4 日于长安

前　言

　　1996 年，OECD（经济合作与发展组织）提出"知识经济就是以知识为基础的经济，它直接依赖于知识的生产、分配和应用"。进入 21 世纪以来，知识经济逐渐成为经济发展的主导特征，以单一学科为架构的人类知识的生产传统模式受到了强烈的冲击。以问题为导向、多学科知识汇聚的非传统知识生产模式已经成为知识生产的新趋势。随着经济全球化使得企业竞争范围的扩大，在传统经济条件下的企业之间的竞争关系发生了变化。世界范围内的企业都在积极建立合作关系，国内外众多学者的研究表明，企业之间的合作逐渐演化为以知识合作为特征，如 IBM、摩托罗拉、东芝、西门子等很多跨国大公司都在把握全球经济一体化给企业发展带来的契机，积极建立知识合作网络，以加速企业知识创新。我国企业也认识到了知识合作中存在的力量，学习和借鉴这些公司的合作经验，如海尔、联想、长虹和方正等企业联合发起了数字化产品创新的联盟，加速了这一领域的知识溢出、增加了创新成果的科技知识含量，促进了国内计算机、家电、通信的优势资源沿 3C（通信工程、计算机技术和控制技术的合称）的方向发展。

　　企业与企业之间、学科与学科之间正在进行着前所未有的广泛知识合作。这种广泛的知识合作不是一种偶然，是有其产生、发展的必然性，企业如何选择合作伙伴和合作的组织形式，通过知识合作实现快速成长；如何跨越组织边界实现与外部组织的知识合作；如何通过知识合作构建企业竞争优势实现企业的长期发展，这些都是企业迫切关注的问题，研究企业知识合作机制有着现实意义。

　　本书从知识合作的角度来研究企业合作的创新问题。应用管理学、经济学、社会学、心理学和信息系统等多学科理论和方法，对企业知识合作机制进行了较为系统地研究。知识合作的机制是在知识合作的过程中实现的，因此，本书的结构安排围绕企业"如何进行知识合作"来展开，用知识合作的机制把内容贯穿起来，并随着内容的展开，逐步深入刻画知识合作这一核心概念。主要研究成果如下。

　　（1）对知识合作与知识合作模式的研究：知识合作是指企业与企业之间，以问题为导向、以消费者为中心，基于知识战略考虑，形成利益相关体，用多学科汇聚的知识生产模式使得企业进行价值链上跨组织的业务活动，通过企业外部价值链上的知识整合，实现经济利益和获取竞争优势的过程。知识合作的模式分为：知识集聚、知识供应链、知识嫁接和知识网络。不同知识合作方式产生的不同效应实现了对企业外部价值链的重构。知识集聚是由知识积累与交叉所产生的集聚效应形成，研究了知识集聚形成的过程、运行环境、知识创新；知识供应链是知识之间的推拉效应形成的，研究知识供应链的运行环境、知识供应链的构建和新知识的产生；知识嫁接是知识之间的缺口互补效应所产生的，研究了其合作原理、运行环境；知识网络是平台对知识的吸附作用，形成的自组织系统效应所产生的，来研究平台环境下知识合作创新问题。

（2）对企业知识合作创新理论的研究。依据野中郁次郎对企业知识创新原理的理论构建，尝试从企业知识合作的流程、企业知识合作的 KC – SECI 模型、企业合作知识创新的组织与制度来建立企业知识合作的理论。企业知识合作的 KC – SECI 模型与组织内的 SECI 模型相比较，不仅是知识创新链条的延展，更重要的是通过不同组织间的知识溢出过程和企业内的知识创造两个阶段来实现知识的交互式流动，新知识产生的过程也更为灵活。

（3）对知识合作机制的研究。知识经济时代企业之间的广泛合作活动的产生不只是单一的动机能够解释或完成的，它应该是由一个完整的体系来实现。本书从系统的观点把企业知识合作的机制依据运行过程分为动力机制、运行机制和调控机制。

基于企业进行知识合作的目的是在于获取各种利益的前提假设下，本书构建了适合于企业知识合作的动力机制模型，此模型的含义是企业在外部宏观环境的影响和内在因素的促成下，受知识合作方式可以为企业带来利益的激励，产生了知识合作的驱动力；从知识合作产生的效应与运行环境形成及新知识产生的三方面研究了知识合作的运行机制；研究这三种知识合作在运行中存在的具体问题，并提出了调控机制。知识集聚合作主要存在集聚外部性的持久性问题，通过形成集群内的知识势差、加强知识流动来实现知识创新的持续性；知识供应链的关键问题是上下游企业之间的信任关系，在程序公平的基础上建立基于依赖的信任关系是解决方法；知识嫁接存在风险控制问题，有效的风险治理和合理的组织设计是其调控手段。知识网络有自组织效应，环境治理是其调控手段。

（4）研究知识合作对企业的贡献。从价值驱动的角度描述了企业知识合作价值的组成，并构建了知识对企业能力贡献的测度模型。企业知识合作价值包括两部分：知识合作产生的直接经济利益和企业竞争优势的增强。直接经济利益来源于知识合作对企业产品价值的贡献；竞争优势的增强来源于知识合作通过对企业外部价值链上的知识整合，增加了企业的知识存量，提升了企业把在知识合作过程中获取创新知识商业化的能力。知识合作只是手段，知识的共享、流动和学习只是途径，实现知识合作的价值才是企业知识合作的目的。企业知识合作的机制就是一个知识合作价值的激励、产生和分配机制。

目　　录

第1章

导　　论

1.1　研究背景及研究意义

1.1.1　选题背景

21 世纪是一个知识创造财富的时代，更丰富的、更受市场欢迎的新产品层出不穷，这些产品依靠新的工艺、新的材料、新的功能，不仅满足了消费者的需求，更创造了需求，物质前所未有丰富的背后是知识作为生产要素带来的发展契机。1996 年，OECD（经济合作与发展组织）在巴黎出版的《以知识为基础的经济》（the Knowledge Based Economy）一书中对知识经济一词进行了如下定义：知识经济就是以知识为基础的经济，它直接依赖于知识的生产、分配和应用。成思危（2002）从经济学和社会经济形态的观点出发，概括出知识经济四个方面的特征："以知识为主体的产业占主体地位，面向过程和个性化的需求灵活生产；从一国向全球化扩展；知识在经济增长中起主导作用；知识是生产力构成中的关键因素。"[①]

知识经济逐渐成为经济发展的主导特征，以单一学科为架构的人类知识生产的传统模式受到了强烈的冲击。既往的生产是为了满足生存的基本需求，产品往往是一些基础产品，生产产品所需的知识是基础创新，甚至是创造发明，各个行业之间各自为政、各司其职。生产的产品呈现出单一化、功能化的特征，产品趋同、产能过剩。进入 21 世纪以来，以芯片为概念的 IT 产业、以基因为概念的生物工程以及纳米概念赋予了传统产业及产品新的内容和形式，产品呈现出多功能

[①]　成思危：《解读新经济》，载《管理科学文摘》2002 年第 2 期。

与多样化的特征。企业生产的逻辑也从单一地满足人们生活的基本需求过渡到追求个性化的服务，产品生产呈现出以顾客为导向的多元化的生产特征。就以最简单的衣、食、住、行中的衣来看，人们对服装追求的美与舒适的基本诉求从来没有改变，但对美和舒适的理解却与时俱进。知识生产的新趋势已经成为以问题为导向的多学科会聚的非传统的知识生产模式，通俗地讲，制造的逻辑是为了满足更加多元化的需求，需要整合各种知识来生产产品。21 世纪将是第五代研究开发时代，通过跨领域学习与知识交流，是合作知识创新的时代（Debra M. Amidon，1996）。众多的跨国公司遍布全球的各个角落，寻求更广泛的合作，如IBM、摩托罗拉、东芝、西门子等很多大公司都在把握全球经济一体化的大好时机，积极建立知识合作网络，以加速企业知识创新。我国企业也认识到了知识合作中存在的力量，在学习借鉴这些公司基于知识合作的经验，如海尔、联想、长虹和方正等国内 50 家企业联合发起了数字化 3C（通信工程、计算机技术和控制技术的合称）产品创新的企业联盟，加速知识溢出、增加了创新的科技知识含量、促进了国内计算机、家电、通信的优势资源的合作发展。闭门造车无法跟上不断变化的市场需求，埋头创新赶不过技术进步的日新月异。知识合作已经成为21 世纪企业创新的主流模式。

同时，在经济全球一体化的发展环境下，企业之间通过基于知识的合作关系建立起紧密的联系，没有一个企业能在这样一个环境下实现产、供、销一条龙的垄断制造，从产品的生产源头到成品的问世涉及的企业很多，知识合作使得企业之间的竞争从传统的单个企业之间的竞争转变为相关利益体的企业集团之间的竞争。在传统的工业经济背景下，企业经验的连续积累可以成为企业竞争优势的源泉。在知识经济下，知识的"折旧"特别是与产品有关的知识的"折旧"速度非常快，比如，数码相机一经问世就以其高像素、海量内存、易于使用、便于查看等传统相机不可比拟的优势在很短的时间内占领了照相机市场，使得传统的照相机以及其相关产业，如胶片、洗相设备等迅速被市场淘汰，昔日照相机产业的巨头尼康、柯达、富士等已经成为明日黄花。这就要求企业的发展战略必须根据知识存量来考虑企业的知识愿景，关注行业发展动向、加强与其他企业的合作关系，不仅要求以速度效益与规模效益并重，更要注意产品知识的"折旧"。合作企业之间知识的协同与互补，通过实现产品价值和建立竞争优势把合作企业紧紧地联系在了一起。通过加入合作企业集团、确立在合作集团中的地位来提升企业在产业竞争中的优势地位，成为企业竞争优势的来源。

企业之间的知识合作受到来自内部环境和外部环境的影响和干预，对企业之间知识合作的稳定性造成威胁。进行知识合作的企业往往在项目结束后就解体了，而合作双方更是几家欢喜几家恼。国外学者在 20 世纪 80 年代就有大量的知识管理方面的文献来研究企业知识的学习能力、知识溢出等，这些研究无疑为增加外资企业的学习能力和防止企业知识溢出做出了贡献。我国在改革开放初期引进海外先进的生产线来促进中国制造业的发展，然而，常常是昂贵的生产线上最核心的技术被外方长期垄断，离开了对方的技术支持，生产机器就形同摆设。长期的合作证明，打铁先要本身硬，谈合作就要有硬货，不然只会是整条合作链上最脆弱的一环，随时可以被取代，这个硬货就是企业具备的知识和学习能力，没有核心技术就没有发言权。我国在"2025 计划"中确立了中国制造的发展战略，为中国科技崛起规划了蓝图。2018 年，美国就单方面发起贸易战并步步紧逼使贸易战在世界范围内不断发酵。从内部环境和外部环境来看，作为生产要素的知识合作是人类技术发展的必由之路，因而，企业知识合作既是不可改变的大趋势，也是步履艰难的拓荒路。

以上我们从学科发展的问题为导向逻辑、知识经济生产的特征、方兴未艾的全球企业知识合作、内外部环境对企业知识合作的影响几个方面刻画了以知识合作为主流的经济发展背景。

1.1.2　问题的提出

第一，21 世纪企业与企业之间这种广泛的基于知识的合作的深层次原因是什么？随着企业竞争范围的扩大、资源的紧缺，企业生产处于饱和，市场已经由卖方市场转为买方市场。企业重新面对生产什么以及如何生产与生产方式有关的基本问题。这是企业与企业进行合作的市场因素。尽管企业与企业之间存在竞争，然而企业与企业之间、学科与学科之间正在进行着前所未有的广泛知识合作。这种广泛的知识合作的深层不是一种偶然，是有其产生、发展的必然性。

第二，作为合作主体的企业之间的知识合作有什么特点和共同的特征；知识合作产生的利益来自哪里，又如何分配；企业如何选择合作伙伴和合作组织形式，如何通过知识合作实现快速成长；如何跨越组织边界实现与外部组织的知识合作；如何通过知识合作构建企业竞争优势来实现企业的长期发展，企业之间合作的稳定性的影响因素有哪些，如何使企业之间的合作保持稳定的状态，这些都是企业迫切关注的问题，这些问题直接指向一个研究议题，那就是企业知识合作的机制。研究企业知识合作机制有着现实意义。

1.1.3　研究意义

（1）理论意义。

本书的理论意义有以下两点：

第一，研究从学科汇聚、产品功能的多样化、企业广泛合作这些现象中思考知识之间的关系问题。对知识之间的关系进行了较为深入地研究，依据知识合作产生效应把知识合作分为知识集聚、知识供应链、知识嫁接和知识网络，并研究了知识合作如何实现其价值。

建构了企业知识合作研究的理论框架，界定了企业知识合作这一核心概念的内涵和外延以及围绕这一核心概念的专业术语。从系统论的视角研究了企业知识合作问题，剖析企业知识合作的动力机制、运行机制和反馈机制；通过对知识之间关系的研究，分析企业知识合作的价值创造机理。以往的知识理论仅着眼于对知识的表示，鲜有研究知识之间的关系。

第二，丰富了企业知识创新的理论。野中郁次郎的知识创新理论是研究组织内部的知识创新过程和组织特点。本书在其理论基础上，构建了组织之间知识合作创新的理论研究体系。包括企业知识合作创新的 KC – SECI 模型、知识合作的流程和知识合作的机制，较为系统地研究了企业是"如何合作"以及合作质量这一问题。

（2）现实意义。第一，通过知识合作来获取企业成长是企业合作的重要意义，研究知识合作的机制能够对实现这一目标有所帮助。知识成为企业最重要的资源，信息技术的高速发展特别是互联网的普及加快了经济全球化的进程，企业之间的关系发生了变化，企业进行知识合作的外部条件已经形成。合作发展不仅限于少数行业，而是广泛地涉及电子、电信、制药、金融等各个行业。究其现象的本质是知识之间的融合，通过对消费者创造价值而进行的知识合作。比如，计算机技术与通信技术的融合，会终将使有线电视、数据网络、广播都为替代品，实际上，已经成了替代品。无人能在信息技术迅猛发展、外部环境多变的现代竞争市场上只身参与这场竞争。合作已经成为企业健康发展的普遍战略选择。过去企业的合作一般都只是局限在企业的外围业务中，随着知识在企业竞争中作用的加强，企业之间的合作越来越多地起到核心和战略作用。如何根据企业的知识结构和产品需求来选择合作伙伴、来选择合作方式，在合作中如何获取、吸收和转化知识，实现企业在合作过程中的成长，这是有现实意义和价值的研究命题。通过科学决策可以提高企业合作的效率，增加合作的稳定性，从合作中获取知识溢出，使企业获得成长，增强企业的竞争能力，从而真正体现合作的价值。

第二，关注企业合作的效率和质量需要研究知识合作的各种模式。在改革开放的过程中，中国与外方的合作在知识获取方面差强人意，这与外方防止知识溢出的研究及其成果的应用不可分割，也与中方企业的学习能力的不足密不可分。我国经济在改革开放的过程中得到了快速发展，发展的质量和效率却存在一些问题。主要表现在两方面：一方面，低劳动力成本的优势正在逐步减退，众多的产业和品牌已经将它们的生产基地转移到印度、越南、菲律宾等东南亚国家。尽管中国制造的工艺精良品质更有保证，但是品牌的溢价使得消费者在更大程度上认可的是品牌的价值而不是制造商的价值，根据海外朋友的购物经验，国际知名品牌中国制造的质量更好，体现在原材料和加工工艺上。产业和品牌由于中国制造劳动力成本的上升最终会将生产加工环节完全撤离中国，消费者也逐渐没有机会比较中国制造与越南制造或是菲律宾制造的差异，代人加工的制造优势轻易就被取代了。我们在短期的合作中获取了收益，然而由于缺乏自主品牌或是核心技术，只能是整个产品供应链上的低端可替代的不稳定的一个环节。另一方面，稀缺资源的不可再生性。任何产品的制造都来源于自然赐予的资源，粗放型的经济合作发展模式不仅使资源更加稀缺，而且由于过度使用与开采极大地破坏了自然的自愈和再生能力。因此，粗放型的发展没有可持续，其引发的环境破坏等一系列的危害，不但严重影响了居民的生存质量，也将持续影响未来的发展质量。在企业合作发展的过程中，要定位自己的优势资源进行合作，在合作中要增强自己的学习和吸收能力，提高合作的知识收益。尽可能地保留自己的不可再生资源，增加生产的知识含量，这在全球企业进行广泛合作的大趋势下至关重要。

第三，任何合作都存在不稳定性，特别是当国家主义的强权之手伸到了企业层面，企业之间的知识合作就涉及了合作伦理规则的层面。在经济全球一体化的大背景下、知识合作的大趋势下的，无论作为组织的企业还是作为强权的国家，合作都是他们的必选之路，只是选择与谁合作，如何合作，如何分羹的问题。在这种情势下，如何建立新的合作关系，维持合作的平衡关系以及对合作的稳定性进行调控，这些都是企业知识合作中的重大问题。我们把这些看似庞杂的问题纳入了严缜的研究理论框架体系中。企业合作具有较强的不确定性和模糊性，今天的伙伴可能就是明天的对手，合作伙伴关系的发展难以预料；企业合作的价值创造方式以及各方获取价值的方式也难以确定。合作最终能否达到目的往往取决于对变化的适应能力而不是最初的协议。中国市场作为世界经济的利益角逐地，受到来自世界范围内一流企业的冲击，企业不仅是在竞争市场也在竞争未来。我国企业存在成长的可持续性问题，企业平均寿命低。知识作为生产要素为企业改变生产方式、建立新的盈利模式带来了契机。对我国企业来说，确立企业发展的知识战略，积极参与知识合作，慎重选择合作的组织形式，抓住发展的机遇对企业持续成长至关重要。研究企业合作机制具有现实意义和价值。

1.2 研究方法、基本思路及框架图

1.2.1 研究思路和方法

（1）研究思路。本书的研究思路遵循现象观察—问题提炼—深层究因—理论假设—模型构建—实践检验的研究范式。具体可分解为：通过对现实生活和研究领域的悉心观察中，发现学科、产品、企业出现的学科融合、产品知识交叉、企业广泛合作现象，对这三种现象进行共性抽象。提出存在竞争关系的经济实体之所以能够进行如此广泛而深入的合作，除合作可做大利润蛋糕的经济利益之外，还有一个看不见的磁场把不同的知识、不同的学科、不同的企业吸附在一起，这个磁场就是知识经济时代知识作为生产要素自由组合的需求。接下来阅读了国内外大量的期刊文献，捕捉知识合作研究领域中的关键问题。发现，学者普遍认为企业之间的合作是基于知识的合作，能够从知识作为生产资料组合这一思想来研究企业合作的成果很少，缺乏对企业知识合作完整的理论研究框架，知识合作这一专业名词也没有正式的定义。通过这些研究，确立了本书的研究视角与研究问题—企业知识合作的机制。在知识作为生产要素的自由组合这一核心认识的基础上，构建了知识合作的研究理论体系。企业与企业之间能够进行这样一个在全球范围内的广泛合作，这样一个客观存在的经济现象，这样一个庞大的体系，必然有其存在的机制。本书致力于结构这一机制。本书的主体完成于8年前，时至今日，企业之间这种知识合作已经是有目共睹了，对知识作为生产要素是如何组合的、能否从理论或是算法上预测知识组合的方式。这些议题在当下依然极具价值。

（2）研究方法。在本书的总体结构上采用综合与分解相结合的研究方法。在第3章中提出了知识合作创新理论的基础，以后各章分别探讨合作过程中的各个基本问题。

集成研究方法。综合利用多学科交叉的研究方法，用信息系统理论、管理学、心理学、经济学等多学科知识为工具进行研究。

把对知识合作的系统研究与重点研究相结合。本书以企业如何进行合作来安排本书的结构，对企业知识合作进行系统地研究；重点研究知识合作如何实现经济利益和增强企业竞争优势的机制问题。以点带线，以线带面形成本书的技术线路和知识合作管理的理论与方法体系。

理论与实际相结合的研究方法。知识合作离不开对具体行业知识特点的分析，本书从知识合作的角度对电子行业和制药行业的合作创新进行了研究，分析其知识构成的特点、合作组织形式的选择、利益的获取来源。使用典型的知识合作案例穿插于本书中，并结合理论进行分析研究。

1.2.2　研究框架

知识合作的机制是在其具体运行的过程中实现的，因此，本书依据企业知识合作的过程安排结构。按照企业为什么进行知识合作、怎样合作、如何保证合作稳定来建立研究框架。遵循"文献研究—理论演绎—实证分析"的基本思路，将本书分为知识合作的动力机制、知识合作的运行机制、知识合作的调控机制、知识合作的组织形式选择和知识合作方式对知识合作剩余的贡献五部分内容，用企业通过知识合作实现经济利益和竞争优势这一假设将本书连成整体。具体的研究思路设计如图 1 - 1 所示。

1.2.3　基本内容和主要结论

本书在结构安排中紧紧围绕企业知识合作是"如何合作"这一主题展开的。

在第 1 章中提出了要研究的问题、说明选题的目的和意义，构造本书的思路和框架，并介绍了研究方法。

第 2 章为文献综述部分。包括三个部分：国内外关于企业合作知识创新的动机、企业间合作学习知识的理论以及企业组合战略与合作知识创新的稳定性研究。在文献综述的基础上提出了目前研究存在的局限性和研究的切入点。

第 3 章研究了企业知识合作创新的理论，也是本书论述内容的总起章节。首先，通过对企业创新的演变分析提出应该站在战略的高度来研究企业的合作问题；其次，对本书的研究对象进行了界定，阐明企业是知识合作的主体这一基本假设，并对本书所使用的概念进行了定义；最后，通过对企业知识创新的理论研究体系和内容的分析引出企业知识合作创新的理论这一问题。尝试从企业知识合作的过程、知识合作的基本问题、知识合作的知识创新原理和知识合作的机制这几个方面，构建了企业知识合作创新的研究体系。

第 4 章是对"企业知识合作的动力机制"这一问题的研究。动力机制包括企业的知识合作创新的内生动力、企业的知识合作创新的外生动力、企业知识合作的激励三部分。首先，本章探讨了企业知识合作创新的动力，把知识合作创新的动力分为内生动力与外生动力，接下来研究企业不同知识合作方式产生的激励并

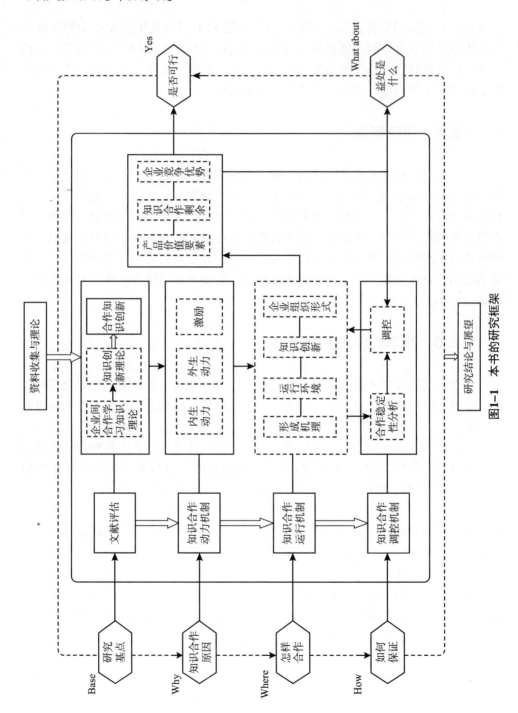

图1-1 本书的研究框架

构建了企业知识合作的动力机制模型。结合企业知识合作方式来研究知识合作剩余的来源与构成；通过企业知识合作的"轮式"动力模型和知识合作剩余数学模型来构建企业的动力机制。

第5章为知识合作的运行机制。研究了四种知识合作的方式所产生的效应如何形成了合作运行环境；建立了知识合作方式的图形模型；论述知识合作中新知识的产生和对企业竞争力的影响。知识集聚的知识合作效应是知识集聚的外部性，因此，在本节内容中，从知识集聚的形成、知识集聚的外部性、知识集聚的知识创新机制这三点入手来研究知识集聚合作的机制问题；知识供应链合作的效应是知识的推拉效应，因此，在这一节中研究知识的推拉效应、知识供应链的构建以及其知识创新；知识嫁接的合作效应形成了知识之间的互补，这一节内容包括知识缺口互补的形成、合作运行环境等；知识网络的合作效应是知识的自组织效应，这一节内容研究了平台的吸附功能，自组织效应的形成和知识创新的原理。

第6章为企业知识合作的调控机制。企业知识合作存在不稳定性的三点原因：一是合作本身具有周期性；二是由于合作企业知识存量的不同，对知识的吸收能力不同，造成合作初始博弈条件的改变，引起合作的不稳定；三是利益分配不公产生的不稳定。研究三种知识合作方式在运行中存在的问题，并提出了调控机制。知识集聚合作主要存在集聚外部性的持久性问题，应该通过形成集群内的知识势差、加强知识流动来实现知识创新的持续性；知识供应链的关键问题是上下游企业之间的信任关系，在程序公平的基础上，建立基于依赖的信任关系是解决方法；知识嫁接存在风险控制问题，有效应的风险治理和合理的组织设计是其调控手段。知识网络合作的生态平台环境（内、外部）的健全与健康是其存在与成长的关键。从规范企业知识合作的伦理通用法则的视角剖析了外部环境对企业合作稳定性的影响。

第7章为企业合作的组织形式选择。在7.1节中，通过合作组织形式选择的行业特点，对制药行业和半导体行业知识合作的知识特点与合作组织形式选择的研究，得出知识特点决定组织形式这一结论。7.2节研究了企业进行知识合作过程中的组织形式的选择问题。研究了有哪些企业合作的组织形式、如何选择，以及对合作伙伴的选择。在7.3节中，研究了企业在知识合作中的合作伙伴的选择问题。

第8章为知识合作方式对知识合作剩余的贡献。本章研究了知识合作剩余的产生和分配问题。以追逐利益为目标的企业必然以实现利益为知识合作的目标。8.1节构建了企业产品价值的要素模型，分析了要素之间的关系，从企业产品价值要素入手来探讨企业知识合作的问题；8.2节从知识合作方式对企业产品价值贡献来阐述三种知识合作方式中新知识的产生、对产品价值构成要素的作用以及知识合作的剩余来源；8.3 节研究了知识合作如何通过对企业外部价值链上的知识整合来实现竞争优势，即研究知识合作剩余中第二部分价值的形成。

第 9 章为全书的总结。概括了本书的主要观点并提出研究的未尽之处。

1.3 创 新 点

本书从知识合作角度研究企业合作创新的价值问题。以企业知识合作的过程为主线安排本书的结构，围绕知识合作如何实现知识的价值转换和价值增值这一核心问题，揭示企业知识合作的机制。可能的创新点归纳如下。

（1）对知识合作与知识合作方式的研究。本书定义了知识合作这一概念。知识合作是指企业与企业之间，以问题为导向、以消费者为中心，基于知识战略考虑，形成利益相关体，用多学科汇聚的知识生产模式使得企业进行价值链上跨组织的业务活动，通过企业外部价值链上的知识整合，实现经济利益和获取竞争优势的过程。知识合作与合作知识创新这两个概念是对企业与企业合作这一问题认识、研究的角度、维度、深度的完全不同。知识合作认为企业与企业之间基于知识的合作是如同个体之间的吸引一样自然而然而又无法阻挡的经济发展规律。合作对象、合作方式的选择看似是企业精心运作的结果，实际上一切正确的决策无非是顺应了知识合作的基本组合规律以及对具体环境的适用性。

知识经济时代企业之间存在广泛的合作。相互合作的知识之间必然有某种关系。以往对企业合作的知识仅着眼于对知识这一概念的表示，如依据知识的可编码程度把知识分为隐性知识与显性知识来研究组织内部知识的转移、转换和共享问题；很少考虑知识之间的关系。本书将知识之间的关系进行分类，依据不同知识之间合作产生的效应将知识合作的方式分为：知识集聚、知识供应链、知识嫁接、知识网络来研究组织间知识合作的形成、运行和新知识的产生。不同知识合作方式产生的不同效应实现了对企业外部价值链的重构。知识集聚是由知识积累与交叉所产生的集聚效应的形成，研究了知识集聚形成的过程、运行环境和知识创新；知识供应链是知识之间的推拉效应形成的，研究知识供应链的运行环境、新知识产生以及供应链中企业之间信任的建立；知识嫁接是知识之间的缺口互补效应所产生的，研究了其合作原理、运行环境、风险控制；知识网络是由于平台产生的吸附作用形成的知识自组织效应，研究了自组织效应的形成机理、新知识的产生等问题。

（2）对企业知识合作创新理论的研究。依据野中郁次郎对组织知识创新原理的理论构建，尝试从企业知识合作的流程、企业知识合作的 KC - SECI 模型、企业合作知识创新的组织与制度来建立组织间合作知识创新的理论。组织间知识合作的 KC - SECI 模型与组织内的 SECI 模型相比较，不仅是知识创新的链条延展；还表现在将知识创新过程分为不同组织间的知识溢出过程和企业内的知识创造两个阶段。

（3）对知识合作机制的研究。竞争是企业求生存的不二法则，世界范围内企业之间的这种以知识为基础的广泛合作现象必有某种机制，使得企业为实现合作目标自动、自觉地遵守某种制度，自动达到合作均衡。本书从系统的角度出发，依据合作过程将其分隔成动力机制、运行机制和调控机制，研究系统之间的相互联系、互为因果的联结方式和运转方式，旨在揭示企业知识合作的机制。企业知识合作的机制就是一个知识合作剩余价值的激励、产生和分配机制的过程。

构建企业知识合作的动力机制模型。此模型的含义是企业在外部宏观环境的影响和内在因素的促成下，受知识合作方式的影响，可以为企业带来利益的激励，产生了知识合作的驱动力；从四种知识合作的形成机理与运行原理模型及新知识产生的三方面来研究知识合作的运行机制；从知识合作中出现的具体问题入手来研究如何通过调控保持合作的稳定性。知识集聚合作主要存在集聚外部性的持久性问题，应该通过形成集群内的知识势差、加强知识流动实现知识创新的持续性；知识供应链的关键问题是上下游企业之间的信任关系，在程序公平的基础上建立基于依赖的信任关系是解决方法；知识嫁接存在风险控制问题，有效的风险治理和合理的组织设计是其调控手段；知识网络存在自组织系统的环境治理问题。

（4）知识合作对企业贡献的研究。从不同的知识合作方式对企业产品价值的贡献、知识合作价值链对企业竞争优势的构建以及通过建立知识对企业能力的测度模型这三方面来研究知识合作对企业的贡献。从价值驱动的角度描述了企业知识合作价值的组成，并应用于对知识合作机制的研究。企业知识合作价值由两部分组成：合作所产生的直接经济利益与企业竞争优势的增强。由于企业的直接经济利益是产品所包含知识的函数。知识合作增加了产品的知识含量，使得产品更好地满足了顾客的需求，从而为企业带来了经济利益；知识合作可以增强企业的竞争优势。竞争优势的获取在很大程度上是由企业自身知识存量的差异性所决定的。相互之间的知识合作使得企业通过知识的流动、共享、聚合、创造，实现了知识存量的快速增长，同时由于合作所产生的协同作用，以及知识之间的合作效应，使企业知识资源的投入能力、知识价值转化能力得到了提高，即企业如何把知识转化为产品、通过具体的生产流程来实现知识的价值能力，也由于企业之间的知识合作实现了对价值链外部的知识整合而得到极大的提高。知识合作使得企业进行竞争战略的转变、实现企业竞争的组合战略成为可能。知识共享只是手段，只有当知识应用于企业具体的生产过程时，并与企业流程相结合，转化成最终产品卖给最终用户，才是实现了知识创新的商业化，完成了知识的价值以及知识的价值增值。知识合作不仅是企业的知识存量，比企业单独生产时得到更多的积累。而且同时，不同的知识合作通过对企业价值链外部知识的整合，实现了知识资源投入的优化，以及知识创新的价值转化能力的提高。

第 2 章

文 献 综 述

合作创新是一个企业家和经济学家都十分关心的问题。早期对企业合作创新的研究主要集中在"企业为什么要合作"这一问题上，现在，合作知识创新已经成为企业健康发展的普遍战略选择，一些学者研究了"企业如何合作"的问题。文献述评分为三个部分：第一部分为企业合作的动机，研究的是企业为什么合作；第二部分是企业间合作学习知识的理论和合作模式或方式，研究的是企业如何合作；第三部分是企业组合战略与合作创新的利益分配，研究的是企业合作的前景问题。最后，陈述了本书对企业合作创新的理解和研究维度。

2.1 企业合作的动机述评

在知识经济环境下，知识的"折旧"速度加快，知识的生产模式已经由以学科为导向的单一学科生产模式转换为多学科以需求为导向的知识生产模式。这种变化使得企业独自承担知识创新所需投资的风险日益增大；同时，经济全球一体化扩大了企业竞争范围，企业有了把"蛋糕"做大的机遇。因此，企业谋求通过建立战略合作关系、形成外部合作网络来获取知识，提高竞争力。国内外学者对合作知识创新的动机进行了讨论和研究，许多学者在文献中提到了企业参与合作创新的动机。

2.1.1 国外研究概况

国外学者关于企业合作知识创新的动机研究。陈劲、王毅、许庆瑞（1999）把国外学者研究企业参与合作知识创新的动机归纳为以下三个方面：技术学习和技术获取、合作研究开发、增强企业竞争力。

第一，与技术学习有关的合作动机。获得合作伙伴的互补性知识和实现技术共享、通过"干中学"获得合作企业中的隐性知识是企业与外部单位进行合作知识创新的一个主要目的（Inkpen，1998）。他从学习技术的角度分析了企业知识联盟形成的动机，认为知识联盟是一种向合作伙伴学习和吸收技术或能力的有效手段。①。技术转移也是常见的合作动机②（Rigers EM，Carayannis E G，Kurihara K，1998）。根据资源和能力的观点，认为获得合作伙伴的经验性知识和技能，甚至有时合作研究开发活动正是为了掩饰企业吸收对方创新能力的目的③（Khanna T，Gulati R，Nohria N，1998）。

第二，合作创新能够降低单个企业的产品创新的投入成本。随着新技术复杂性的提高和不同学科、技术领域之间的交叉融合趋势增强，技术的协同效应日益明显，企业之间紧密的合作越发显示出其必要性④（Hamel G，1991）。从交易成本的角度考虑，在交易复杂、成本较高的情况下，企业合作可以降低学习的成本，是一种比市场合约安排更为有效的结构方式⑤（Ring，1996）。研究表明，协作成本的存在和变化是技术联盟建立和发展的重要因素，而企业之间的这种协作关系有利于降低协作成本⑥（Gulati and Singh，1998）。还有研究发现，在许多技术领域，企业独立研究开发成本速度迅速增长，尤其是在高新技术产业和系统性基础研究领域中，研发成本的增长促成企业之间的合作创新⑦（Narula R.，Hagedoorn J.，1999）。合作创新提供了集中资源的有效途径，形成了研究开发的规模经济。

第三，与增强企业竞争力有关的合作动机。有研究发现，知识合作可以分担研发风险⑧（Harrigan，1998）。知识合作还被看作是一种新型的合作创新方式，认为

① Inkpen A. C. , Learning, Knowledge Acquisition, and Strategic Alliances, *European Management Journal*, 1998, 16 (2), pp. 223 – 229.

② Rigers EM, Carayannis E G, Kurihara K, et al, Cooperative Research and Development Agreements (CRADAs) as Technology Transfer Mechanisms, *R&D Management*, 1998, 28 (2), pp. 79 – 88.

③ Khanna T, Gulati R, Nohria N. , The Dynamics of Learning Alliances: Competition, Cooperation, and Relative Scope, *Strategic Management Journal*, 19, 1998, pp. 193 – 210.

④ Hamel, G. , Competition for Competence and Inter-parter Learning within International Strategic Alliances. *Strategic Management Journal* 12, Summer Spcial Issue, 1991, pp. 83 – 103.

⑤ Ring P. S. Networked Organization: A Resource Based Perspective, Working Paper, Acta University Upasliecsie: Studia Oeronomiae Negotiorum, Almquist ang Wiskell Internatinal, Uppsala, 1996, P. 39.

⑥ Gulati R. , Social Structure and Alliance Formation Patterns: Alongitudinal Analysis, *Administrative Science Quarterly*, Vol. 40, 1995, pp. 619 – 652.

⑦ Narula R. Hagedoom J, . Innovating through Strategic Alliances: Moving towards International Parternships snd Contractual Agreements. *Technovation*, 19, 1999, pp. 283 – 294.

⑧ Harrigan K. R. , Joint Ventures and Competitive Strategy. *Strategic Management Journal*, 9, 1998, pp. 141 – 158.

知识合作可以实现研发活动的规模经济和范围经济，从而提高知识创新的效率①（Narula，1999）。全球化的一个很重要的特征就是技术、生产工序及产品的标准化，企业合作动机与市场进入相联系，与潜在的强大企业建立合作组织，可有助于企业获取一定程度上的技术垄断优势，同时，通过合作与外部单位实行并行同步知识创新，可以实现知识创新中的速度经济（Hagedoorn J.，Schakenraad J.，1999）。

2.1.2 国内研究概况

一般来讲，企业合作创新的动机主要有以下几个方面：

（1）分担企业研发成本、分散生产经营风险。

（2）获得研究与开发的规模优势。

（3）合作可以促进企业之间的知识流动，通过知识溢出获得企业范围以外的技术专长。

（4）依靠企业合作伙伴间的资源共享和能力互补实现企业目标。

（5）通过合作来获得新技术或市场。

罗炜、唐元虎（2001）认为，企业参与合作创新主要有成本共享和技术共享两个方面的动机，合作伙伴之间能力的差异对合作动机有重要影响。通过建立博弈模型得出当企业具有同质的资源和能力时，成本共享是企业合作创新的主要动机，而当企业的能力互补时，技术共享则是企业合作创新的主要动机结论；周君（2002）在对企业间合作研发的发展趋势与动机分析中认为：合作研发是企业间关系的一个重要类型，介绍了合作研发的发展趋势，着重讨论了合作研发形成的动机，从资源的获取、成本与风险、市场进入速度和组织结构四个方面对其进行了分析。李纪珍（2002）认为，研究开发的合作日益得到理论研究人员和实际科技工作者的重视，论述了研究开发合作的原因，并从技术的外溢性角度理论上进一步分析了研究开发合作，在此基础上，讨论了研究开发合作的各种组织形式，如技术联合体。田耘（2007）对跨国公司对外直接投资动机理论进行了文献综述。郭军灵（2008）从技术创新、市场创新和适应环境导向的三方面总结了企业技术联盟的合作动机，并探讨了企业技术联盟对我国企业的意义②。认为当前技术发展的趋势使合作创新成为必然趋势，从不同的角度解释了合作创新的原因及其存在的合理性。

---

① Narula R. Hagedoom J.，，Innovating through Strategic Alliances：Moving towards International Paternership and Contractual Agreement. *Technovation*，19，1999，pp. 283 – 294.

② 郭军灵：《企业技术联盟的合作动机分析》，载《科技情报开发与经济》2008 年第 18 卷第 18 期，第 168 页。

2.1.3 从合作剩余的角度研究企业合作动机

黄少安（2000）提出了合作剩余的计量方法，认为合作剩余是合作所产生的纯收益。只有当合作剩余为正时，企业才会合作。合作所得到的纯收益为扣除合作成本后的收益之间的差额，其中，包括由于合作而减少的损失以及与竞争或不合作情况下所能得到的纯收益。黄桂田、李正全（2002）对合作剩余进行了定义，他们认为合作剩余是企业作为生产要素的所有者，由于分工以及专业化，通过组织间的合作生产，利用非价格机制的组织形式生产获益，从而取得超过非合作情况下收益的总和。连建辉、赵林（2004）认为企业是否采取合作策略取决于合作是否能为企业带来利益，把合作剩余的产生与分配看作企业契约的核心内容。用企业单干时的收益与合作收益进行比较，只有当合作时产生的收益大于企业单干时的收益时，企业才会选择合作。李翠娟、宣国良（2005）从合作剩余的含义着手，从知识资源的角度来研究企业间合作的剩余问题，提出了知识合作剩余的概念，解释了合作知识创新创造企业竞争优势的内涵。

第一，从上述文献资料中可以发现，对企业合作的动机与需求的研究仅从合作企业方来揭示，说明合作给企业带来了哪些好处，缺乏从消费者的角度来论述企业合作创新的动机；第二，利益是合作的驱动，那么利益产生的根源是什么。本书尝试从知识合作价值的产生来研究企业知识的合作机制。

2.2 企业间合作学习知识的理论述评

知识管理的基本观点认为企业是特定知识的集合体。每一个企业由于不同的生产和成长路径，其隐性知识都是独特和难以模仿的，只有在企业之间进行密切的活动时才有可能实现隐性知识的转移；企业知识积累与其知识识别能力、学习能力和吸收能力等隐性知识紧密相关，知识存量的基础决定了企业发现和把握机遇、配置资源的方法。企业与外部单位在知识的互补性和异质性方面往往很突出，因此，通过合作进行知识吸收、共享、转移和创新，能促进不同类型知识在企业间的流动，企业与外部组织之间知识的交换是企业获得并维持竞争优势的关键所在。哈耶克（Hayek，1945）指出了企业知识的来源：一是来源于企业的内部；二是来自企业外部[①]。从知识角度看，企业创新知识的来源与知识的不同来

---

① Hayek. F. A. , The Use of Knowledge in Socty, *American Economic Review*, Vol. 35. No. 4, 1945, pp. 519 – 532.

源有关。

2.2.1 企业合作学习的知识理论与模式

（1）企业间合作学习的知识理论。企业内部知识创新是企业知识的内生创造，自主的企业知识创新和资源创造对于学习和保护知识有利，但成本高，易形成"能力陷阱"。企业间合作学习并进行知识创新的原理主要有：

知识分工与积累理论：贝克和墨菲（Becker and Murphy，1992）[1] 提出知识分工的模式。他们把知识生产的积累效果引入劳动分工与经济增长的分析中，强调知识的专门化是提高知识生产率的重要基础。

知识合作的"生物依存链"原理：随着企业知识合作的规模越来越大，合作的方式越来越多，相互依存的物种在交互圈中"共同进化"的重要性越来越明显，彼此相关的企业将一荣俱荣，一损俱损（Moor James F，1996）。为了企业的生存与发展，彼此间应该联合起来，营造与维护一个共同的经济生态环境[2]。

知识能力过剩理论：在市场环境多变、知识折旧加快的情况下，企业不可避免地会出现资产投资过剩的现象，出现知识能力的过剩。因此，与外部单位之间合作进行资源协同可以为企业间的合作学习提供能力协同的机制与平台。

知识缺口理论："战略缺口"假说认为竞争环境的变化对企业造成了巨大的压力，企业的战略绩效目标与其自身环境资源和能力之间，存在"缺口"。[3] 从知识管理的角度来看，企业是具有异质知识的实体，一个企业不可能拥有全部的知识，在利用市场机遇开发新产品时，现有的知识存量与完成目标之间所要求的知识存在差异，企业会寻求能够实现能力互补的知识合作伙伴来弥补这一"知识缺口"。

知识网络理论：在网络型组织的企业中，所有的合作伙伴既作为知识源，又作为接受和利用知识的节点。使得知识可以超越组织界限流动，一方面提高了知识的流动效率；另一方面节约了知识投入。

企业资源理论：《战略管理杂志》发表了"基于资源的企业观"（Wernerfelt，1984）一文，成为资源学派的奠基之作。按照资源依附学说的解释，资源是一个广义的概念，包括营销、技术、资金、信息、人力资源、原材料等[4]。任何一个

---

[1] Becker G. S. , Murphy K. , The Division of Labor, Coordination Costs, and the Knowledge. *Quarterly Journal of Economics*, Vol. 107, No. 4, Novermber, 1992, pp. 1137 – 1160.

[2] Moore, James F, *The death of competition.* New York：Arts&Licensing International, inc. 1996.

[3] 战略缺口理论由美国学者泰吉（Tyebjee）和奥斯兰（Osland）提出。

[4] Wernerfelt B. , A Resource-based View of the Firm. *Strategic Management Journal*, Vol. 5, 1984, pp. 171 – 180.

企业都不可能完全拥有所需的一切知识资源，不同企业由于异质性知识资源的存在而具有不同的比较优势。企业往往要求与拥有所需资源的其他企业建立合作关系，借助于企业间的合作来获得所需的经营资源。

（2）基于合作的企业知识创新模式。SICA 模式，是在借鉴 SECI 模式的基础上，进一步研究了整合客户知识的模型，并延伸到企业联盟理论与实证过程中，提出了联盟合作内的知识创新过程 SICA 模式①（Mitsuru Kodama，2000）。

弗朗霍夫模式，是一个把大学、政府和工业企业等组合为一个高效运行的创新体系。是德国以弗朗霍夫学会的研究机构为主体的一种企业化的创新机制。

知识链管理模式，有学者从供应链的角度，提出了一种管理供应链隐性知识的方法（Richard Hall and Pieroaolo Andriani，1998）②。还有研究者提出了一个系统的知识链概念。认为产出也包括两个方面：一是学习，即所谓的"识"；二是"知"的产出，"知"和"识"的结合，形成了企业的竞争能力（C. W. Holsapple and M. Singh，2002）③。

集群内企业的知识创新模式。在关于组织知识创新过程研究的基础上，刘慧（2003）提出了集群创新网络内知识的创新过程④。

上述合作知识创新的理论知识与模式都是建立在将知识分为隐性知识与显性知识的分类上，是对知识本身的研究。但是，在企业的合作关系中，知识之间的关系扮演着重要的角色，研究知识之间的关系很有意义，本书尝试根据知识合作产生的效应对知识合作模式分类，并研究组织之间知识创新的过程。

2.2.2 企业合作创新的组织形式

近年来，合作创新已经成为国际上一种重要的技术创新方式，由于企业合作创新的动机不同，合作的组织形式也就更加多种多样，不一而足。国内外学者从不同的角度对合作创新的组织形式进行了研究。⑤

（1）合作创新的模式。日本学者首藤信彦根据企业所提供技术资源的不同，把企业合作创新联盟分为以下五种，交叉型联盟：不同行业中的企业之间进行技

---

① Mitsuru Kodama，Business Innovation through Customer-value Creation：case Study of A Virtual Education Business ih Japan. *The Journal of Management Development*，Vol. 19，No. 1，2000，pp. 49 – 70.

② Richard Hall &Pieroaolo Andriani，Management Focus Analysing Intangible Resources and Managing Knowledge in A Supply Chain Context. *European Management Journal*，Vol，16，No，6，December 1998.

③ C. W. Holsapple&M. Singh，The Knowledge Chain Model；Activities for Competitiveness，*Expert Systems with Applications*，20，2002，pp. 77 –98.

④ 刘慧：《集群创新纪录网络内的企业学习研究》，浙江大学硕士论文，2003 年，第 32 ~ 34 页。

⑤ 幸理：《企业合作创新的动机与模式》，载《企业改革与管理》2006 年第 1 期。

术资源的组合。竞争战略型联盟：同一行业相互竞争的企业在某一特定研究开发领域进行合作。开拓新领域型联盟：多个企业为开发新产品共同提供某种技术资源。短期型联盟：拥有先进技术的企业与拥有市场优势的企业之间的联盟。环境变化适应型联盟：为适应市场的环境变化，多个企业大规模合理调配技术资源。

从合作伙伴类型角度分类，企业的合作伙伴主要包括供应商、用户以及大学和科研机构等。

按照合作方向的不同，创新合作可分为三大类，分别是横向合作、纵向合作以及产学研合作。

根据其合作的时间长短和关系密切程度分为长期战略性合作、中期合作和短期临时性合作。如研究开发契约和许可证协议、合同书等就是对特定项目的短期合作；具有战略意图的战略技术联盟、网络组织等合作属于长期合作；介于长期与短期之间的就是中期合作。

（2）企业合作组织形式的研究。周丹、刘景江、许庆瑞（2003）把企业合作形式分为合同、技术许可证、联合研究（发展）、战略联盟、合资和创新网络六种形式。

合同。例如，日本的"供应者—用户"的合作模式，它是日本制造商与供应商签订的长期合作协议，供应商在制造商的支持下来供应技术创新的器件，对制造商的产品创新提供了强有力的支持。技术许可证（技术互换协议）。根据产品的销售额提供一定比例的费用技术许可证，为企业运用他人的知识产权提供机会。据对 200 家化学、工程和制药企业的调查，使用许可证的主要点不在于降低费用而在于提高了创新速度。联合研究（发展）。联合研究（发展）是若干组织在一个具体项目上进行共同研究（发展）。欧洲四国联合研制的空中客车、美国的微电子和计算机技术公司（McC），都是成功的集中式合作创新的实例。

战略联盟。战略联盟是指两个以上的企业（组织）间采用结盟的形式，在投资、科研、生产和开拓市场等方面进行密切合作，以对付快速变化的外部环境和其他竞争对手的一种长远战略。20 世纪 80 年代以来，由于科学技术的迅猛发展，产品的技术化程度越来越高，复杂化程度也愈加突出，同时，全球性的资源短缺日益凸显，导致了战略联盟由产品联盟转向知识联盟。合资。合资有两种基本形式：一是由两个不同的组织出资建立一个新的公司，根据出资额的大小进行控股经营；二是运用契约形式进行合作，这种方式比较简单。它们的主要区别在于：有无股权安排和形成法人实体。

从上述文献资料中我们可以清楚地看到，对企业合作创新的形式或模式有多种划分，类别多有交叉，首藤信彦的划分最为全面。如果能有一种划分方式把它们统一起来将有利于研究和使用。既然企业的合作是基于知识的合作，能不能用知识合作的方式统一呢？本书尝试依据知识合作所产生的效应对企业合作进行分类。

2.2.3　知识供应链、知识联盟、知识集聚、知识网络的研究述评

（1）知识供应链。知识供应链的研究形成于供应链的集成思想，知识供应链的概念是在"下一代制造项目中"首次提出的[①]。认为知识供应链是一种管理供应链隐性知识的方法，从组织内的知识和组织的核心竞争能力的关系出发，提出了一个系统的知识链模型（knowledge chain model）。该模型包括获取知识、选择知识、生成知识、内化知识和外化知识五个知识活动阶段[②]。国内较早提出该模型理论的是同济大学张曙教授（1999），并就如何将物流领域内供应链的经验和知识应用于对知识流的管理，并提出了自己的思路[③]。彭灿（2000）从知识管理的角度研究，认为供应链不仅是物料供应链，也是知识供应链[④]。刘冀生和吴金希（2002）从系统的知识管理观点出发，认为企业的知识链不应该仅仅停留在"供应链"的层次上，应该是一个抽象化了的完整的知识管理系统，企业对内外知识进行选择、吸收、整理、转化和创新，形成一个无限循环的流动过程。

（2）知识联盟。最早研究企业知识联盟的主要代表人物之一因坎普（Inkpen，1995）给知识联盟下了如下定义：知识联盟是战略联盟的一种，从知识角度来分析联盟的动机与内容。广义地说，它是指企业与企业或其他机构通过结盟方式，共同创建新的知识和进行知识转移。他把通过知识联盟转移的知识称为"联盟知识"，他的研究表明，这种知识不通过联盟无法接触到或获得[⑤]。有学者特别指出，处于高速成长期产业的企业，为确保产品的适时推广及整体能力的配置需要组建知识联盟实现能力互补（Teece，1986）。有研究发现，能力与资源的互补优势是使企业合作的首要原因，因而，它在企业联盟形成谈判以前就十分明了（DoZ，1988）。更进一步的是，有学者研究表明，具有互补能力的公司有更多参与知识联盟的机会，并指出，当互补资源是特有的及不可分割，因而，这种

①　Markusen A，Sticky Places in Slippery Space：A Typology Industrial Districs. *Economic Geography*，72，1996，P. 293.

②　RichardHall& Pierpaolo Andrian，I Management Focus Analysing Intangible Resources and Managing Knowledge in A Supply Chain Context. *European Management Journal*，Vol. 16，No，6，1998，P. 217.

③　张曙：《分散网络化制造》，机械工业出版社 1999 年版。

④　彭灿：《供应链中知识的流动与组织间学习》，载《科研管理》2004 年第 3 期，第 81～85 页。

⑤　Inkpen AC Learning Knowledge Acquisition and Strategic Alliances，*European Management Journal*. Vol. 16，No. 2，1988.

资源不能在要素市场轻易获得时，联盟可以成为主要的获取渠道（Gulati，1995①）。汉迈尔等（Hamel et al.，1989）② 指出，一方学习能力的理解力也会影响联盟伙伴的相互作用。概括地说，要求企业联盟能力的发展系统。应该包括几方面的内容：建立从每一家联盟获取经验的正规系统；保存公司的有关联盟活动的数据库和联盟活动通讯；组织一家中央行政实体用来规范协调公司所参与的多家联盟。还有学者研究发现，由于知识联盟的过渡性质和特定的目标任务，市场交易中存在的道德风险、机会主义行为也会带进知识联盟里面，容易使知识联盟各方产生免费搭车、道德风险等问题。认为知识联盟治理结构的核心是抑制各方面的机会主义行为。从博弈理论来看，参与知识联盟的企业如果都追求自身成本最小、利益最大化，结果会使联盟陷入"囚犯困境"。这样，知识联盟的绩效只能是次优的。而且导致知识联盟的不稳定，容易过早地结束知识联盟（Pakhe，1993）。

（3）知识集聚。集聚是一个文献资料极为丰富的研究领域，然而，对知识集聚的研究却鲜见。张雄林（2006）在其博士论文中结合经济集聚理论与知识管理理论，提出了知识集聚这一概念。认为知识的集聚也可以说是知识载体的集聚。那么，知识集聚的演化也理所当然地可以看作知识载体集聚的演化。认为知识集聚就是人才集聚，研究了我国人才集聚的特点并且建立模型论证知识集聚点的选择具有其规律性，假设知识决定集聚向心力，如果知识集聚不存在，则经济集聚不复存在。

（4）知识网络。根据杜元伟等（2013）研究表明，知识网络这一概念出现较晚，最早由瑞典工业界提出，关于知识网络的研究文献包括知识网络的定义、分类、模型和结构等。③ 根据知识网络理论，在网络型组织的企业中，所有的合作伙伴既作为知识源，又作为接受和利用知识的节点。使得知识可以超越组织界限流动，一方面提高了知识的流动效率；另一方面节约了知识投入。企业之间要建立以顾客价值最大化为目标的战略合作关系；建立一种对客户需求做出快速反应的商业模式；还要具备对分散资源进行整合的能力。近年来，伴随着 Web 技术的发展，在平台环境下这种新的企业知识合作模式应运而生，成为财富创造的新传奇。我们称其为企业合作创新的知识网络模式。

---

① Gulati. R. Social Structure and Alliance Formation A Longitudinal Analysis. *Administrative Science Quarterly*, 40，1995，P. 619.

② Hamel. G. Y. L. Doz. and C. K. Prahalad. Collaborate with Your Competitors and Win. *Harvard Business Review*. 67（1），1997，P. 137.

③ 杜元伟、段熠、段万春：《知识网络国内外研究述评与发展动态分析》，载《情报杂志》2013 年第 3 期，第 78 ~ 88 页。

上述四种企业之间的合作创新模式都是在知识经济中广泛存在的。对每种合作模式的研究都比较深入，但是，由于缺乏对知识之间关系的研究，对这四种合作模式缺乏系统观念的研究。企业之间这种广泛深入的合作行为与知识生产模式的改变有必然联系。企业之间从传统经济中以学科为导向的单一的知识生产模式已经逐步向多学科知识汇聚，向问题为导向的知识生产模式转化。本书尝试研究四种模式的知识合作特点和价值产生机理。

2.3 组合战略与合作利益分配研究述评

2.3.1 关于组合战略的观点

波特（Porter，1980）在《竞争战略》一书中指出，成功地实施差异化和低成本这两种战略都需要资源，企业的资源是有限的，而企业想要有效实施贯彻任一战略方案都需全力以赴，因此，低成本战略与差异化战略不能共存，否则就会导致差的绩效[①]。依照波特的观点，由于差异化和低成本战略架构上差异很大，它们是不同的战略，同时若要成功地实施它们均需要资源，企业资源是有限的，即两种战略是有冲突的。

国外的一些学者们针对这两种战略间的不同与一致，从各自的角度得出企业差异化战略和低成本战略可以共存的结论。最早是由希尔（Hill，1988）、琼斯和布特勒（Johns and Butler，1988）指出的，差异化和低成本战略是一体的，它们之间并非泾渭分明。希尔认为，通过差异化可以获得低成本，差异化可以通过建立品牌忠诚度来增加产品的吸引力，这样虽然短期增加了产品的单位成本，但由于学习效应、规模经济、范围经济的存在，从长期来看差异化能够降低单位成本[②]。琼斯和布特勒认为，既然差异化战略就是要求企业提高成本投入，那么就是说企业是在高成本维度（差异化战略）和低成本维度（低成本战略）之间进行选择，这就是说，企业竞争战略之间的差别变成了一种程度差别，而不是种类区分。可以看到，希尔、琼斯和布特勒论证了低成本战略和差异化战略是同一轴上的两个维度，从轴的这一端可以走向轴的另一端。穆瑞（Murray，1988）则发

---

① Michael E. Porter，Competitive Strategy ［M］. The Free Press，1980.

② Hill. Differentiation Versus Low Cost Or Differentiation And Low Cost：A Contingency Framework. *The Academy of Management Review*，7，1988，pp. 401 – 412.

现差异化战略和低成本战略形成的外部条件集合不同：成本领先战略的外部条件主要来自行业的结构特点，产品差异化的前提条件主要来自消费者品位，穆瑞认为由于实现这两种战略外部条件的集合是相互独立的，成本领先和差异化可以同时实现。① 穆瑞和米勒从两种战略的不同之处着手，得出企业可以追求组合战略的结论。此外，许多学者（Parnell et al. , Hall, 1980②；Miller and Friesen, 1986③；Wright et al. , 1991④；Miller, 1993⑤；Spanos et al. , 2004⑥）对组合战略是否可以实现从实证角度予以验证，研究不同国家、不同行业中组合战略与绩效之间的相关关系，大多数研究结论表明，组合战略与企业绩效之间是正相关关系。除了一些特殊行业之外（如医院）。

一种理论的产生总是离不开其所处的具体经济环境，波特的经典理论由于写作年代所限，没有涉及知识经济这一当前重要的经济现象。上述这些国外学者从不同角度，为我们在波特的经典的基本竞争战略思想之外，开拓了关于组合战略的视野。上述学者都从各自角度论证了组合战略存在的可能性，本书认为，由于不同知识合作所产生的效应对产品价值要素的影响和知识合作对企业价值链外部的知识整合使得组合战略还有其存在的必然性和组合战略实施的可行性。同时，买方市场的需求促进企业摈弃传统以供方为中心的做法，可以从顾客角度出发来探讨组合战略。

2.3.2　企业合作的利益分配研究

国外众多学者从博弈论的角度研究了企业合作的利益问题。有关合作创新、技术溢出和研究联合体的一篇论文的基本模型广受关注（D'Aspremont and Jacquemin, 1988⑦），差不多每一篇合作创新学术文章中都会提及这一模型，以后的

---

① Murray. A Contingency View of Porter's "Generic Strategies" [J]. Academy of Management. The Academy of Management Review, 1988 (7), pp. 390 – 400.

② Hall. Survival Strategies in A Hostile Environment. *Harvard Business Review*, 9/10), 1980, pp. 75 – 80.

③ Miller, Friesen. Porter's Generic Strategies and Performance：An Empirical Examination with Americanata. *Organization Studies*, 7/1, 1986, pp. 37 – 55.

④ Wright, Tu, Helms. Generic Strategies Business Performance：An Empirical Study of the Screw Machine Products Industry. *British Journal of Management*, 2, 1991, pp. 57 – 65.

⑤ Miller, Dess. Assessing Porter's Model in Terms of Its Generalizability, Accuracy and Simplicity. *Journal of Management Studies*, 30, 1993.

⑥ Spanos et al. Strategy and Industry Effects on Profitability：Evidence from Greece. *Strategy Management Journal*, 25, 2004, pp. 135 – 169.

⑦ D'Aspremont C, Jacquemin A. Cooperative and Noncooperative R&D in A Duopoly with Spillovers. *American Economic Review*, 78, 1988, P. 1134.

研究者在这一模型的基础上一步步进行拓展。完全竞争市场结构下的合作的最早研究起源于卡兹（Katz，1986）[①]，他建立了一个多阶段、非竞争型的过程创新模型，在假定研究联合体，只建立一个联合实验室以从事合作性 R&D 活动的前提下，检验了 R&D 的形成过程。卡明、穆勒和张（Kamin，Muller and Zhang，1992）[②] 的模型将研究开发合作进一步分为研发协调和信息共享两种情况，假定信息被合作伙伴共享时，溢出系数增大为 1。卡明等还将模型扩展到多个企业、差异性产品和一般的研发产出函数形式。还有学者构建了一个具有溢出效应的简单寡头模型（Poyago and Theotoky，1995[③]）以及构建有溢出的两阶段 R&D 双寡头博弈模型，将不合作方式与 R&D、价格安排（在生产阶段合作）及合并（R&D 和生产阶段均合作）三种合作方式作了比较，并评价各种勾结方式（Ziss and Steffen，1994[④]）。通常文献把 R&D 溢出作为一个外生变量对待，把企业间的技术溢出当作纯粹的外生变量对待来理解合作研发对创新绩效的影响显然是不合适的。还有研究人员建立了一个 R&D 溢出内生模型。以检验研究联合体的创新绩效（Katsoulacos and Ulph，1998[⑤]）。

张维迎（1996）采用博弈论方法，把合作知识创新看作一个领导组织和多个从属组织的 Stackel-berg（斯塔科尔伯格）主从博弈决策模型[⑥]。吴宪华（2001）根据委托—代理理论，研究了联盟双方面临着逃避责任和背叛倾向的双向道德风险时，其产出分享合同形式下的利益分配问题。王建宇、樊治平、姜艳萍、胡国东（2005），研究了合作知识创新中的跨组织资源的共享问题以及维系合作关系的条件。把合作双方分为领导方和跟随方，当领导方给出最优参与率策略后，跟随方以总体投入以及参与率策略响应，依此研究知识创新投入的均衡值、领导方与跟随方的参与率以及创新的总体期望收益。李翠娟、宣国良（2006）认为知识合作剩余的分配影响着合作伙伴成员间关系的稳定，研究了企业知识合作剩余的分配方法，从直接经济效益、产品生产制造能力、产品销售能力、研究开发能力

① Katz. M. Analysis of Coopertative Research and Devolpment. *Rand Journal of Economics*，17，1986，P. 527.

② Kamin M I，Muller E，Zhang I. Research Joing Ventures and R&D Cartels. *American Economic Review*，82，1992，pp. 1307 – 1320.

③ Poyago，Theotoky J A. Equilibrium and Optimal Size of A Research Joint Venture in An Oligopoly with Spillovers. *Journal of Industrial Economics*，43，1995，pp. 209 – 226.

④ Ziss，Steffen. Strategic R&D with Spillovers，Collusion and Welfare. *Journal of Industrial Economics*，XLⅡ（4），1994.

⑤ Ktsoulacos Y，Ulph D. Endogenous Spillovers and the Performance of Research Joint Venture. *Journal of Industrial Economics*，XLⅥ（September），1998，pp. 333 – 357.

⑥ 张维迎:《博弈论与信息经济学》，上海人民出版社 1996 年版，第 182 ~ 207 页。

和组织管理创新能力的 5 个方面设计了知识合作剩余的评价指标，考虑到专家间串通的协同效应，在用合作博弈理论中求 Shapley 值的方法计算企业内专家的权威系数后，利用修正 Shapley 值的方法消除，最后，根据公平合理原则建立了知识合作剩余的分配模型。李红玲（2008）等的研究给出了企业技术联盟成本的构成公式，并就每一部分成本给出了分配原则和方法，同时还分析了企业技术联盟的效益以及效益分配模式的多样性等问题。此外，还有许多学者针对不同形式的联盟探讨了利益分配的原则。

关于企业合作知识创新的利益分配问题研究一般是从博弈论的角度出发，来研究合作对象之间的利益分配问题，给出成本的构成分配方案，探讨分配的原则。在实际中，合作利益的分配与知识合作方式有着密切关系，是由知识在合作中所扮演的角色决定的。同时，仅从经济利益分配是否公平这一角度来分析合作的稳定性也是不够的，企业的合作创新行为往往是出于实现其知识战略高度来选择的。本书受现实中企业合作呈现合作—背叛—合作的启发，尝试从企业知识合作的调控机制来研究这一问题。

2.3.3 目前研究存在的问题和局限性

文献述评分为企业合作的动机、企业间合作学习知识的理论、合作的利益分配和稳定性研究。这三部分内容与本书密切相关，这些文献的观点及其研究方法对本书的选题和撰写都有很大的启发和帮助。学者们的研究表明了这样一个典型的事实：企业之间的合作呈现出知识合作特征，知识创新和协同合作已经成为企业健康发展的普遍战略选择。

通过对既往研究文献的梳理，我们发现研究存在以下局限性。

第一，对企业知识合作的动机的研究视角单一。国内学者对企业知识合作的动机研究大致可以总结为分担企业研发成本、分散生产经营风险；获得研究与开发的规模优势；通过知识溢出获得技术专长；为完成目标而能力互补资源共享；获得新技术或市场等。国外学者认为企业合作知识创新的动机有：技术学习和技术获取；合作研究开发；增强企业竞争力[1]。可以说，无论是中国学者还是外国学者，对企业知识合作的动机的研究都是以利益作为出发点的，合作能带来什么利益才是合作的动因是学者们研究的立场。中外研究的差异在于对待利益的关注点不同。从文献中我们可以看到，西方学者较早研究如何在合作的链条上成为最不可或缺的一环，如何通过合作学习并持久保有自身竞争优势。鲜有从系统论的

---

[1] 陈劲、王毅、许庆瑞：《国外核心能力研究述评》，载《科研管理》1999 年第 5 期。

视角来研究企业与企业之间这种广泛合作的动力机制。从企业的竞争心理来讲，即便合作能带来额外收益，也依然是有风险的，何况与人分羹是每个巨头都不愿意面对的局面。大趋势的形成有其内生动力与外生动力，我们假设企业与企业之间的知识合作必然有其非人力与人愿的客观促和因素的存在。

第二，企业合作学习的知识理论研究非常丰富，几乎涵盖了现有市场中常见的各种知识合作，对具体的知识合作缺乏微观视角的深入研究以解释知识合作的模式、合作产生的效应以及如何实现新知识的产生。换言之，文献综述显示出现有研究视角单一，同时缺乏研究的体系化。比如，企业间合作学习的知识理论有知识分工与积累理论、知识合作的"生物依存链"原理、知识能力过剩理论、知识缺口理论、知识网络理论、企业资源理论等，这些理论的研究立足于企业层面，解释经济现象，缺乏从知识的特点本身对知识合作的研究，什么样类型的知识可以采用什么样的组合方式，产生什么样的效应，这种效应应用体现在企业与产品中能实现什么样的价值，这些问题是知识合作理论的灵魂，也是理论研究的意义和价值所在：不仅可以解释现实，现实可以套用在理论体系中，在理论上还应该能够指导现实的知识合作，甚至可以预测出可能的知识合作方式。因此，企业合作学习的知识理论研究有一定的局限性。

第三，企业知识合作领域的研究零散和缺乏统一逻辑指引，使得该领域的研究缺乏体系化。本书的文献综述根据文章的脉络提炼总结出文献的三个组成部分：企业合作的动机，研究的是企业为什么合作；企业间合作学习知识的理论和合作模式或方式，研究的是企业如何合作；企业组合战略与合作创新的利益分配，研究的是企业合作的前景问题。特别是关于企业之间如何合作的问题，包括合作知识的选择、组织形式的选择、合作运行的机制、新知识的产生以及带来的合作知识剩余等，这一系列错综复杂的问题在现有的研究中是被割裂开来的。缺乏研究的逻辑主线以及在逻辑主线指引下对企业知识合作机制的研究。

文献中企业之间合作知识创新的理论知识与模式都是建立在将知识分为隐性知识与显性知识的分类之上的，缺乏对知识本身之间组合问题的研究。同时，文献中对知识合作中一系列的相关研究是基于合作会产生经济利益而基础之上这样的一个研究视角。这两点在根本问题上的认识是现有研究的逻辑。这些研究无疑对现实企业的合作问题起到了积极的贡献，而且在这一逻辑下的研究依然可以持续地深入。

根据知识的可编码化程度把知识分为显性知识和隐性知识是组织知识创新的理论研究基础。本书则致力于开拓新的视角，从不同的空间维度对知识合作进行系统地研究。企业的合作关系和知识之间的关系扮演着重要的角色，研究知识之间的关系是本研究的独特视角，尝试根据知识合作产生的效应对知识合作模式分类，并研究组织之间知识创新的过程。同时，构建这一逻辑主线下的企业知识合作研究理论体系。对组织之间合作创新的研究必然要考虑合作企业知识之间的关系，通过大量的文献阅读，发现研究知识之间的关系在计算机领域很普遍而在管理学中鲜有，同时发现，企业合作创新的具体组织形式与知识构成有关。在这些研究的基础上，确立了知识合作能产生价值这个研究维度。围绕知识合作这一核心概念，从研究知识之间的关系和知识合作产生的效应入手，以知识合作可以实现知识的价值转化和知识的价值增值为假设；以企业知识合作的过程为主线安排本书的结构，围绕知识合作如何实现知识的价值转换和价值增值这一核心问题，揭示企业知识合作的机制。

第 3 章

企业知识合作的理论

3.1 企业知识合作研究的基础

3.1.1 创新理论的演变和比较

（1）创新概念的起源与发展。知识经济就是以知识为基础的经济，它直接依赖于知识的生产、分配和应用。创新是知识经济的灵魂。在现代国际的竞争中，创新已经成为企业和国家竞争战略的核心。发达国家的企业、政府和经济学界、管理学界都已经把创新放到了前所未有的战略高度上。

熊彼特在 1912 年的《经济发展理论》一书中，运用创新理论解释了发展的概念。在现代国际的竞争中，创新已经成为企业和国家竞争战略的核心。熊彼特所说的创新是一个经济概念。经济学对创新的一般定义是：创新是企业家向经济系统中引入的能给社会或消费者带来价值追加的新东西，这种东西以前还没有从商业的意义上引入经济中。从企业管理的意义上看，上述定义忽视了商业与初始创新至少具有同等经济价值的渐进式创新，过于严格，创新是广泛存在的：在日常企业的生产经营过程中，通常把对企业生产、服务系统的改进、产品和服务质量的提高等也看成是企业的创新。同时，创新的成果既可以是有形的物品，也可以是无形的思想或者观念。

创新理论的演变离不开企业生存环境的改变。从熊彼特的创新理论开始，随着技术进步对经济增长的作用日益变得举足轻重，经历了技术创新理论的发展；知识经济的深化使得知识资源更加重要，知识创新理论得到了快速的发展；技术复杂化和经济全球化使得企业又迎来了合作知识创新的理论的演变过程。彼得·德鲁克（1989）指出，以合作伙伴关系为基础的企业关系的加速发展是工商业正在发生的最伟大的变革①。合作创新可以形成规模经济效应、内部化研发的溢出效应、学到合作伙伴的专有技术，避免企业重复性地开发投入、克服研发的成本障碍等诸多益处。近年来，与合作创新相关的合作研究开发、技术联盟等概念出现在很多国内外关于产业组织、技术创新的研究文献里。刘学、庄乾志（1998）认为合作创新是以合作成员的共同利益为基础的，为实现共同的研究目标投入互补的优势资源形成目标、期限、规则明确的一种合作契约安排②。表 3 - 1 是根据理论演变的经济背景对创新理论演进的分类比较。

表 3 - 1　　　　　　　　　　创新理论演进的分类比较

	创新	技术创新	知识创新	合作知识创新
理论产生的时间	1912 年	20 世纪 60 年代初	20 世纪 90 年代	21 世纪
理论经济背景	工业经济	技术经济对经济增长的作用日益明显	知识经济的到来以及信息化的发展	知识经济时代，经济全球化企业间或企业、研究机构、高等院校之间的联合创新行为
经典思想、代表人物	熊彼特："创新"就是建立一种新的生产函数	爱德温（Edwin Mansfield）技术创新就是技术变为商品并在市场上销售得以实现其价值，从而获取经济效益的过程和行为	野中郁次郎：知识创造概念的提出和 SECI 知识转换的模型；艾米登（Amidon）给知识创新以更广义的概念	知识分工与积累理论（Becker/Murphy）；将知识生产的积累效果引入对劳动分工与经济增长的分析中，强调知识的专门化是提高生产率的重要基础，企业资源理论（Wernerfelt）
主要特点	强调技术创新的经济学意义和定义内涵广泛；具体形式多样	以新产品、新工艺为核心的新知识的首次商业应用；强调新产品、新年工艺，包含显著性技术变化	将企业看作是知识的集合体，关注作为生产资源的知识的创造	关注企业间合作学习中知识的流动与共享，多集中在新兴技术和高新技术产业中，并呈现出合作知识的特征

　　（2）站在战略的高度看企业合作知识创新。如何实现企业在快速变化的市场环境中成长是企业关注的重要问题，确立企业知识战略，通过进行知识合作实现企业战略是很多国际大公司的发展战略。比如，NEC 与半导体产业的众多企业进

---

① 彼德·德鲁克：《创新精神与创新》，工人出版社 1989 年版。
② 刘学、庄乾志：《合作创新的风险分摊与利益分配》，载《科研管理》1998 年第 6 期。

行了无数的合作项目，实现其"C&C"的知识战略。罗炜（2002）[①] 根据企业与外部经济环境的关系将创新战略分为自主创新战略、模仿创新战略、合作创新战略三种，并认为合作创新战略应该成为当前技术发展与国际经济环境下我国企业的现实选择。认为当代企业竞争模式已经从"对抗竞争"转为"合作竞争"。随着学科汇聚的发展和以消费者为中心的市场产品的开发，当前的企业创新活动越来越显出其复杂性，一项创新往往是多学科、多经济领域共同的努力结果，合作创新成为企业健康发展的趋势。从表3－2中的三种创新战略的比较中我们可以看到创新战略的选择烙上了明显的时代烙印，与国际经济环境的变化有着密不可分的关系。

表3－2　　　　　　　　　　　三种竞争战略的比较

比较项目	自主创新	模仿创新	合作创新
核心技术来源	企业内部的技术突变和知识创造	引进购买或反求破译，再行后发至上	合作企业之间的知识互补
优势	形成较强的技术壁垒，增强核心能力优势	先模仿后赶超，投入低、风险少	资源共享、优势互补
局限性	对企业实力的要求；一项创新往往涉及多学科、多经济领域	对知识产权的保护；技术壁垒的突破困难	合作利益的分配与合作的稳定性是合作创新的瓶颈
典型例证	Intel 在计算机处理器上一直是自主创新的典范	松下开发生产录像机的过程就是对索尼产品的模仿创新	国际半导体多角化的技术联盟

　　生产要素的稀缺性规律是古典经济学的一个重要理论基础，物质资料随着人类社会的发展被不断消耗，人类为了寻求生存与发展甚至不得不寻找新的资源代替。知识却随着时间的推移和人类的发展而日益丰富。知识合作是企业扩大其知识基础的重要手段，企业之间由于知识的分工不同，在完成目标的过程中需要彼此之间的合作，相互合作的企业之间的知识必定有关联，从知识流动的角度来看，企业会由于知识存量的不同而在合作中产生更具有商业价值的新知识。

　　我国在改革开放初期，由于自主知识产权和企业知识的匮乏，在与外资企业的合作过程中提供的知识比较少，然而合作不能仅从合作的经济利益出发，在必要的时候应该以牺牲经济利益为代价而获取合作方的知识，从而在合作中得到发展。有了合作的知识筹码不仅能够得到更多的合作利益，还可以和有更先进知识

---

① 罗炜：《企业合作创新的理论研究》，复旦大学出版社2002年版，第38页。

的合作企业建立合作关系，这样无论是从微观层面的企业、中观层面的产业还是宏观层面的经济发展都会取得良性循环的发展。因此，在知识合作的发展中要重视发展战略。认识到合作的真正价值和合作的最终目的，对于企业，合作的最终目的是为了更好地竞争。只是竞争的模式较之以往封闭的市场经济而不同。知识固然是有折旧的，知识也是有新旧更替的，然而，新知识的产生往往是建立在既有知识储备的基础上。作为自然资源、人力资源等则大不相同，自然资源、人力资源的再生性周期非常长甚至有些自然资源的再生要经过漫长的地质年代。知识可以通过分享获取利益、可以通过学习获得成长，生生不息。

在以知识为基础的企业竞争战略中，企业竞争战略的成败取决于企业是否在生产经营过程中具有相关的知识，战略的实施是否有利于企业提高这一知识的积累与知识创新。企业合作形式的选择取决于多种因素，其中，企业所在行业的知识特点与企业合作形式的选择密切相关。知识合作是企业合作的本质，企业知识存量与吸收能力对竞争优势的获取至关重要，企业应该根据自身的知识特点与需要，同合作伙伴在技术、产品、市场或能力上达到优势互补，这是企业合作成功的基石。企业竞争战略的结果取决于是否建立在相关企业知识的基础上，并有利于本企业相关知识的积累和创新，最终形成本企业的竞争优势。

3.1.2 企业合作创新的知识合作特征

（1）企业间的合作创新是一种普遍现象。随着全球经济一体化程度的加深和知识经济的不断发展以及高科技对知识创新的催化作用，知识创新和协同合作已经成为企业健康发展的普遍战略选择。合作创新也是我国企业的普遍行为。刘宏、杨克华（2003）通过对上海市工业企业技术创新状况问卷调查的数据进行了分析，发现其中有 70% 左右的企业参与合作创新，并且发现合作创新行为与企业规模有着显著的关联性，具体表现为：大、中企业最活跃，其次是小企业。如表 3-3 所示的企业规模与合作创新。

表 3-3	企业规模与合作创新（中国）			单位：家
有无合作行为	大型企业	中型企业	小型企业	总计
无	34 20.48%	69 38.33%	13 30.95%	116 29.90%
有	132 79.52%	111 61.67%	29 69.05%	272 70.10%

资料来源：刘宏、杨克华：《市场结构与合作技术创新行为关系研究》，载《科学学与科学管理》2003年第 6 期。

（2）基于知识的合作是企业合作创新的重要特征。随着全球经济一体化程度和知识经济发展的不断加深，知识合作成为企业创新的主流模式，知识的集成、跨学科、跨领域研究成为当代合作创新的重要特征。

有学者用1~5的分值表示企业合作动机的重要程度，通过对日本的400家企业合作创新的动机进行了调查研究，发现获取合作伙伴互补性的技术知识是合作的关键原因（Sakakibara，1997）。从表3-4中可以看到日本企业合作创新的动机。

表3-4　　　　　　　　　　　日本企业的合作创新动机

企业合作创新的动机	平均分值
获得合作伙伴的互补性技术知识	3.69
进入新的业务或技术领域	3.51
避免重复性的研究	3.15
赶上国外企业的先进技术	2.99
分担成本和实现规模经济	2.95
追赶国内非成员企业的先进技术	1.65

资料来源：Sakakibara，Evaluating Government-sponsored R&D Consortia in Japan：Who Benefits and How？Reserch Policy，1997.

日本在知识管理领域的研究较早，日本最早的创新模式是模仿创新，通过这样的创新战略，日本的科技电子产品的制造一度处在全球领先地位。外商对华的投资模式发生了改变，跨国公司的R&D活动表现出明显的全球分散化趋势。三星公司在与日本索尼签署了共享芯片等基本技术和业界标准技术相关的专利后，又与竞争对手摩托罗拉公司签署了共享手机技术的协议。我国企业也认识到了知识合作中存在的力量，仅以中关村为例，2006年，就有各种产业联盟十余个。大部分分布在IT、新材料、环保等领域[①]。从上述现象我们可以发现，企业之间的合作有一个共同的特点，那就是基于知识的合作，合作知识创新是企业创新的主流模式。随着经济的发展、国力的强大，外商与中国的合作更加谨慎，美国特朗普政府不惜动用国家机器来限制企业与企业之间的合作。关键环节上的自主创新势在必行，核心知识的掌握将会打破知识垄断的困局，建立新的合作平台。在这一轮的创新中，战略选择至关重要。

---

① 郭洪、邵顺昌等：《产业联盟——从内部走向外部的合作创新》，载《企业研究报告》2009年第7期，第26~29页。

3.1.3 知识合作研究的概念基础

对企业知识合作进行深入研究之前，明确研究对象和与知识合作的有关概念以及本书中对核心概念的界定是十分必要的。即确立研究的对象、范围、内容。

（1）企业知识：企业知识和企业外部的公共知识、市场竞争中的溢出、员工的个人知识不同，企业知识是指企业自身由于在生产过程中的积累和学习而拥有的知识。企业知识包括三个方面：企业作为知识的集合体由各种与生产相关的知识所构成，这些知识构成了企业的资源，这些知识就是企业的知识存量；企业是一个自组织系统，能够像其他生命体一样具有学习和拥有知识的能力，这就是学习能力；企业成员共享的企业内部的知识，这就是员工知识。总结起来就是：知识存量、学习能力、员工知识。企业能够在这三方面知识的共同作用下，在合作中实现对外部组织知识的学习、吸收、转换和利用，通过知识积累进一步增加企业的学习能力和企业知识存量，实现知识的价值转换，进而推动企业发展。在这三方面中最有活力的就是学习能力，20 世纪 90 年代，学习型组织风靡一时，学习型组织是美国学者彼得·圣吉在《第五项修炼》一书中提出的，学习型组织包括五项要素：建立共同愿景、团队学习、改变心智模式、自我超越、系统思考。时至今日，学习型组织早已成为一种常态，成为一个企业想要生存下去的必要条件。在企业的知识合作中，自有知识存量对吸收能力至关重要，学习能力作为最活跃的企业知识的构成则是合作中知识获取、吸收、转换的关键。

（2）企业知识创新：是对企业技术创新、制度创新和管理创新的综合和深化。企业是一个由各种各样技术知识、制度知识和管理知识所组成的知识契约型组织，这些知识的不断积累和深化推动了企业的创新。知识创新的定义如下：企业为了应对未来竞争力的压迫，达到创造知识高附加值、谋取竞争优势地位的目标，通过创造、演化新思想，并将其进一步商业化应用到产品市场的整个过程叫做知识创新（Debra M. Amidon，1997）①。按照创新知识的内容可将知识创新分为技术知识创新、市场知识创新、管理知识创新三大类。

科学技术进步的推动使得企业的技术知识自然具有更新性，此外，企业知识的外溢，都会使得企业内部的知识呈现出生命周期。企业内部知识的生命周期与市场环境的变化和宏观经济的发展速度密切相关。知识创新是企业谋求成长的途径。人类科学技术的进步使得与生产有关的旧知识总是被新知识淘汰。电子技术与信息技术的迅猛发展使得知识的更新使人目不暇接，特别是进入 21 世纪以来，

---

① Debra M. Amidon. *Innovation strategy for the knowledge economy*，Butterworth – Heinemann，1997.

计算机与通信技术的融合使得许多传统的生产知识迅速成为替代品，知识的创造几乎常常都包含着熊彼特所说的创造性的破坏，一项技术进步往往在使一个产业风生水起的时候，另外一些产业走向没落。如图 3-1 所示的知识的生命周期与知识创新。当一种产品中所包含的知识最大化满足市场需求时，这种知识在确定的空间内就趋于饱和（拐点 A）。这时候，企业必须对产品的技术进行突破或是产生新的技术，在平衡点 C 处，企业原有知识的生命力达到了活力的尽头。企业应该在远离平衡点 C 处就开始以市场需求为导向，根据产品知识的生命周期，对原产品进行改进。如果只是贪图进一步扩大原产品的销量，忽视产品的改进与开发，产品知识的生命周期就会走向没落。传统照相机行业的没落就是一个惨痛的例证。

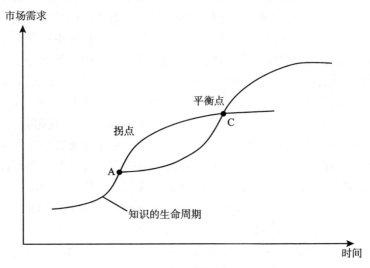

图 3-1　知识的生命周期与知识创新

资料来源：吕军：《企业知识创新研究》，武汉大学博士论文，2003 年。

知识具有生命周期的根本原因是一切资源都有折旧，一切事物都有新旧更替。不同的是，尽管知识有折旧，或是知识外溢使得知识的价值降低，但是新知识的产生往往建立在旧知识的基础上。我们可以从图 3-1 看到，知识的生命周期如同波浪，一浪助力一浪，知识的生命没有终点。由此，我们也就不难理解为什么某一领域的创新总是出现在某个国家的某个产业的某个领域中，甚至还连续地出现在某个企业或是某个实验室里。只有在一些新兴的领域，才有后来居上、异军突起的传奇上演。众多领域内的知识创新是需要积累的、是连续的、是系统的。这也是为什么企业与企业之间为什么明明是竞争关系却要寻求合作的原因之一：没有一个企业可以拥有最终产品诞生所需要的所有知识，就算是有存在的特例，也必须考虑比较优势的问题。因此，知识合作创新必不可少。

（3）本书从知识合作的角度来研究企业的合作知识创新。本书定义了知识合作这一概念。知识合作与合作知识创新这两个概念不是名词上的混淆视听，而是对企业与企业合作这一问题认识、研究的角度、维度、深度的完全不同。知识合作认为企业与企业之间是基于知识的合作，就如同个体之间相互吸引，自然而然而又无法阻挡的经济发展规律。合作对象、合作方式的选择看似是企业精心运作的结果，实际上，一切正确的决策无非是顺应了知识合作的基本组合规律以及对具体环境的适用性。

知识管理认为企业是一个由各种各样的知识（技术知识、市场知识、管理知识）所组成的契约组织。企业的合作创新其实质就是一种知识的合作。这种合作的基础是合作双方基于战略考虑的，希望通过与对方企业达成某方面知识的合作而获取的竞争优势。尽管企业是合作行为的执行主体，但是，通过以上论述，从知识的特点来讲，合作是知识作为生产要素的需求。在后面的章节里会详细地研究知识的类型和知识之间的相互关系，以及它们合作后的化合反应所带来的合作效应。

（4）知识集成、知识整合、知识融合概念的区分：笔者在文献资料收集阶段对这三者的异同产生了极大的困惑。尤其是知识集成与知识整合，到底有什么区别，最后，通过对两者产生的时代、代表人物和原始文献的查阅发现，在英文中它们都被称为 integration。有学者认为组织的知识整合包括市场不确定环境下的客户知识整合和技术不确定环境下的技术知识整合，并把知识整合区分为企业外部整合和内部整合，并来描述企业能力的形成（Clark and Iansiti，1994）[1]。因坎普（Inkpen）把知识整合定义为"知识的联结"（knowledge con-nection），即个人与组织间通过正式或非正式的关系促进知识的分享与沟通，并使个人知识转变为组织知识[2]。格朗德（Grant，199）从组织能力的角度来研究知识整合，提出企业知识理论，认为知识整合是组织的基本职能和组织能力的本质，从而把知识整合提高到企业的战略层面上。认为企业的重要作用就是进行知识的集成，知识集成为企业创造了优势[3]。通过知识之间的整合（integration），专业的知识才能产生价值。在从两者的研究成果的进一步考察中，可以基本上认为知识集成与知

①　Iansiti M，Clark K B. Integration and Dynamic Capability：Evidence from Development in Automobiles and Mainframe Computers. *Industrial and Corporate*，3，1994，pp. 557－605.

②　Inkpen C. Creating Knowledge Through Collaboration. *California Management Review*，1996.

③　Grant R. M.，Prospering in Dynamically-competitive Environments：Organizational Capability Knowledge Integration. *Organization Science*，6，1996，pp. 375－380.

识整合研究的是同一问题，知识整合这一译法被更多的研究者和企业人士所认可。这与中国学者对知识管理认识的渐进过程有关，知识集成是最先被认可的，集成这个词来源于计算机领域，同时，最早对 integration 的认识更注重企业内部各种知识资源的整合，而随着企业合作的增大以及外部环境对企业知识创新的重要影响，integration 的含义也更为广泛，称为整合更为贴切了。

知识融合这一概念出现在计算机信息工程中，它与知识整合、知识共享有部分重叠的内容，例如，都要对知识进行组织，基本目的都是要实现知识共享和重用，因此，在研究方法方面，知识融合可以与其他两个模块相互借鉴。知识融合与知识整合、知识共享的最大区别在于，知识融合希望通过适合的算法模型产生基于现有知识的新知识，并能够通过应用反馈对新知识进行合理评估，从而提高不同知识对象之间的协同工作能力。

经济全球化使企业不仅对单个企业内部知识的资源整合，而且形成企业之间的知识资源在外部价值链上的整合。无论知识集成、知识整合都是以作为组织的企业为主体提出的概念，知识融合是计算机领域的研究议题，不仅考虑算法问题，致力于产生基于现有知识的新知识的研究，还涉猎了可行性并进行合理评估，以期提高不同知识拥有者之间的协同工作能力。当笔者发现知识融合这个概念时欣喜万分，这证明此项研究的基本假设有其存在性。即"学科、产品、企业出现的学科融合、产品知识交叉、企业广泛合作现象，对这三种现象进行共性抽象。提出存在竞争关系的经济实体之所以能够进行如此广泛而深入的合作，除合作可做大利润蛋糕的经济利益外，还有一个看不见的磁场，把不同的知识、不同的学科、不同的企业吸附在一起，这个磁场就是知识经济时代知识作为生产要素自由组合的需求。"接下来，立论这个客观存在的经济现象，这样一个庞大的体系，必然有其存在的机制。

在计算机领域，这一研究是个算法问题，而在企业管理中，这是一个企业之间合作机制的问题，这是知识整合所没有涉及的。因此，本书使用知识合作这一概念，虽然这一概念被与企业合作知识创新混同，但是还未见对其有明确的学术定义。

3.1.4 企业知识合作机制研究的概念体系

对于企业知识合作机制研究的这样一个议题，它的基础研究假设知识作为生产要素有自由组合的需求。从基础假设就与主流研究迥异，研究整体的视角和思路都不同，其中涉及围绕知识合作这一核心概念的一系列概念都需要定义。这些概念及其形成的体系基于以下两点的基本假设。以下两点基本假设是基于知识理论和经济理论衍生而成的。

假设 1：企业之间的合作知识创新的根本原因是知识作为生产要素的分工不同而产生的，为了实现客户对于产品日趋个性化、多元化的诉求，知识作为生产资料有自由组合的原始动力。

这一假设的理论依据是分工理论。正如亚当·斯密所说：基于自利，屠夫、酿酒者和面包师为我们提供了晚餐，我们都知道那绝非基于社会关怀。尽管绝非社会关怀，我们依然因为这条分工理论而建立了竞争而又互惠的人类经济模式。亚当·斯密提出了市场经济是有规律的这一理论，这些规律像一只"看不见的手"来调控着市场的运行。那么，企业之间的知识合作潮涨潮落、波起波平是否也有一只手在调控呢？引入黄少安（2000）、李翠娟（2005）等提出的知识合作剩余这一概念，并将这一概念引申，这只调控的手就是企业知识合作能为企业带来的合作剩余，合作剩余既包括带来的眼前经济利益，又包括通过合作带来的知识增加，还包括实现增强竞争优势的长期利益。

假设 2：合作企业的知识是关联的。这一假设的理论依据是关联理论。关联型知识是反映一个事件和其他事件之间依赖或关联的知识，又称依赖关系。关联主要表示在一个分布系统内部相互协作的不同组件之间的一种提供和使用的关系。当一个组件为了执行自身功能需要调用另一个组件所提供的服务时，这两个组件之间的关系被称为关联。通过理论描述，我们可以明确地得出结论，企业与企业之间进行的知识合作，合作知识是关联的。

以下是在这两点假设的基础上对研究所涉及的概念进行定义：

（1）知识合作（这个概念为了行文的便利在前文已经提出并做了定义）：企业与企业之间，以问题为导向、以消费者为中心，基于战略考虑，形成利益相关体，用多学科汇聚的知识生产模式使得企业进行价值链上跨组织的业务活动，通过企业外部价值链上的知识整合，实现经济利益和获取竞争优势的过程。

（2）合作知识及其类型：根据假设 2，我们可以得出进行知识合作的企业之间的知识必定有某种关系的这一结论。在这里称为合作知识，合作知识的类型可以分为互辅关联型知识、关联型知识、互补关联型知识。学者汪丁丁（1997）把互补关联型知识分为知识沿时间互补、知识沿空间互补。

（3）知识合作模式：不同的合作知识类型有着不同的知识合作模式，依据知识合作产生的效应把知识合作分为知识集聚、知识嫁接、知识供应链、知识网络四种模式。如图 3 - 2 所示。不同知识的化合会产生不同的效应，有的知识是互为基础的，前者的出现是后者的原因，后者是对前者的升华，没有前者的创造发明就没有后者的持续创新，创造发明的商业化成功往往可以带来一个时代发展逻辑的改变，引发整个经济体系各个行业的变化，对人类整体的进步起到了推进作用，而掌握此项发明创造并将其商业化的国家或组织、个人就是对人类文明的发展作出的贡献。比如，蒸汽机的发明带动了整个工业革命，使得人类从手工制造转化到机器制造的时代，而工艺技术的进步又为下一轮的创造发明奠定了基石。这种创造是如何渗入社会经济的各个行业中的？这不是人为的操作，甚至不是人为的意愿，而是知识的不同种类在组合后产生的化合效应而带来巨大的收益。图3－2是知识合作的四种模式的划分，是结合现有经济发展的各个领域的知识组成、产品特征从逆向思维的角度研究而推演出来的。

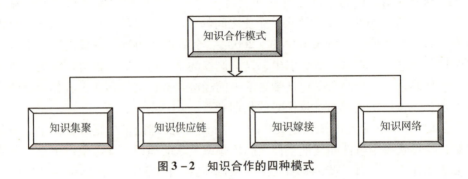

图3－2　知识合作的四种模式

（4）互辅关联型知识及知识合作方式。第一种常见的知识合作是互辅关联型知识之间的合作。根据文献搜索，尚未见对互辅关联型知识与本书有关的明确定义。在这里是指存在于同一知识系统内的知识之间的相互辅助性。知识之间有迭代作用。互辅关联型知识合作表现出知识集聚的方式。

知识集聚：当同一产业知识之间，一项创新的实现往往需要建立在其他技术成果的基础之上时，知识之间是一种相辅相成的关系。知识集聚的知识构成的特点是技术积累和技术交叉，知识集聚的这种知识合作模式就会产生知识的快速增殖效应，即知识的积累不再是线性沿时间的积累，而是在局部区域内快速呈级数增长，本书称这类知识合作模式为知识集聚。

如在世界范围内的半导体企业集聚现象的根源就是知识集聚，深层次原因是知识集聚产生的知识集聚效应，使企业之间可以通过技术交叉许可和相应的转移支付，充分发挥具有互辅性的专利技术的作用，形成知识集聚后的快速增殖效应。

以计算机产业的发展，世界上最早的计算机于1946年问世，是一个约由17468个电子管，6万个电阻器，1万个电容器和6000个开关组成，重达30吨，占地160平方米的庞然大物[①]。1947年，世界上第一个晶体管由肖克力等人在贝

---

① 吕云翔、李沛伦：《IT简史》，清华大学出版社2016年版。

尔实验室研究成功。1954 年，贝尔实验室用 800 支晶体管组装成人类历史上第一台晶体管计算机。晶体管在计算机上的使用是人类技术飞跃的里程碑。肖克力本人也因此获得了 1956 年的诺贝尔物理学奖。著名的摩尔定律是由戈登·摩尔提出的，他是英特尔公司的创始人之一。摩尔定律是指在价格不变的情况下集成电路的元器件的数目以每隔 18 ~ 24 个月增加 1 倍的速度在增加，产品的性能，包括运算处理速度、处理数据的容量等也会增加 1 倍。这种增长速度持续超过了半个世纪，这种增长已经开始放缓，尽管如此，当时的预测表示从 2013 年以后，晶体管的数量密度也会每 3 年翻一番。知识的分工带来的专业化使得人类的技术发展日新月异，芯片的制造越来越精密，几乎到了单位面积可容纳晶体管数目的极限，半导体的集成化推动了整个信息产业的发展，深刻地影响了整个经济发展的模式。一个终端产品涉及众多相关企业的知识贡献。当与计算机这一终端产品密切相关的各种知识汇聚到一起的时候，作为同种知识，它们相互共荣辅帮，可以在短时间内得到迅速的进步。我们使用的笔记本电脑，从它的前身有 30 吨重到如今的可以放入手掌，从使用在军事领域到在日常生活中谁也离不开，这一路的斗转星移也不过短短 72 年。芯片技术作为核心技术被少数公司或是实验室掌握，由于知识的分工和知识的积累，他们保持着在这一领域的首发创新优势，他们所用的技术属于创造发明，同时，即便是知识产权解禁之后，制造技术涉及更多的知识积累，使得某些领域内的技术知识的拥有者无法替代。然而，如果单靠一家公司单枪匹马地搞研发并实行垄断，我们现在用的各类电子产品都不会如此便捷、快速、多功能。我们从芯片的产生和发展可以看到，这一领域的创新是始于创造发明的，繁盛于更替换代，普及于与其他传统企业知识的融合而遍地开花。如果知识的拥有者不肯与其他企业合作，那么就不会有可以大规模上市的成品产品问世。只是以自己现有的技术作为优势来生产产品，在该领域的其他厂商也会跟进和超越，这样，在这一领域的企业就会出现此起彼消的消耗型生产，甚至在这样一种竞争方式下覆灭，选择合作是企业求生存、求发展的选择，这种选择是互辅型知识能带来知识集聚的效应，从而实现知识的快速繁殖，实现经济利益可观的合作价值。

（5）关联型知识的知识合作方式。第二种常见的知识合作是关联型知识的合作。关联型知识之间的特点是为了完成某一目标的知识之间有依赖或关联。关联型知识的知识合作方式是一种链式结构。相互关联的知识为实现共同目标而产生推拉效应，如企业为了满足买方市场的需求个性化和多样化，通过以问题导向（problem-oriented）为逻辑的知识合作方式，实现供应商知识对企业知识的推动作用和客户知识对企业知识的拉动作用。

根据企业的合作方式可以把关联型知识的合作模式提炼总结为知识合作的供

应链模式。知识供应链（knowledge supply chain，KSC）是由美国的"下一代制造项目"在 1995 年（next generation manufacturing project，NGMP）提出的。知识供应链是指通过需求与供应关系将知识的供应、创新、传播、使用等过程的相邻知识结点联系起来的，把概念转换为知识化产品，再到最终用户的一个功能网链[①]。理查德和皮埃尔泊洛（Rechard Hall and Pierpaolo Andriani，1998）从供应链的角度提出知识链的概念，认为知识链是一种管理供应链隐性知识的方法。

知识合作的供应链模式的这一概念与传统的物流供应链的理念、运作是不同的。知识合作的供应链不是为运送某件货物达成的实物供应链，它是为实现某一终端产品的生产，甚至是为了实现某一战略目标而形成的知识之间的协作。与知识集聚不同，知识供应链上的各个节点的企业分别拥有不同的知识，有的拥有客户知识，有的拥有设计知识，有的拥有制造知识，有的拥有销售知识等，他们通过协同来共同完成一件成品的制作。知识合作供应链的形成是由于知识合作产生推拉效应，推拉效应的产生是基于知识的分工与协同的。如制造一款电脑笔记本，品牌的包装、产品的设计、原材料的产地、核心元器件的提供、生产线的制造、软件的支撑、劳动力的提供，等等，涉及整个链条，尽管掌握核心技术是整条知识合作供应链上知识含量最高的环节，其拥有者也掌握了这些知识或其他资源而获取了主要利润，然而没有其他知识的协同，它的问世和普及也是不可能的。整条知识供应链的进化也是依赖于各个节点的知识互相推拉而逐渐完善和取得技术进步的。在后面的章节中，我们研究了知识合作供应链的稳定性和知识合作的伦理法则问题。当一条知识供应链上关于产品制作的关键技术的拥有者在获取成长后抛弃了其他合作者，尽管残酷却是不容诟病的竞争法则，但是，如果作为核心技术的拥有者不遵守买卖法则，甚至通过要外力制约获取该项技术的所有通道时，就违法了发展的法则，违反了商业法则。关联型知识合作从知识的合作方式上来看是最容易出现不稳定的局面，但是，关联型合作方式也是最基本和最普遍的知识合作方式。

（6）互补关联型知识及知识合作方式。第三种知识的合作是互补关联型知识的合作。互补关联型知识：互补是指实体局部之间存在的互为解释或互为强化的关系。学者汪丁丁（1997）归纳了知识互补性的两种形式：一是知识沿时间的互补性，即对同一个知识系统而言，尚未获得的知识与已经获得的知识之间存在着强烈的互补性。二是知识沿空间的互补性，即对不同的知识系统而言，各个系统内已经积累起来的知识，通过传统交往而获得强烈的互补。本书认为，知识互补性的这两种形式对应着知识嫁接模式的两种类型。

---

① 陈菊红、汪应洛、孙林岩：《灵捷虚拟企业科学管理》，西安交通大学出版社 2002 年版。

以下是研究互补关联型知识合作的知识合作方式：

在对互补型知识的合作方式的定义中借用植物研究领域的专业术语，知识嫁接是互补性知识的合作模式。嫁接是植物人工营养繁殖方法的一种。将植物的一部分器官，比如，植物的枝条或芽，移植到另一株植物体的茎或根上，使它们愈合成为一个新个体的技术，嫁接是利用植物受伤后具有愈合能力的机理来进行的。以单一学科为架构的知识生产传统模式受到冲击，学科交叉早已成为新常态。学科交叉是指不同学科之间的交叉、融合、渗透而出现的新兴学科，在学科的研究领域，涌现出许多交叉学科，比如，生物航天技术、生物科技、生物技术，甚至自然学科和人文学科的交叉也有存在，比如，工商人类学。在近年来的科学发展中，包括一些社会问题的解决中都常常能够看到不同学科之间的相互交叉和相互渗透。

计算机科学作为一门学科在 20 世纪最后的 30 年里，取得了大量的里程碑式的科学业绩，得到了惊人的发展，从曾被认为仅是一门编程的单一课程扩展到包括从抽象的算法分析、形式化语法等，到更具体的主题，（如编程语言、程序设计、软件和硬件）的一门独立学科。计算机科学与许多学科诸如电子工程、数学、经济学和语言学等联系密切。这些学科之间有明显的交叉领域，因此，产生了许多新的交叉学科：人工智能、电子商务、计算机图形学等。2001 年，就有人将计算机学科分支领域划分为 14 个主领域，其中，几乎所有的领域都涉了多门学科的交叉和联系，现在这些分支领域更多，而且涉及几乎所有的研究领域和经济领域。随着网络的普及，在现实的经济体系中"互联网＋"又无处不在。

这些学科的交叉、经济体合作的交叉都有一个共同的特征：基于知识的化合，有主体、客体、形成新个体。这就非常类似于植物的嫁接，把一颗植物的枝或是芽移植到另一株植物体的茎或根上，使它们愈合成长为一个新个体，植物的嫁接是利用植物受伤后具有愈合能力的机理来进行的，而知识之间的嫁接是知识之间的互补作用。在这一点上知识嫁接与知识供应链截然不同，知识嫁接是知识弥补知识缺口形成新的知识体，知识供应链通过关联知识合作产生的推拉效应来实现合作目标。互补关联型知识的合作模式酷似植物的嫁接。互补关联型知识的两种知识互补形式又都恰好可以用嫁接来诠释。

植物嫁接的主要因素是嫁接主体和客体之间的亲和力。亲和力是指砧木和接穗嫁接后在内部组织结构、生理和遗传特性方面差异的大小。对于植物来说差异愈小，亲和力就愈大，嫁接成活率也愈高。这些差异是植物在系统发育过程中形成的，具体表现在解剖上，砧木与接穗两者形成层薄壁细胞的大小，以及组织的相似程度。而知识嫁接和植物嫁接在亲和力这点上是不同的，对于知识嫁接来说，有它鲜明的特征，那就是新鲜的知识最具生命力，落到哪里哪开花。亲和力的强弱与植物亲缘关系的远近有关系。一般规律是亲缘越近，亲和力越强。同品种或同种间的嫁接亲和力最强，最容易成活。而对于知识嫁接来说，越跨界越成功。然而，这些交叉学科起源于新的研究、源于创造，如纳米技术。随后，我们就来解析 IT 概念、生物技术、纳米技术与传统行业知识的嫁接取得的成功。同属异种间的嫁接亲和力，因果树种类而异。同科异属间的亲和力，一般比较小。但柑橘类果树不但同属异种间的亲和力强，而且，同科异属间的亲和力也较强。因此，以枳为砧、以芦柑为接穗，其嫁接成活率仍然很高。IT 概念、生物技术、纳米技术就算是知识里的柑橘类吧。

知识嫁接的两种方式。一种是同类知识的嫁接方式，这种形式符合学者汪丁丁对互补型知识的第一种分类：知识沿时间的互补性，即对同一个知识系统而言，尚未获得的知识与已经获得的知识之间存在着强烈的互补性。只有在综合了数个学科的知识和研究方法时，这些研究方向才有可能取得成功。例如，量子信息处理综合了量子物理及计算机科学，而生物信息学则把分子生物学引入了计算机科学领域中。

另一种是为解决某一问题而需要知识嫁接。例如，人类学和社会学作为社会科学的重要分支，在以往的研究中可能研究的重点不在科技进步对于社会的影响，然而，科技进步确实影响了人们的心理和行为。科学研究中也越来越重视人的要素，如诺贝尔经济学得主理查德·塞勒，他的成功在于研究行为经济学。现在，越来越多的社会科学家参与到科学与技术研究项目中。我们甚至可以看到一个科学研究团队里有不同领域的学者。包括人类学、历史学、哲学、社会学，女性研究也成为研究考量的热门因素。中国知名学者周海中教授（2000）最早提出网络语言学，把技术科学和社会科学相互结合发展了这门新兴学科，并受到了学界的关注和肯定。网络技术和语言科学有机融合了新兴交叉学科——网络语言学。这一学科的认可基础是网络语言学，它是随着技术的发展逐渐发展起来的，它的生命力源于存在与发展。

生物医学工程属于高新科技研究领域，技术与工程的知识是用以解决生物学和医学中的有关问题的手段，是综合生物学、医学和工程技术学的交叉学科。我们将制药行业的研发外包看作是第一类的知识嫁接模式。研发外包—生物制药一方依靠专有技术获利（差异性）；另一方依靠缩短新产品上市获利。生物信息学是生命科学和计算机科学交叉的前言学科，是使用计算机技术及数学与统计方法或是研发新的技术应用于海洋生物的研究中，对数据进行管理、整合、分析、模拟，根据数据发现新的生物学规律、解决生物学问题。新技术和新方法的使用使传统生物学的研究手段无法获得的创新发现成为可能。通过以上分析，第一种知识嫁接方式得到的新"植株"保留了主体的主要责任，主体依然是主体，嫁接的客体是方法、是手段、是工具。从消费的角度来说，功能不变疗效变。

第二种是异种知识的嫁接模式。知识嫁接模式符合互补型知识的第二种分类，是异种知识的组合方式。从植物分类学上讲，亲缘关系越近的植物嫁接越易成活，这是植物组织结构的不同造成的。而在知识合作中，高科技技术有极好的黏合性，例如，以芯片为概念的 IT 产业、以基因为概念的生物工程以及纳米概念对传统产业及产品赋予了新的内容和形式，拓展了市场空间，带来了高收益。异种知识的嫁接通常是高科技技术与传统生产的结合。以下以 IT 技术的发展为例，研究 IT 技术的发展如何带动整个信息技术产业的发展并将信息技术渗入到传统的产业中，从而深刻地改变了经济发展的既有模式。异种知识的嫁接主要表现在高科技对知识创新的催化作用，将高新技术应用于传统产业和产品中，实现了知识嫁接。

李克强总理提出的"互联网＋"的创新发展模式实际上就是知识嫁接这一知识合作模式在经济发展中的普遍应用。根据教育部、国家语委发布的《中国语言生活状况报告》(2016)"互联网＋"入选十大新词和十大流行语。"互联网＋"是依托互联网信息技术实现互联网与传统产业的联合，是一种知识嫁接模式，而且是第二种嫁接模式，通过异种知识的互补实现优化生产要素、更新业务体系、重构商业模式等途径来完成经济转型和升级。"互联网＋"代表着一种新的经济形态，而从知识合作的角度来看是异种知识沿空间互补的知识嫁接模式。同意我国"互联网＋"计划的目的在于充分发挥互联网的优势，将互联网与传统产业深入融合，以产业升级提升经济生产力，最后，实现社会财富的增加。

我国具备"互联网＋"这一知识合作模式发展的先机。晶体二极管的发明促进了以芯片集成技术为基础的电子信息技术的迅猛发展，这一迅猛发展带动了信息产业的发展，催生了全球的网络快车。我国政府大力发展基础建设，为这一轮的新经济发展创造了条件。经过改革开放几十年的经济建设和文化教育的发展，我国各项基础建设日趋完备，这不仅包括水、陆、空运输这些硬设备，还包括网络铺设，城市化建设、人民文化生活水平的提高这些软条件。中国是目前世界上最大的智能手机市场，手机购物已经从 2010 年的 2 亿元增长到 2016 年的 53 亿元，占整个电子商务交易的 4% 以上①。中国人已经习惯于用手机购买、支付。相关的应用平台也如雨后春笋般涌现，根据《第 36 次中国互联网络发展状况统计报告》，截至 2015 年 6 月，中国网站数量有 357 万个。无论是苹果手机的应用商店还是安卓手机的应用商店，各种 APP 争奇斗艳。从打车到购买产品，现金已经很少被使用，连同早市上的菜农都鼓励大家扫码支付了。的确，短短数年，

---

① 《2017 年中国手机产销量及产销率分析》，中国产业信息网（chyxx.com），2017 年 10 月 9 日。

企业的经营环境已经发生了巨大的变化，这不是一种简单的买卖场所、支付方式的改变，同时，网络环境下的经济模式也不单单是线上、线下的形式之分，它会在未来数十年里不断地演化和发展，持续而深刻地影响国民经济中各个传统行业的发展，研究表明，企业与企业之间的竞争也逐渐演化为合作网络之间的竞争。我国具备在这一知识合作模式下的优势。完备的信息高速公路，以亿万为数量单位的网络公民为创新提供了物质基础，创新又反过来作用于新一代信息技术形态的形成与发展，重塑了物联网、云计算、社会计算、大数据等新一代信息技术的新形态。

表 3 - 5 合作知识类型与知识合作模式综合了以上研究，从合作知识的类型、条件、知识合作的模式等几方面做了汇总如下。

表 3 - 5   合作知识类型与知识合作模式

合作知识类型	关联型知识合作	互补关联型知识合作		互辅关联型知识合作
		知识沿时间互补	知识沿空间互补	
知识合作模式	知识供应链	同类知识嫁接	异种知识嫁接	知识集聚
运行环境机制	供应链	知识联盟		集聚

知识网络合作模式没有包括在表 3 - 5 中，这是由于知识网络合作模式的合作知识类型囊括了关联型知识合作、互补关联型知识合作和互辅关联型知识合作。围绕着客户需求，平台环境下知识合作的知识类型不仅涉及同种知识、异种知识，还涉及直接关联知识和间接关联知识。传统的知识合作模式（知识集聚、知识供应链、知识联盟）在平台环境下都可以看到，知识网络合作模式是综合了上述三种知识合作模式和合作知识类型的统一体。

（7）知识合作机制。知识合作是基于知识作为生产要素的组合，全球范围内企业之间的知识合作不是人为规划出来的，而是通过某种机制来完成的。换句话说，是在某种特定条件下自发的，有规律可循的，需要去探索、尊重、应用，在探索明白其规律之后可以调整适应的一个系统。不同的知识合作方式产生的激励不同、形成机理与运行环境不同、存在的问题也不同。依次从产生、运行、调整的次序，构建了企业知识合作的动力机制、运行机制、调控机制。

（8）知识合作剩余。黄少安（2000）认为合作剩余是合作所产生的纯收益。黄桂田、李正全（2002）认为合作剩余是超过非合作情况下收益的总和，李翠娟、宣国良（2005）提出了知识合作剩余的概念。在本书中认为企业知识合作的剩余由知识合作产生的直接经济利益和通过合作取得的竞争优势两部分组成，即知识合作剩余 = 合作所产生的直接经济利益 + 竞争优势。

　　企业进行知识合作与其生产经营的目标是直接相关的。传统上，大家普遍认为企业生产经营的目标是利润最大化，尽管这一观点受到部分学者的批评，他们认为除了经济效益，社会效益也是企业生产经营的重要目标，一个创造了良好的社会效益的企业会在社会赢得良好的信誉，在消费者中建立良好的声誉，而这些作为企业的无形资产，可以帮助企业扩大品牌影响，增加企业的商誉，从而促进企业经济效益的增加，社会效益应该是经济效益的一部分。关于知识合作的直接经济利益是根据不同合作知识的类型来分别进行研究的，不同知识合作由于会产生不同的化合效应，不同的合作效益产生直接经济利益的方式不同，带来的绝对经济利益也不同。而且，不同的合作知识带来的竞争优势也不同，成为稳定的合作伙伴是竞争优势、合作链条的不同位置的竞争优势也不同，知识的获取、吸收、转化、创新也是知识合作竞争优势的组成。

3.2　企业是知识合作的主体

　　"创新"这一专业词语的经济学定义为：创新是企业家向经济系统中引入的、能给社会或消费者带来价值追加的以前还没有从商业的意义上引入经济之中的新东西。企业是市场经济组成的要素，从创新的概念来看，创新是实现生产要素和生产条件的一种新的组合，是一个从理念到产品的全过程，这个角色只有企业能够担当。一个企业中的知识也是复杂的。它的形态包括企业的环境知识、市场知识、产权知识和企业管理知识等多种知识形态。企业在生存的压力下，持续而敏锐地关注市场的潜在盈利机会，重新组织生产条件和要素，建立起效能更强、效率更高和费用更低的生产经营方法，企业知识也总是变化的，它围绕着产品、服务、工序、技术、结构、地位和相互关系而变化，即围绕企业的生产经营目标而产生改变和创新。从而推出新的产品、新的生产（工艺）方法、开辟新的市场，获得新的原材料或半成品供给来源或建立企业新的组织，包括科技、组织、商业和金融等一系列活动的综合过程，以获取商业利益为目标。因此，企业是实现知识创新的主体。那么，到底是大中型企业更利于知识创新还是中小型企业更利于创新呢？据学者们的研究数据显示，在我国，中小型企业更具有技术创新性；在西方，也是中小型企业更具有创新性。经济学家吴敬琏在《中小企业是创新主体中的主体》（2009）一文中说：如果我们要创新的话，一定要帮扶中小企业，让它们发展起来。他认为企业是创新的主体，中小企业更是主体中的主体[①]，并就

---

　　① 吴敬琏：《中小企业是创新主体中的主体》，中国创新品牌网，2009 年 12 月 1 日。

政府如何在企业技术创新中发挥积极作用提出了建议。建立良好的市场秩序，准许中小企业参与到技术创新的各个领域，以市场需求和选择为标杆，减少人为对市场的干预。认为指定技术路线、指定产品路线，是很危险的一件事情。吴敬琏以日本研制高清晰电视上的策略最终被数字电视取代来论述市场选择的力量。同时，许多基础技术、公用技术的研发投资由于周期长、投入大、见效慢，需要组合资源广泛，需要政府的介入。他建议政府介入的方式采用 PPP（政府和社会资本）的方式，目前，我国许多经济开发区里面的孵化器，以及企业—研究机构的合作方式都是采用这种方式。

在互联网的环境下，中小企业对于创新的不可或缺性更是不容忽视。互联网环境下经济的特征，为中小企业创造了生存与崛起的先机，这是有目共睹的现象。企业围绕着客户需求的创新活动是一个目标导向的活动，一个企业往往只是通向终极产品上的一个环节，这使企业之间知识合作创新成为一种必然。企业知识也总是变化的，它围绕着产品、服务、工序、技术、结构、地位和相互关系而变化，即围绕企业的生产经营目标而产生改变和创新。从创新的效率来说，理论上是中小企业由于更贴近市场需求，因而能够快速地对市场做出反应，同时也会将知识创新应用于产品或是服务中，并将产品或服务投入市场中而取得回报，中小企业更具创新的活力。以历史为鉴，坚持中小企业创新是创新主体的这一发展理念，充分发挥政府服务功能，以适应瞬息万变的市场和顺应新一轮知识经济发展模式的知识合作特征。企业是知识合作创新的主体，中小型企业是创新主体中的主体。

3.2.1 知识合作创新的类型与主体

知识合作创新的类型从组织层面来划分，有企业—企业之间的合作创新、企业—科研机构之间的合作创新、顾客—企业集体之间的合作创新。每一种合作类型中都有合作的主体存在。

（1）企业间的合作创新。企业合作创新成为经济学和管理学的研究热点。近年来，与合作创新相关的合作研究开发、技术联盟等概念出现在很多国内外关于产业组织、技术创新的研究文献里。企业之间的合作创新依据合作企业的实力可分为优势互补型、优势加强型、学习型。

彼得·德鲁克（1989）指出，以合作伙伴关系为基础的企业关系的加速发展是工商业正在发生的最伟大的变革。企业的使命是生产与服务，从企业管理的立场，商业上的首发管理创新与技术创新在经济角度可能具备同等的经济价值，在日常企业的生产经营管理过程中，通常把对企业生产、服务系统的改进、产品和服务质量的提高等也看成是企业的创新。企业之间的合作知识自然也包括这些能带来渐进性创新的知识。事实上，现实的企业中常常以管理团队、管理知识、专业知识来进行合作。同理，创新的成果既可以是有形的物品，也可以是无形的思想或者观念，这一点在互联网时代下的合作创新中尤其常见。

　　企业之间的这种合作知识创新也存在谁是主体的问题。谁是合作主体的问题可以由多重角度来界定，我们在书中从知识合作的角度出发，认为合作的主体是企业参与合作的知识。在不同的知识合作类型下，合作企业之间由于参与合作的知识不同而合作地位不同。因此，企业知识合作存在合作的主体与客体。这也是为什么企业重视自有技术，进行研发投入的动机之一。尽管合作是必需的，通过合作可以暂时获取生产所需的资源，甚至通过合作中的学习可以获取所需知识，合作是有主体、客体之分的。主体由于掌握关键技术而在合作中拥有绝对优势。我国自改革开放以来，经济取得了举世瞩目的发展，从知识管理的视角来评价我们的工业体系是产能高、产品全但是技术含量低、基础研究不足。在基础材料、加工精度、提纯度等工艺方面缺乏核心技术。在改革开放初期，我们出现过这样的案例，某企业引入了日本的淬火生产线，而无力掌握淬火液的技术，长期受制于日方的控制，用高额的价格购买其淬火液。再比如，苹果电脑是在中国制造的，但是核心芯片、软件、品牌都是别人的，苹果公司可以随着劳动力和原材料的市场价格变动把制造外包到任何一个国家。在这样的合作关系中，由于自身技术能力的不足，合作知识的议价能力低，随时都可能被取代。企业与企业的知识合作中存在合作主体关系。

　　（2）企业—科研机构之间的合作创新。企业—科研机构的合作创新是各国合作创新中的重要方式。企业与科研机构的合作创新活动充分地体现出了生产要素重新组合的过程：大学或是研究机构的研究人员—企业知识工作者实现了人才的新组合；大学或是研究机构的科技知识—企业的生产知识实现了知识的汇集；大学或是科研机构的研发能力—企业的商业化能力组合实现了知识的价值转化。正是由于这种知识之间多方面的互补使得目前各国对企业—大学与研究机构的合作非常重视。我国对校企合作、科研机构—企业合作也非常重视，大力支持和推广合作创新，常见的模式有共建国家大学科技园模式、共建研发机构模式、共同培养高层次人才模式、共同承担国家科技计划重大课题模式、教学—科研—生产联合体模式、技术开发—转让—咨询—服务模式等。无论是高校、科研机构还是企业，都认识到知识转化的重要意义，意识到企业的需求、市场的需求是研发问题的所在和动力源泉。很多企业大力支持合作院校对口的重点学科、实验室的建设，支持院校参与到本企业科研和技术改造项目中。同时为学生提供了实习基地，吸纳优秀毕业生进入企业，等等。

同时，我国还为吸引外方来华进行合作研发提供了政策保障，从优惠的投资政策到知识产权的保护都制定了详尽的规则。国务院 2017 年印发了《关于扩大对外开放积极利用外资若干措施的通知》，对进一步做好利用外资工作作出部署，提出了 20 项具体措施。其中提到，要支持内外资企业、科研机构开展研发合作；要支持海外高层次人才在华创业发展，支持外商投资企业建设研发中心、建设企业技术中心，申报设立博士后科研工作站。同时，根据对等原则，允许外商投资企业参与承担国家科技计划项目。外商投资企业同等适用研发费用加计扣除、高新技术企业、研发中心等优惠政策①。

企业—科研机构合作创新的目的可以从两个方面解释：从科研机构来讲，希望科技创新、产品研发能够通过企业实现知识到产品的商业化转化，企业是合作主体；从企业来讲，希望通过与科研机构的合作来实现对市场需求的技术满足，最终能够提供更有市场价值的产品和服务，企业仍然是合作的主体。

（3）顾客与企业集体之间的合作创新。随着产品生产从大规模制造到定制化生产的深刻转变，顾客对于企业创新至关重要，同时互联网的普及、Web 技术的发展为客户参与企业创新提供了更为便捷的途径和方法，顾客可以参与到从产品设计到销售整个管理的环节中。Web 技术重视用户的交互作用，用户既是平台的使用者，也是平台内容的制造者。企业之间要建立以顾客价值最大化为目标的战略合作关系；建立一种对客户需求做出快速反应的商业模式；还要具备对分散资源进行整合的能力。根据知识网络理论，在网络型组织的企业中，所有的合作伙伴既作为知识源，又作为接受和利用知识的节点。使得知识可以超越组织界限流动，一方面提高了知识的流动效率，另一方面节约了知识投入。网络平台环境提供了一个让不同地域的不同客户，不同的需求汇聚的场所，吸附了整个生产和消费链条上的终端：消费者。

维基百科（Wikipedia）是一个网络百科全书项目，属于可自由访问和编辑的全球知识体，除传统百科全书所收录的信息外，维基百科也收录了非学术、有一定媒体关注度的动态事件。目前，维基百科是全球网络上最大且最受大众欢迎的参考工具书，名列全球十大最受欢迎的网站。特点是自由内容、自由编辑。维基百科可以看做是一个互联网平台下顾客参与集体创新的例子。我们以往见到的百科全书多是由专家主导编辑的，然后经由出版社编辑加工并加以销售的书面印刷产品。维基百科在创建之初希望自己的百科全书是一个面向全人类的、可以自由使用的百科全书，并希望各地的民众能够使用自己选择的语言来参与编辑条

① 国务院：《支持企业与科研机构研发合作　支持海内外高层次人才在华创业》，载《成都科技》，2017 年 1 月 18 日。

目，这样一个了不起的抱负怎么能够仅凭一己之力来完成呢，因此，维基百科允许访问网站的用户自由阅览和修改绝大部分页面的内容，最初这只是一个尝试性的举措，然而取得了巨大的成功，维基百科强调的是内容自由、协同编辑以及多语版本的一个网络百科全书项目，以互联网和 Wiki 技术作为媒介，已发展为一项世界性的百科全书，目前，整个网站的总编辑次数已超过 10 亿次。2006 年，《时代》杂志评选的时代年度风云人物"你"中，便提到了全球上百万人在互联网上以协作方式促进了维基百科的快速成长。维基百科由非营利组织——维基媒体基金会来负责相关的发展问题，由全球各地的志愿者们合作编撰而成，整个计划已收录了超过 3000 万篇条目，其中，英语维基百科以超过 450 万篇条目，在数量上位居首位。如果没有互联网平台和 Wiki 技术的支撑使全球范围内的广大用户参与完善百科全书条目的工作中，完成这样一部有 285 种独立运作的语言版本，且已被普遍认为是规模最大且最流行的网络百科全书是不可能的。维基百科容许任何人都能深入整理数据内容，这就使得这部百科全书适应不同的知识层面、不通关注角度的顾客，通俗易懂。同时，全球用户的即时参与编辑和新条目的创建使得维基百科能够十分迅速地整理出与最近发生事件相关的信息，使其成为一部活跃的百科大词典。维基百科巨大容量的条目、实时更新的内容、满足多样化的需求等这些传统百科全书所无法比拟的优势都来源于广大用户的深入参与，维基百科是顾客集体创新的产物。维基百科这种顾客集体的创新模式取得的成功带动了其他计划的运行，随着维基百科的普及，维基新闻、维基教科书等姐妹计划也随之应运而生。同时，无论维基百科顾客集体创新的参与程度有多高，维基百科作为实体始终都是合作的主体。

在网络平台的环境下，Web 技术支撑下的集体创新模式越来越常见，顾客对于产品、服务等的意见会及时反映给企业，企业根据情况来改进产品或服务，并来满足客户的需求依然存在合作主体是谁的问题。消费者的需求与反馈在 Web2 技术的支持下及时得到市场的迅速反馈。平台环境像实体企业，实体企业根据信息反馈满足需求。群体的多样性和个体需求的多样化，使得小企业的灵活性得到了发挥，也是企业在网络化平台环境下的创新土壤。客户的需求是由企业发现、由企业实现和满足的，企业之间由于有一致的目标，共同的利益，同时由于顾客参与创新与一站式服务的消费需求，使得企业与企业，企业与客户之间形成集体创新的新型关系。因此，顾客参与集体创新的合作主体是企业。

3.2.2　企业实现顾客对产品的需求

大规模制造的特点是产能过剩、产品趋同，消费者的生活水平提高，对产品和服务的要求升级，消费已经不是为买到维持基本生存需求的物资，而是要求生活得更加多姿多彩。比如，衣食住行、教育养老、医疗保健等，人们的需求逐步地升级。同时，科技及技术的进步为实现这些需求提供了支持。进入 21 世纪以来，传统意义上的卖方市场已经成为历史，取而代之的是买方市场的到来。近年来，市场产品、企业合作、学科会聚表现出一个共同的特点，即知识的合作。它们都不是按照传统上的"学科导向"（subject-oriented）为逻辑的知识生产，而充分体现了"问题导向"（problem-ori-ented）的逻辑。问题导向的逻辑体现在企业的生产制造中，就是以市场需求为导向，为满足客户需求而制造的逻辑。顾客与企业发生关系的根本基点是企业生产出的产品。因此，企业生产的目的就是满足顾客的需求，企业满足顾客需求的根本途径是生产出满足消费者需要的产品，即产品的使用价值满足了顾客的某种预期，为顾客创造了价值。企业与顾客发生的联系是全方位的。在新产品的设计、生产过程到营销，消费者的参与都十分的重要。企业围绕着为谁生产、生产什么、如何生产这些问题来展开活动。在企业与客户的关系中，顾客处于中心地位，企业通过生产产品来满足顾客的需求，从而实现这一关系的延续。

3.2.3 企业实现知识合作的价值

知识创新是一个知识生产、应用、增值的过程，包括知识的获取、整理、保存、更新、应用、评测、传递、分享，这一系列的知识活动都离不开企业具体的生产经营活动，同时，知识创新的价值增值最终是通过企业来实现的。知识分享只是手段，产生价值才是目的。企业之间通过知识合作共赢的实例很多，然而，从发展的眼光来看，要考虑的不仅是得到的经济利益，更要考虑企业所获取的成长，企业知识合作的价值与企业知识合作的模式密切相关。企业知识合作的价值体现在以下三个方面。

（1）合作知识创新价值增值的内在实现过程。合作知识创新不仅能使合作企业通过知识合作所产生的效应而取得巨大的经济收益，更为有诱惑的是合作企业可以通过在合作过程中的学习机制来促进知识的积累、应用和共享。那些能够基业长青的企业都是能够适应新的竞争环境、具有良好的学习和进化能力的企业。

尽管竞争是市场的不二选择，但是在竞争环境改变的当下，当发展遭遇障碍时，企业拓宽其竞争的视野和发展的格局，从谋取眼前的有限市场份额和短期利益的想法转为另一种思维，通过合作来获得持续发展和更广阔市场的目标，企业的发展格局会迥异。有这样一个关于日本企业的案例，"日电舍""日立工业所""高桥工业"是位于日本茨城县日立市的三家公司。这三家公司都是"日立制作所"重电事业的下游承包商。为了摆脱对"日立制作所"的依赖，三家公司以单纯的"合作及实验"为目标而结合在一起，开启了合作之途。在合作实验的初期，他们也遇到了许多的困难，三家企业最后达成共识，通过互相学习彼此的经验来加快单个企业的研发和销售能力，而不是刻意地追寻合作实验的成果。这三家企业运用合作实验所学习的知识，用于自己的公司运行中，从而提高了研发和销售能力，结果都成功地摆脱了对上游厂商"日立制作所"的依存度。这个案例非常有借鉴意义，首先，面临共同困境的彼此竞争的对手，为了长远的存在和发展可以携手共强，摆脱受制于人、前途未卜、惶惶不安的共同命运。其次，合作研发不一定有共同的成果，根据企业自有的特征，解决同一个问题，可能办法不同，彼此缺乏的知识也不同。最后，我国可以发挥政府职能的优势，使得企业针对不同行业的具体问题建立国内企业的合作实验室，提升总体水平。

（2）合作知识创新价值增值的外在实现方式。知识合作的价值增值的具体表现就是知识向价值的转化。合作后，企业得到更新后的知识存量，创新知识转化为价值，这就是合作创新知识的价值增值，转化的具体方式多种多样，可分为知识产业化和知识资本化两类，这一转化过程只有企业才能完成。

知识产业化是指合作创新的知识直接转化为知识产品以获取价值。例如，科研成果或是某项技术都可以作价转让出售。在知识经济时代，知识与经济的相互作用使得知识对经济的贡献越来越重要，使得知识作为一种无形的元素成为一种资产而具有价值。非常典型的就是软件产品，既是知识的集合又是知识产品，由知识直接转化成产品渐进形成知识产业。

知识资本化是指创新知识对物质产品生产的价值贡献。这时，知识作为一种资本的形态来实现价值。知识资本通过参与产品的制造与销售，使知识物化成产品，产生价值增值。

（3）共生系统的形成。合作会产生关系，这种关系不仅存在于企业与企业之间，企业与客户之间也会形成相依相存的关系。这种由于知识合作而产生的合作关系形成了共生系统，也是企业知识合作的价值体现。

知识创新的价值增值依靠企业来实现。随着国力的强大，人民物质生活水平极大地提高，在发展的战略以及与外方合作的领域、合作的模式上，我国都有了一定的选择权。拥有雄厚的资金、一些领域的先进技术和广阔的市场，都是我们可以博弈的筹码，要充分体现出知识合作的三个价值所在，就要提高企业合作的知识含量，使我国成为科技强国。美国是科技强国，在电脑芯片、操作系统等领域中，在全球属于技术垄断地位，美国限制合作领域甚至限制留学生的专业选择，这一系列举措都给全世界的国家敲响了警钟，如果在核心技术上长期依赖于一个国家，最后就会受制于人，市场经济环境也会恶化，市场规则被破坏，取而代之的是国家主义的控制。我国经济发展正处于转型期，很多企业存在产能过剩、技术含量不足等问题，借助国外先进的知识、技术和引进高技术人才，带动我们整个产业的发展，促进国际合作是我们的战略选择。我国可以考虑联合其他有实力的合作伙伴，建立合作同盟，攻克技术难关，以打破及技术垄断的僵局。以色列在无人驾驶技术、IoT 技术（物联网方面的技术）、网络安全等方面的高科技等拥有一些创新技术方面的成果。以色列是全球高科技企业的发源地之一。它在很多高新科技方面，尤其是 IT、人工智能、现代医疗等方面，在全球处于领先地位。中国企业希望通过合作或投资引进的方式将更多的以色列高科技企业引进中国，把先进的技术引进中国，帮助中国在相关领域的初创企业和正在发展中的企业得到科学技术支持。比如，中国专业从事智能语音及语言技术、人工智能技术研究的龙头企业科大讯飞，则尝试着探索与以色列展开人力资源的合作，寻求科大讯飞现有比较先进的人工智能技术与以色列在技术发展方向具体的节点和路径上互补，以期能够在研究具体的方向上达到新的高度，或者取得新的突破、合作，要充分体现出知识合作的三个价值。

3.3　企业知识合作的理论研究

3.3.1　企业知识创新的类型与特征

自美国学者戴布瑞（Debra M. Amidon，1993）提出知识创新这一概念后，国内外的研究者们对知识创新这一概念从不同的研究角度提出了各种各样的表述。何传启（1998）对知识创新进行定义后，1999 年，将知识创新分为广义知识创新和狭义知识创新，随后，2001 年，又进一步从知识创新的内涵和外延进行了研究①。尽管学者对知识创新这一定义的侧重点与表述各有不同，总结起来都包括以下两点：知识创造、知识转化。可以说新知识的产生以及成功的商业化是知识创新的核心。

（1）企业知识的分类。企业知识是指具体的企业所拥有的知识。企业知识具有复杂性，如企业知识的形态是多种多样的，包括企业所处的环境知识、企业的产权知识、企业的市场知识等；同时，企业的知识由于生产经营的要求，处于不断地完善和改变中。企业知识的含义包括以下几个方面：企业的生产知识、企业

---

① 何传启、张凤：《知识创新——竞争新焦点》，经济管理出版社 2001 年版。

的学习能力、企业成员共享的集体知识。通常对企业的知识有如下分类。

第一，按知识的可编码程度分类，把知识分为隐性知识和显性知识。迈克尔·波兰尼在对人类知识的哪些方面依赖于信仰的考查中，发现这种信仰的因素是知识的隐性部分所固有的。迈克尔·波兰尼于 1958 年首次提出显性知识和隐性知识的概念。认为通常被人们描述的知识是以书面文字、图表和数学公式加以表述的，称为显性知识。显性知识是能够被人类以一定的符码系统（最典型的是语言，也包括数学公式、各类图表、盲文、手势语、旗语等多种符号形式）加以完整表述的知识；隐性知识是未被表述的知识或是不能表述的知识。比如，我们在整个受教育的生涯中，学到的课本知识是显性知识，这些知识可以通过口头传授、教科书、参考资料、期刊、专利文献、视听媒体、软件和数据库等方式获取，也可以通过语言、书籍、文字、数据库等编码方式传播，是易于向他人传递的；而我们通过漫长而艰苦的学习来获取的知识，以及个人的经历中所获取的学习新知识的能力并由此而形成的思维方式、认识和分析问题决策行为的能力等都是隐性知识，这些知识无法通过文字化、图片化、公式化来表现出来，也无法通过语言、书籍、文字、数据库等编码方式传播。这些知识只可意会不可言传，甚至我们自己都没有意识到我们具有的某种知识。

对于企业来讲，企业所具备的设计、生产、制造、销售、管理各个方面以及生产环节中能够被编码的知识都是企业的显性知识。企业在长期的生产合作中所产生的经验、技巧、心得，这些未被编码的知识，以及企业对知识的学习、获取、吸收、转化、创新这些能力都属于企业的隐性知识。根据日本学者野中郁次郎的研究，企业可以实现隐性知识向显性知识的转化，实现知识的螺旋形创新。

第二，按知识在企业的生产运作过程中承担的角色分类，可划分为企业的技术知识、制度知识、管理知识。企业的技术知识直接作用于生产过程，制度知识和管理知识服务于产品的生产。具体来讲，企业的技术知识主要是那些与生产的社会属性无关，仅服务于产品和工艺方面的核心技术、制造以及营销方面的技术。制度知识与管理知识是协调人与人之间的关系。制度知识包括企业产权制度的安排、企业文化、约束与激励机制等，在企业合作的创新活动中，制度知识应该得到及时地扩充，管理知识包括企业决策权的分配与协调、计划与控制的能力等。只有在这三方面知识的共同作用下，企业的生产经营活动才能得以完成。

技术知识特别是能够拥有首创的知识产权对高科技企业来说是进行生产经营获取竞争优势的根本所在。仅从利润贡献和商业价值来看，对于大多数企业和大多数行业来说，制度知识和管理知识可以带来不亚于技术知识的经济效益。我国取得的迅速发展在很大程度上是制度知识和管理知识的创新。包括我们所热议的"互联网＋"的合作创新模式，从严格意义上讲，不属于技术知识的创新，而是对工具的使用方法创新，将"互联网＋"作为平台、作为工具嫁接到传统的生产服务领域中。

第三，按知识的专业化角度来分类。企业的知识可分为专门的企业知识与共同的企业知识。可以把企业的专门知识理解为企业的技术知识的专业化划分，如把企业的技术知识划分为企业的核心概念知识、架构知识、部件知识。企业的共同知识是企业中不同专业、不同岗位的人赖以交流的基础，是企业人员知识的交集，共同知识是企业知识创新的基础。

（2）企业知识创新的类型。

第一，从创新知识类型对知识创新的分类。技术知识创新。技术知识可以细分为产品知识和工艺知识，是直接服务于企业生产过程的知识。产品知识创新指推向市场的新产品的知识创新；工艺知识创新是对产品的加工过程、工艺线路、设备等进行的创新。我国企业在技术创新的过程中欠缺的多是工艺知识，工艺创新涉及加工所用的设备、加工过程、工艺线路，这些都需要漫长的积累，在工艺创新领域遵循着"马太效应"，工艺技术的原始拥有者在生产过程和科技进步的催化下不断地进化，而使用者永远丧失了在原有进化范式下的先机，除非原有范式被新生的工艺彻底地取代。比如，按照原有发展的范式，电子管技术、相机胶片等这些的发展优势总是掌握在少数企业手中，晶体管和集成电路电子技术的出现彻底消灭了原有发展体系下的大鳄，新贵崛起。以汽车发动机的发展历史为例，可以说汽车发动机的技术进步史就是德国协同其他欧洲工业强国在汽车发动技术上的贡献史。在原有构造的逻辑下，汽车发动机的重大技术创新将不可能出现在发展中国家，因为他们不具备在该模式下的知识积累，但是在新的构造逻辑下，一切皆有可能。因此，我国的2025计划，致力于新领域的研发合作和现有产品关键环节的技术攻破，如计算机制造中的芯片技术。

管理知识创新。管理知识是对企业进行全面地协调和管理的知识。管理知识创新旨在创造一种更有效的企业资源整合模式。主要包括组织机构的创新。组织机构是企业管理与生产经营活动得以顺利进行的支撑体系。建立一个使企业有效运转的组织机构是企业进行知识创新的保障；提出新的管理模式，即企业的总体资源如何更加有效地配置；提出制度创新来规范企业行为；提出新的经营思路并加以有效的实施等。我国自改革开放以来，取得的成绩很大程度上来源于管理知识的创新。比如，国有企业的股份制改革给原有的国有企业注入了市场经济的活力、从计划经济到有中国特色的市场经济、降低国有制企业的比例、大力发展非国有制企业、鼓励创业，等等，这些管理制度的变化都给企业带来了活力，企业围绕这一制度展开一系列的管理创新，使中国取得了举世瞩目的成就，其中，管理知识也成为一些国家研究和学习的教科书。

市场知识创新。是指为了开拓市场而进行的知识创新。市场知识不是简单地指与产品销售有关的知识，而是帮助企业通过对市场的了解来更好地生产经营。比如，寻找新的用户、发现产品新用途、进行市场细分等。强调市场的创造，而不是市场的分享。互联网的普及应用促使顾客参与集体创新更加广泛和深入，顾客的需求可能被反馈到各个生产环节中，从而进一步促进企业创新。市场知识成为企业越来越关注的知识。营销学的鼻祖菲利普·考斯勒认为："推销只不过是营销冰山上的顶点，营销最重要的内容是把认识消费者的各种需求、开发适合的产品，以及定价、分销和促销等工作做得很好，这些产品就会很容易地销售出去。"市场知识能够帮助企业进行市场定位，预测市场规模，发现利基市场，得到消费者的偏好和购买习惯等与产品生产销售有关的信息。这些信息经由研发部门的提炼，形成更符合市场需求的产品设计方案。产品知识对企业生产经营的贡献始于产品生产之前，并一直延续到产品售出以后，贯穿于企业经营活动的全过程。一个企业如果要生存、发展和盈利，就必须有产品知识，并且能够根据产品知识来设计生产以适应市场的需求。

第二，从创新取得的成就对知识创新的分类。从创新成果的贡献来讲，可将创新分为突破性创新、渐进性创新、应用性知识创新。突破性创新是以科学突破为支撑，在大多数情况下，突破性创新都是创造发明或是科学问题上的攻关突破，还有一种情况就是范式突破。它往往打破了先前产业对知识的结构性控制和支配，将科学技术与市场需求相结合并产生巨大成功。比如，对激光的应用，利用其单一的纯色谱来进行距离的测定、医疗技术的应用，光驱的发明等；再比如，晶体管技术，贝尔实验室发明了世界上第一根晶体管并将之应用到电子计算机的制造中，这些都属于突破性创新。渐进性创新则是通过对已有知识进行改进、完善，渐进性创新的成本与风险相应较小却能获得较好的利润。比如，对生产线的改造就是对已有知识进行的改进和完善。然而，高科技领域的渐进性创新与突破性创新往往是相辅相成的，晶体二极管的发明和第一台由晶体二极管制造的电子计算机是突破性创新，单片集成电路上可集成元器件的数量的改变，则可看成渐进性创新，如果突破性创新的知识被垄断，在集成度上渐进性创新也只能是垄断的。应用性创新是将原有知识找到新的商业化用途。比如，电子计算机最早用于军事和科学计算领域中，现在被广泛应用于国民经济与日常生活的方方面面，核技术最早被用于核武器，在和平时期，人们把它应用于能源使用上。实际上，许多发明创造型的知识创新最早都是出现在军事领域、航天技术领域中，而后商业化进入民用，比如，激光用于医疗器械、电子产品，计算机从军事走进千家万户的各行各业，而牙科的修补牙齿、制造义齿的最好材料都来源于航天领域的制造材料的商业化。

（3）企业知识创新的特征。第一，企业知识创新的双重创造性。企业知识创新具有双重创造性，既是成果的创造又是价值体系的创造。知识创新的成功不仅体现在其创新的成果上，也体现在成功创新所需要的各种内在联系上。这是由于企业的知识创新是实现新知识商业化的过程，新知识的商业化需要成果，包括产品及服务等，还包括把产品或服务商业化的体系。企业的技术知识、产品知识、管理知识等也是成果创造的必要保障，因此，企业知识的创新既是成果的创造又是企业整体知识重构的创造。这是知识创新的双重创造性的第一层含义；知识创新的双重创造性的第二层含义是企业通过知识创新获取了成长，更新了知识，增加了知识的获取、吸收和转化能力。

第二，企业知识创新的系统性。企业是经济单位，面向开放的市场环境，企业是一个投入、产出的开放系统，企业的知识创新系统也是一个开放系统。可以从宏观和微观两方面来理解企业知识创新的系统性。从宏观层面讲，企业知识创新受到外部环境的影响，同时企业的知识创新由于会对市场产生影响也会引发系统的联动效应。比如，微信扫码技术的应用逐渐得到发展，使得微信扫码支付已成为百姓日常的支付方式。生存在市场大环境的企业受到彼此的影响，知识创新具有系统性。从微观层面讲，作为个体的企业通过对市场环境的捕捉来决策其生产经营的方略，只有通过不断地与外界知识体系之间进行信息交换才能平衡发展。同时，企业的知识创新涉及生产经营的各个领域，各种知识之间是相互作用、相互促进的。综上，从宏观角度和微观角度来讲，企业创新具有系统性特征。

第三，知识创新强调创新成果的应用性。只有当创新成果转化为经济利益与竞争优势时，才是知识创新目标的实现。从知识创新的三个特征即双重创造性、系统性、应用性，我们可以推及，在经济全球一体化的大环境下，企业之间知识合作创新必然受到外部竞争环境的影响，绝大多数的企业只能参与到主导者创新系统中，成为其中的一个环节。源头的创造发明和范式的颠覆，依赖研究机构和企业的合作，需要长期坚持在某一领域的持续投入和研究，取得创新的首发优势，掌握合作中的主动权。从企业之间的关系来看，核心技术的拥有者是合作规则和制度的制定者，没有核心技术的企业合作，就没有博弈空间和议价能力；缺乏自主创新的国家没有较量的砝码。根据以上的分析论证，国家主导（资金）的科研机构—企业合作是实现技术创新的优化选择路径。国家主导（项目）—高精尖军事领域创造发明—民用化—商业化是实现创造发明商业化的可能方案。一国竞争地位的改变非一时可以达到，需要有战略地进行布局、选择，而发展范式的改变又有其偶发性，研究市场、尊重市场也至关重要。

3.3.2 企业知识创新的原理

20 世纪 80 年代的日本产品，特别是日本电器产品，以其精良的制造技术享誉全球，那一时期日本的管理理念、管理方法也成为研究和学习的对象，诸多的学者研究日本企业的成功，将成功因素归结为精湛的生产技术、良好的客户关系、企业的终身雇佣制度、重视年资等这些我们所熟知的"日式管理"特色。日本学者野中郁次郎的理论是其中之一，所不同的是，虽然他的理论也是建构在日本的成功经验之上，但他强调日本企业之所以取得成功是日本企业的知识创造能力。野中郁次郎和竹内弘高于 1995 年合著《创新求胜》的一书中提出了 SECI 模型。针对日本企业中的知识管理架构而提出的独特见解，对知识创造和知识管理提出了一个新颖的认识。实际上，在研究各国那一时期的创新模式时，日本使用的创新模式主要是模仿创新，其实质就是通过学习的再创新。野中郁次郎被国际学术界誉为"知识创造理论之父"和"知识管理的拓荒者"，野中郁次郎对知识管理的贡献主要体现在他提出了组织知识创新的理论，这一理论的核心内容包括组织知识的创新过程和促进组织知识创新的组织特征。他从这两个方面解释了知识创新的原理。野中郁次郎将企业知识划分为隐性知识和显性知识两类。隐性知识包括信仰、隐喻、直觉、思维模式和所谓的"诀窍"；显性知识则可以用规范化和系统化的语言进行传播，又称为可文本化的知识。在企业创新活动的过程中隐性知识和显性知识二者之间互相作用、互相转化，实际上，知识转化的过程就是知识创造的过程。

时至今日，野中郁次郎的 SECI 模型都对企业知识的生产过程进行了非常深入地探究，对知识转化的过程进行了详尽地描述。在国际范围的创新氛围里，重拾 SECI 知识转化模型的理论依然有现实意义和价值。SECI 模型存在一个基本的前提，即不管是人的学习成长，还是知识的创新，都是处在社会交往的群体与情境中来实现和完成的。正是社会的存在，才有文化的传承活动，任何人的成长、任何思想的创新都不可能脱离社会的群体、集体的智慧。

（1）SECI 模型的特点和作用如下：SECI 模型揭示了知识生产的起点是始自高度个人化的隐性知识，通过共享化、概念化和系统化，最终升华为组织所有成员的隐性知识这一终点；辨识了知识生产模式的四种形式，分别是"隐性—隐性""隐性—显性""显性—显性"和"显性—隐性"，并相应地描述了每种类别所对应的具体过程和方法；同时还构造了一个全面评估企业知识管理绩效的工具。按照野中郁次郎的实证研究结论，通过对企业在"隐性—隐性""隐性—显性""显性—显性"和"显性—隐性"的四种转化模式上所做的努力进行了分析，就可以大致评价这家企业在知识管理上所达到的水准了。企业知识的创新取决于企业员工个人知识的转化，因为人特别是企业中的知识工作者是知识的载体，是知识创新过程中唯一具有能动性的主体，也是企业知识创新的主体。

（2）组织知识的创新过程①。知识转换的四种模式，关于"隐性知识"与"显性知识"相互转化 SECI 模型的社会化（socialization）、外在化（externalization）、组合化（combination）、内隐化（internalization）过程。隐性知识向隐性知识的转化，这种转化定义为社会化（socilization），是通过个体之间分享经验而获取的，如现场观察、共同劳动，典型情况是传统的师徒关系以及企业的在岗培训。隐性知识向显性知识的转化，这种转化定义为知识的外部化（externalization），即通过对隐性知识的提炼，将其表述为易于编码的概念、理论、方法等，这一过程是知识创新的关键。显性知识向显性知识的转化，这种转化定义为知识的组合化（combination），具体表现为将显性知识系统化的过程。例如，企业的中层管理者将企业的使命、经营理念等具体化为对新产品开发的技术要求等。显性知识向隐性知识的转化，这一转化模式称知识的内部化过程（internalization），即通过社会化、外部化、组合化过程学到的显性知识又转化为隐性知识，如思维方式和技术诀窍等。

知识创新的螺旋上升过程。组织作为一个有机体，组织知识的创新不仅发生在个人层次上，还发生在群体、组织、组织间等层次上。在不同的层次上，都存在隐性知识和显性知识间的相互作用。因此，野中郁次郎将知识的特性（即隐性和显性）与知识创新主体相结合，提出了组织知识创新的螺旋概念，模拟了组织知识创新的动态特征和创新的过程。

（3）与组织知识的创新相应的组织形式。组织知识的创新需要与之相适宜的组织形式的支持。野中郁次郎认为有效推动组织知识创新螺旋的组织应具备以下特点：

第一，组织意愿（organizational intention）。组织要有明确的战略目标，确认具备实现战略目标所需的知识。

第二，自主性（autonomy）。赋予员工和群体较大的自主性，有利于激发创造性，发现和把握机会。

第三，组织内的有关组织活动、管理职责等的信息公开化，有利于集思广益，促进隐性知识的转化。

第四，波动和创造性无序（fluctuation and Creative Chaos）。在组织中注入波

---

① ［日］竹内弘高、野中郁次郎，李萌译：《知识创造的螺旋——知识管理理论与案例研究》，知识产权出版社 2006 年版，第 49 页。

动和创造性无序，意在鼓励人们对习惯的做事方法和原有的思维模式进行反思，刺激组织与环境间的交互作用。

第五，必要的多样化（requisite variety）。在信息的处理和解释、思维模式、技能和专长等方面应有所差异，这样有助于适应外部环境的多变性和复杂性。

3.3.3　企业知识合作的理论研究体系

野中郁次郎在依据知识的可编码化程度的基础上，研究显性知识与隐性知识的转化，依据野中郁次郎对企业知识创新原理的理论构建，尝试从企业合作知识创新的过程、企业知识合作的 KC – SECI 模型、企业合作知识创新的组织与制度来构建企业合作知识创新的理论。

（1）企业合作知识创新的过程。本书为了便于研究，将企业知识合作的一般过程划分为五个步骤，企业知识合作的一般过程如图 3 – 3 所示。

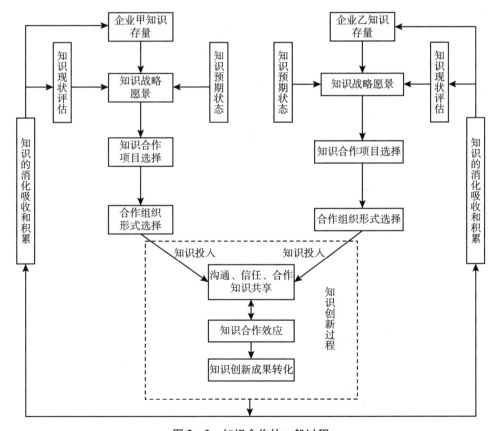

图 3 – 3　知识合作的一般过程

第一步：合作知识创新目标的确立。合作企业之间根据自身知识现状与知识预期状态的差别分析，得出知识战略的选择，对于采取知识合作战略的企业进行知识项目的选择。对于合作内容或知识项目的选择，管理者必须首先理解其战略与知识战略之间的联系，然后评价公司内部对现有知识的熟悉程度，识别知识或能力差距。

第二步：合作伙伴的选择。管理者应该根据合作目标所需的必要知识与公司核心知识或能力之间的相关性或战略互补性，来选择合适的知识项目和合作伙伴，还需要对合作企业进行知识评估。

第三步：选择合理的合作形式。在知识合作的过程中，需要对合作双方进行具体分析，没有一种合作方式能够适用于所有情况。在实际应用中，知识特性将会对具体合作方式产生影响，同时企业文化和战略规划也会对企业采用何种合作方式能够产生决定性影响。例如，当合作双方在技术知识、产品和市场各方面具有重叠部分时，成功的可能性就会大大增加，因为双方具有在技术知识、产品和市场方面进行合作以巩固现有力量的能力。但是，由于这些重叠部分的存在，双方发生潜在冲突和竞争的可能性也将大大增加。因此，企业应该慎重选择知识合作的形式与合作的伙伴。

第四步：企业进行合作知识创新的新知识创造阶段。合作企业就共同的知识项目投入各自的专业知识，进入到以知识共享为中心的知识转移过程。

第五步：合作企业分别对新知识进行消化、吸收和积累并储存到企业的知识基础中去，改善企业的现存知识存量和水平，增加了合作企业的竞争优势。

例如，NEC 公司为了实行公司确立的"C&C"知识愿景，在 1980～1988 年，执行了战略性知识合作，在此期间，发展了无数的合作项目。首先，公司确定了其使半导体成为公司未来发展的"核心产品"的知识合作战略目标。在此目标的指引下，NEC 公司积极参与许多半导体战略联合体之中，目的在于以低成本迅速地建立其核心技术知识，仅在 1987 年，NEC 与其他企业的合作项目就超过了100 项。在大型计算机方面，NEC 最富有成效的合作措施就是与哈尼韦尔公司和贝尔实验室建立了合作关系。当 NEC 进入合作项目时，公司的经营经理们就着手去理解这些联合的理性预期并想尽办法来内部化合作伙伴技能的目标，也就是对合作伙伴知识的理解、吸收和转化。在半导体元器件领域，几乎所有的合作安排都定向在技术入口处[①]。

（2）企业知识合作的 KC – SECI 模型。野中郁次郎提出的是组织中知识创造的 SECI 螺旋模型，本书研究的是企业与企业知识合作中的知识创造，认为企业

---

① ATM 研究院、周瑛：《企业知识合作化战略》，畅想网，2004 年 11 月 29 日。

之间的知识合作过程是一个组织内部的知识螺旋与组织外部知识螺旋互动的结果，称之为知识合作的知识创造模型（KC‐SECI）。KC‐SECI 模型如图 3‐4 所示。

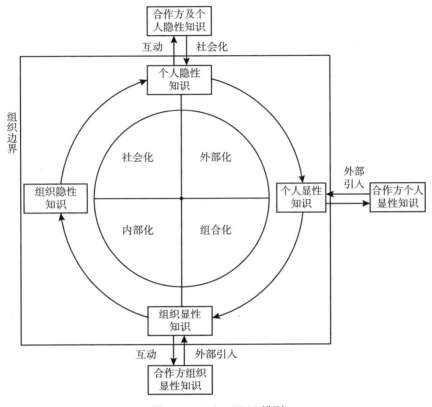

图 3‐4　KC‐SECI 模型

　　与组织中知识创造的 SECI 螺旋相比较，KC‐SECI 模型有以下两点不同：
　　首先，组织之间知识合作创新的链条得到了延展。从 SECI 模型的四个阶段扩展为七个阶段。第一，在外部引入企业进行合作的过程中，外部知识通过三种方式输入到组织内部，组织外部的组织隐性知识和个人隐性知识的潜移默化、外部组织显性知识和个人显性知识的直接引入。第二，通过企业之间的知识互动来实现知识的共享和知识的转移。第三，知识吸收企业对合作方以及在合作过程中产生的知识吸收能力是不同的，根据学者们的实证与理论研究，企业的规模越大、知识存量越大，企业对知识的吸收能力就越强。第四，知识社会化（so‐cilization）。第五，知识外部化（externalization）。第六，知识组合化（combina‐

tion）。第七，知识内部化（internalization）。

其次，知识的交互式流动使知识在合作过程中，知识创新过程不再有明确的起点。可能发生在内部个人隐性知识—内部个人隐性知识、外部组织隐性知识—内部个人隐性知识、外部个人显性知识—内部个人显性知识、外部组织显性知识—内部组织显性知识中。

（3）KC - SECI 的知识创新过程。组织间的知识合作创新不仅是 SECI 模型的延展，在 KC - SECI 模型中，知识的流动呈现出交互式，新知识产生的过程也更为灵活。现以 IBM 与日本东芝、德国西门子为加速推进笔记本电脑记忆芯片的开发而组建的 DRAM 知识联盟为例，来描述企业知识合作过程中的知识创新。这三家参与合作计划的公司都各自具有专有的知识优势，并且它们的专有知识优势对于"新一代笔记本电脑"的研发都有必不可少的贡献。如西门子公司拥有进行研发所必需的用户数据库，这些大量先进用户的数据库可以向知识联盟提供与顾客需求有关的重要信息；IBM 作为该项知识合作的发起人，拥有在笔记本电脑记忆芯片开发上一流的产品设计的知识技能；东芝公司则具有丰富的产品制造知识技能。[①]

知识合作的第一阶段：不同组织间的知识溢出过程。

首先，联盟各方的个人与组织隐性知识的社会化。在知识合作过程中，合作的各方都各自具有与合作目标有关的知识优势，如关于产品的经验技能和技术诀窍等组织的隐性知识。实现合作各方个人与组织隐性知识的社会化这一过程需要通过诸如正式交流、座谈、培训等互动活动来实现。这样就形成了合作各方共同的隐性知识。如 DRAM 联盟组建了研发小组，使 IBM 的设计师与日本东芝、德国西门子 DRAM 工程师们就产品进行交流与互动，联盟内知识进行相互之间地传递，这样彼此都对别人的隐性知识进行吸收，逐渐形成该知识联盟的隐性知识。

其次，联盟的隐性知识转化为联盟的显性知识。这一过程是指企业知识溢出后彼此通过较长时间的相互学习实现知识的共享，然后再形成书面的协议或是成果，并最终转化为知识联盟共同体的显性知识。

再次，联盟的显性知识集成。这一阶段是合作创新成果的重要阶段。DRAM 资料专家—DRAM 程序专家—DRAM 设计专家将各种显性知识进行系统集成，在显性知识集成这一阶段形成新知识。

最后，联盟显性知识企业内部化过程。知识联盟各成员通过学习联盟共同体的新知识和新概念，实现新知识、新技能在联盟共同体内溢出扩散并转化为各自

---

① 徐立军：《从产品联盟到知识联盟：企业战略联盟的发展趋势》，载《经济师》2002 年第 10 期，第 80 ~ 82 页。

的隐性知识。

知识合作的第二阶段：企业内的知识创造过程。

最终要将 DRAM 知识联盟开发的"新一代电脑记忆芯片"这一新知识市场化，则需要把这些知识渗透到具体的组织生产里。只有当知识应用于企业具体的生产过程中，并与企业具体流程相结合，才能使"成果"转化成最终产品卖给最终用户，才是实现了知识创新的商业化，完成了知识的价值以及知识的价值增值。在这一阶段，企业将会按野中郁次郎的 SECI 模型进行企业内部的知识创新活动，实现知识的价值转化。分享知识只是手段，创造价值才是目的。

（4）企业知识合作创新机制。"机制"一词源于希腊文"MECHAME"，原指机器在运转过程中各个零部件之间的相互联系、互为因果的联结方式和运转方式。在管理学中，机制是一种关系，一种能够自动达到均衡、达到目的，使参与者自动、自觉地遵守某种制度的一种关系。

企业知识合作创新首先是管理知识的创新，管理知识的创新为企业技术知识的合作创新提供了自我保障（建立有利于合作的组织、筹备合作项目所需的人力资源和资金），保障企业知识合作创新的运行至少有合作关系的形成、合作组织形式的选择、合作企业信赖关系的建立、知识的创新机制。其中，组织创新是为了构造与企业经营相适应的组织框架，机制创新则是创新的根本。

本书从系统的角度出发，建立了一个完整的企业知识合作机制的研究的统一框架，并根据企业知识合作的过程把企业知识合作创新的机制分为动力机制、运行机制、调控机制。

知识合作动力机制的研究思路。研究系统的动力机制应该考虑系统运行的外部条件以及外部条件对系统变化的影响；考虑系统变化的内在原因及其规律；解释系统的驱动机理和激励。企业作为一个以盈利为目标的经济实体，其一切活动必然由利益激励驱动，其合作的动力机制是一个利益激励。

知识合作运行机制的研究思路。本书将企业知识合作分为知识集聚、知识供应链、知识嫁接、知识网络的四种方式，研究企业通过对外部价值链上知识的整合来实现经济利益和获取竞争优势的过程。由于企业进行知识合作的方式不同，因而，其知识合作的形成机理、互动与运行原理、知识创新的方式也有所不同，因此，运行机制不同。

调控机制是制约合作体矛盾和维持合作正常运行的重要控制系统，通过研究企业的合作目标与结果的差异，针对知识合作方式中出现的不同具体问题提出了控制办法。

3.4 本章小结

3.1 节对本书的概念进行了界定；3.2 节论证知识合作创新的企业主体这一假设；3.3 节依据野中郁次郎对企业知识创新原理的理论构建，联系企业实际知识合作创新的过程，尝试建立企业知识合作的理论。

主要研究结果如下。

（1）对知识合作这一核心概念及其概念体系进行了界定。

（2）通过以下几个方面尝试建立了本书研究的理论框架：

第一，描述并解释了知识合作的一般过程；将知识合作的一般过程分为知识合作目标的确立、合作伙伴的选择、合作组织形式的选择、新知识的创造、新知识的吸收转化五个阶段。并以 NEC 公司的知识合作为例来阐述这一过程。

第二，构建了企业知识合作的 KC–SECI 模型并用实例论证。研究了组织间知识合作与组织内部知识创新的区别。以 DRAM 知识联盟为例来阐明企业间知识合作的两个阶段：不同组织间的知识溢出过程、组织内知识的创造过程。

第三，建立企业知识合作机制的研究框架。从系统运行的角度将企业知识合作机制分为动力机制、运行机制和调控机制。

第4章

企业知识合作的动力机制

　　围绕创新的技术标准建立的产业联盟，已成为我国企业合作创新模式的趋势之一，且外商对华的投资模式也发生了明显变化，跨国公司的 R&D 活动也表现出明显的全球分散化趋势。出现在全球范围内的这种不同的经济主体之间的广泛合作，表现出以知识合作为特征的共同特点，有其深层次的原因。市场产品、企业合作、学科会聚表现出一个共同的特点，那就是知识合作，而且都不是按照传统上的"学科导向"（subject-oriented）逻辑的知识生产，而是表现出了"问题导向"（problem-oriented）的逻辑。知识生产的传统模式是以单一学科为架构的，在知识经济时代下，这种传统模式受到了冲击。21 世纪将是第五代研究的开发时代，是通过跨领域的学习与知识交流的时代，是合作知识创新的时代。

　　随着合作创新研究的逐渐深入，国内外学者对合作知识创新的动机进行了讨论和研究，众多文献中提到了企业参与合作创新的动机。本章依据企业合作知识创新动力产生的来源，把企业合作的动力分为内生动力与外生动力。企业合作创新的内生动力是指与生产直接相关的要素的改变，即知识成为生产要素，经济增长所带来的积累使人类知识的积累达到了可以理解更多知识的产生方式，逐渐实现从农耕经济—制造经济—服务经济—知识经济的转换，实现"用知识来生产知识"的这一过程。企业合作知识创新的外生动力来自企业外部市场环境的变化的合作知识创新动力，包括消费者需求与竞争环境的改变。经济全球化使得企业竞争的范围逐渐扩大，形成利益相关的群体来增强竞争优势成为可能。同时，人类消费的需求层次随物质的极大丰富和信息的畅通而得到提高。人们追求的不仅是物美价廉，而且，对产品的个性化提出了更高的要求。比如，功能的多样化，是否有高科技元素、是否是绿色产品，等等，这些都不是单个企业的知识能完成的，都需要多学科、多领域的知识合作。

4.1   知识合作的外生动力

随着经济全球化进程的推进和知识经济的深入，知识成为企业最重要的资源，信息技术发展的推波助澜与企业之间关系的变化形成了企业进行知识合作的外部条件。

4.1.1   知识成为重要的资源

知识经济就是以知识为基础的经济，其中，信息产业的高速发展就是其特征之一。信息技术的发展使得企业之间的沟通更加便捷，降低了企业合作的成本，使时间与空间在网络中缩短。特别是信息技术与通信技术的结合，使得沟通超越了国界，企业之间的跨组织活动越来越频繁。速度在这个时代显得如此重要，企业为谋求生存与发展需要与外部组织进行了知识资源的合作。在过去十年中，OECD（经济合作与发展组织）制造业中的高科技产品的比重达到了 20% ～ 25%，其中，信息与通信业等以知识为基础的产业中的高科技的比重更高。OECD 主要成员国的国内生产总值（GDP）总量的50%来源于知识的生产和应用。

企业是知识的集合体，知识经济的不断发展以及高科技对知识创新的催化作用，知识作为生产要素已经成为企业最重要的资源。由于知识的复杂特性和快速发展变化使得单个企业越来越难以承担企业知识创新所需投资的日益增大，以单一学科为架构的知识生产传统模式受到冲击。因此，通过建立企业间的战略合作关系，或形成外部的合作网络，是企业建立与提高能力的一条重要途径。

4.1.2   信息技术的催化

与全球化趋势一样，给经济发展带来重大影响的就是"新兴的工业革命"，即技术突破加速了信息与通信的发展。20 世纪 90 年代，对世界经济最有影响的生产力进步就是信息技术的迅猛发展。21 世纪的信息技术通过"信息高速公路"渗透到社会经济的各个领域，导致了全球资源配置方式以及人们生活和工作方式的重大转变。以信息为主要活动的社会，给经济的发展带来了三个基本转变：一是产业结构的变化。从传统工业经济（钢铁、机械、化工）向现代经济（电子、通信、生物工程）的转变，高科技产业已经成为发达国家的最大产业。二是市场竞争使得顾客的消费水平得到了提高，需要有满足个性化的知识含量高的产品出现。三是由于充分的信息交换和对知识工作者的重视，使人类知识的剧增。经济信息化推动了信息全球化，而信息全球化进一步加深了经济全球一体化，信息技术的网络性与开放性为经济全球化开创了条件。

信息技术的发展使企业打破了竞争与合作的地域限制。如今，一个企业可以将研发部门设立在中国，加工基地放在印度，销售总部分设在世界各地。信息技术的发展，特别是互联网的普及使得知识的生产力更迅速广泛地传播和利用，极大地提高了社会劳动生产率，同时也使世界范围内的企业进行广泛合作成为可能。同时，技术上的突破使得移动通信、交互式多媒体等一些全新的行业诞生，基础雄厚的企业不能拥有全部所需要的知识。为了保持长久的竞争优势，谋求企业发展的未来，根据企业知识存量确定企业知识战略，积极寻求知识合作就成了一些企业的战略目标。

4.1.3　企业竞合关系的形成

全球经济一体化是一把双刃剑，在提供了广阔的市场的同时却是更激烈的竞争；在竞争市场的同时还要竞争未来；合作产生了价值然而谁又是赢家。随着全球经济一体化程度的加深，企业竞争范围是全球范围内的竞争，已经无人能够只身参与这场竞争中。以顾客为中心的买方市场的到来，使企业从争夺市场变为满足市场和开发市场；由传统经济条件下的单个企业之间的竞争转化为企业集团之间的竞争，使企业之间的合作成为可能。

知识经济的速度特征使得企业单独靠内部积累见效太慢，制定知识战略目标，精心选择合作伙伴就有可能加速发展进程，形成企业独特的知识能力，把握新的商机。随着企业对核心竞争力的日益重视，收购已经渐渐失去意义，首先，是收购的价格投入很高；其次，是价值难以确定，脱离了具体环境，一个企业的价值也会部分地丢失。总之，为了某项知识收购整个企业在经济全球化的竞争环境中既不可行也不必要。

合作与竞争作为人类基本的经济行为，其本质在于自利性与互利性的统一。合作是基于分工的基础上，如果没有分工、没有交换，企业是不会合作的。现代竞争的以下三个特点决定了企业进行知识合作的必然性：首先，信息时代的很多商机都要求对各种资源和技能进行融合，拥有全部所需技能和资源在信息时代是不现实的；其次，现代企业之间的竞争不仅仅是一类企业在垂直整合体系中的竞争，而更多的是在广阔的范围内和相互配套完善的应用中实现标准化网络为基础的竞争。比如，数字现金和便于支付系统就是这些新型服务网络的代表。最后，市场机遇与新技术的产生都具有不确定性。这就要求企业寻求合作不仅是为了满足市场，还要实现加快学习进程来减少不确定性，以应对未来挑战寻求生存与发展。

4.2 知识合作的内生动力

人类社会出现的这种系统性的企业与企业之间的知识合作有其深刻的内生动力。从财富缔造方式的变化和发展的心理动因以及作为逐利企业的合作的利益激励三方面来分析知识合作的内生动力。

4.2.1 财富缔造方式的变化

知识经济时代财富的缔造方式发生了变化。知识经济时代最重要的特点就是知识合作，用知识来生产知识，因此，创新成为这一时代的主旋律，知识合作正在成为人类社会继农耕知识、制造知识后的第三种财富知识。在现实的经济生活中，我们会注意到这样一些现象，比如，高科技对知识创新的催化作用，其中，以芯片为概念的 IT 产业、以基因为概念的生物工程，以及纳米概念对传统产业及产品赋予了新的内容和形式，使得产品呈现出多功能与多样化特征。同时，随着全球经济一体化程度的加深和知识经济的不断发展，知识创新和协同合作已经成为企业健康发展的普遍战略选择。跨入 21 世纪后，随着会聚技术的崛起与众多非传统知识生产模式的发展，学科会聚（the convergence of disciplines）作为知识生产的新趋势登上了历史舞台[①]。

人类社会广泛的合作热潮，是源于社会财富缔造的方式改变。阿尔文·托夫勒在《财富的革命》一书中，将人类缔造财富的方式分为三类：一是农耕时代，财富的基本形式是关于种植的知识——这一知识的累积与折旧；二是工业时代，财富的基本形式是关于制造的知识——以物质资本和人力资本的形态，积累与折旧；三是服务业的时代。如今，财富的体系正在发生又一轮的变化，人类进入了知识合作的经济时代，将知识应用于知识本身。当人类有能力生产出大量的剩余产品之后，财富体系就会发生变化，这时，大量的剩余意味着两件事情：一是旧的生产方式使得生产饱和，人的经济人本性和企业追求利益的目标不再以旧的生产方式实现；二是旧的财富体系积累了大量的资本，包括人力资本、知识和资金。二者共同为新一轮的财富体系打下了基础。我们可以从人类目前已经经历的

---

① 李晓强、张平、邹晓：《学科会聚：知识生产的新趋势》，载《科技进步与对策》2007 年第 6 期。

三个财富阶段看到它们之间的有机联系：在安定的农耕时代，人类繁衍的速度加快，农耕知识为工业时代积累了物质和人力要素；工业时代丰富的物质财富掀起的消费经济是服务经济到来的直接原因；在知识经济时代，农业劳动人口只占总人口①的 2% 以下，工业人口占总人口的 28% 以下，而服务业劳动人口占总人口的 70% 以上，他们不仅从事"传统服务业"，而且更多的人从事"现代服务业"，如管理、金融、电讯、教育以及政府部门内的相关服务。与传统服务业不同，这些现代服务业中的劳动者都是知识工作者。

从上述中我们可以得出这样的结论：每一轮经济增长的方式取决于上一种经济增长所带来的积累。正是服务业的时代所积累的各种知识和知识工作者的智力资本，为新一轮的财富生产了知识和知识工作者，使人类社会迎来了知识经济时代。不同种类之间的知识合作是新一轮财富的生产模式。

4.2.2 发展的心理动因

是什么推动人类社会财富缔造体系的演进呢？那就是人的本性。如亚当·斯密所说，正是我们的利己之心和不断向前的愿望使得人类社会在不断地发展②。马斯洛在需求层次中描述，人类所有的需求都是基于物质的，是一层层展开的。人的行为属性与社会发展如表 4 - 1 所示。

表 4 - 1　　　　　　　　　　人的行为属性与社会发展

人性假设	需求层次	行为属性	生产方式	生产者的主体	生产要素中的主体
"经济人"假设	生理的需求	人的生物属性	机器大生产	工人	以物为中心
"社会人"假设	安全 归属 尊重	人的社会属性	大规模生产	技术工人	以人为中心
"自我实现人"假设	自我实现 自我超越	人的精神属性 创新、价值	大规模定制	知识工作者	个性化的人

随着生产力水平的提高，生产方式由传统手工定制过渡到工业化时代的机械化大生产，由大规模生产走向大规模定制。生产要素的主体在生产活动中的地位随生产方式的变化而发生了改变，劳动者的行为属性与需求层次发生同阶变化并逐步确立了人在生产关系中的主体地位。在人类经济发展的同时，人的属性的主

① ［美］阿尔文·托夫勒，吴文忠等译：《财富的革命》，中信出版社 2006 年版，第 5 页。
② 亚当·斯密，韩巍译：《道德情操论》，西苑出版社 2005 年版。

导地位变化、管理理论的发展与马斯洛的需求层次的阶梯结构理论表现出相对应的层次性。知识经济时代是人类自我实现的时代。

第一阶段："经济人"假设提出的经济背景是以物为主体的生产关系。

在早期的工业化生产中，大机器生产是主要的生产方式，机器是生产要素中的主体，是企业重要的资产。占绝对多数的工人的劳动是简单的体力劳动。落后的生产力水平和生活资料的匮乏使作为生产者主体的工人的需求处于需求层次的原始阶段，其需求的主要矛盾集中在生理的需求层次，行为主导特征为人的生物属性。即劳动是为了满足生存所必需。相应的管理理论就必然是通过完全量化的评价标准和严格的规章制度、通过强调组织和管理的科学性和精密性来尽可能地提高劳动生产率。这一时期生产的方式和生产关系决定了经济人假设的主体地位。由于市场处于不饱和状态，需要大批量的生产，生产的效率就成了企业追求的目标。为保证生产的质量和速度，要对工人进行约束和激励，科学管理理论就应运而生了，即由专业人员设计科学的操作方法，并要求工人严格地照章执行，以达到提高生产效率的目的。大规模生产模式在其形成过程中导致了人这一积极的、具有创造性的生产要素被抽去了主体性特质，沦为大机器生产的异化物，把人当作活的"机器"看待，成为这种生产模式中人力资源管理的基点。事实证明，在当时的生产方式和生产关系下，这种严格定位于"经济人"的人性假设的管理制度确实提高了劳动生产效率。

第二阶段："社会人"假设提出的经济背景是逐步从以物为主体的生产关系向以人为主体的生产关系过渡。

随着生产力水平的提高，在生产的方式中表现为社会劳动分工的进一步分化，分工就意味着专业化，意味着更多的合作，意味着工人劳动由开始的简单体力劳动向技术工人的转变。生产要素的主体开始发生了变化，逐步由以物为主体的生产关系向以人为主体的生产关系过渡。

共同的生产活动和在其建立的生产关系，使人的趋群性得到了发展，人的社会属性日益突出。从人的属性来讲，人有社会性，其行为表现就是趋群性，表现在个体的需求层次上就是安全、归属与尊重。人与人之间的关系、个人与集体之间的关系对人的行为产生的影响会左右生产的效率。正如梅奥教授在对位于芝加哥郊外的西部电气公司霍桑工厂进行的一系列研究中所发现的：经济刺激对激励工人和提高劳动生产率并不特别重要，而团队精神却特别关键。[①]此时，单纯用科学管理已经不能达到进一步提高生产率的目的，与之相对应，从人的需求层次中可以看到，人在满足了生理的基本需求之后，安全、归属与

---

① 郭咸刚：《多维博弈人性假设》，广东经济出版社 2003 年版，第 6 页。

尊重上升为主要需求矛盾。行为科学理论正是从人的需求、欲望等心理因素的角度来研究行为规律，特别是人与人之间的关系、个人与集体的关系，从而通过制定相应的规则来引导和控制人的行为，达到提高工作效率、实现组织目标的目的。

第三阶段："自我实现人"假设提出的经济背景是以人为主体的生产关系，并表现出对个性化的尊重。

科学技术的飞速发展，促进了知识社会化和社会知识化的进程，社会生产力水平得到了极大的提高，人类经济开始从工业经济向知识经济的转变。大规模的生产让位于大规模的定制。主要表现在：产品中的知识含量越来越高，知识资源逐渐成为现代生产的核心要素，并成为创造产品价值的主要动力。同时，我们可以看到这样一个趋势：世界经济的竞争从资源的竞争转变为科技的竞争，创新能力成为决定国家或组织竞争成败的关键因素。

生产要素中的主体成为个性化的人。大规模的定制模式从本质上要求管理以恢复人的主体性特质来作为人力资源管理的基点。知识工作者的地位日益得到提高，以创新为使命的知识管理成为管理的主流发展趋势。知识工作者是创新的主体，创新内在动因的实现必须有宽松的环境，因而，在管理理论和管理方法中，人的个性、人的价值得到了前所未有的重视和认可。满足了生理、安全、归属和尊重的知识工作者进入到自我实现和自我超越的精神层次中，其行为表现为创新和个体价值的实现。安立仁、席酉明（1996）认为企业创新动力与利润、成就感、社会价值有关。根据玛汉·坦姆仆的知识员工的主要激励因素模型，知识型员工的主要激励因素由金钱财富、业务成就、工作的自主程度、个人成长四项因素组成，从模型中我们可以看到，知识员工更加重视通过对工作的能动性来实现个体的自我价值。知识员工的主要激励因素如图 4－1 所示。

物质财富的激励作用是有限的，个人成长和自我实现的激励是原发的，更能激发知识工作者的创新能力。生产力的发展，知识经济的到来，逐步确立了知识工作者在生产中的主导地位，继而围绕调动人的主动性、积极性、创造性来展开生产管理活动。那么，在这一时期，人的价值观、人的理性这些精神领域的研究就必然受到重视，挑战传统经济假设是一种必然。同时，作为消费者，购买也不只是满足基本需求，产品和服务中所富含的人文精神，比如，环保、公益、伦理等也是消费选择的理由。这是一个合作创新的时代，财富缔造方式的改变、追求自我实现的心理动因和缔造财富的愿望将使全人类走向知识合作。

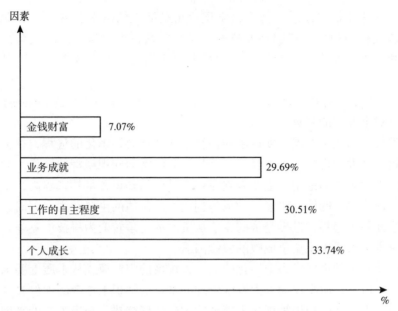

图4－1 知识员工的主要激励因素

资料来源：玛汉·坦姆仆的知识员工主要激励因素模型。

4.2.3 知识合作的激励

熊彼特认为企业创新的动因是存在某种潜在的利益，创新的直接目的就是获取这种利益。合作行为能产生整体优势的原因并不足以解释企业合作关系的发生，以追求利益最大化为目标的企业，最关心的是自身的利益得失。合作能为企业带来直接的经济利益和通过合作可以实现竞争中的比较优势是企业进行知识合作的激励。现代企业面对着资源紧缺、生产饱和等现实问题，此时，知识作为生产要素为企业改变生产方式、建立新的盈利模式带来了契机。以下简单地就三种知识合作方式对企业利润的贡献来说明知识合作的激励，知识合作对企业利益的贡献如表4－2所示。

表4－2　　　　　　　　　　知识合作对企业利益的贡献

知识合作模式	知识供应链	知识嫁接	知识集聚
知识合作效应	知识的推拉效应产生了知识整合合力	知识缺口形成的互补效应	知识的积累与交叉形成快速增值效应

续表

知识合作模式	知识供应链	知识嫁接	知识集聚
知识合作直接经济利益 f(k) 来源	降低研发成本；问题导向为逻辑的生产	增加了产品的使用价值，缩短了研发周期	使用价值增加，成本和价格反而可能下降
举例	企业与供应商、客户	IT 产业、生物制药、纳米技术与传统产品的结合	电子行业之间的合作，如美国硅谷

（1）在知识供应链合作中，企业在与顾客的交往中获取、吸纳和共享顾客知识，并在合作中进一步创新知识，所产生的新知识主要表现在企业自身知识结构的改善和提升、学习能力的提高等。由于合作主体之间有非常明确的协同目标，利润来源于通过对合作企业的知识沿顾客方向进行整合，降低研发成本、缩短产品投入周期起到降低成本的作用，从而增加了单位产品的生产者剩余。

（2）知识嫁接模式通常是高科技技术与传统生产的结合，将高新技术应用于传统产业和产品中，赋予了传统产品新的内容和形式，拓展了市场空间，为合作企业带来了高收益。具体来讲，主要表现在产品使用功能的增加上，这就增加了产品的使用价值，使消费者在消费产品的过程中得到了一种全新的心理体验，由于产品对产品的需求状况良好，消费者也愿意接受，企业会适当地提高产品的价格，这会给企业带来超额的利润。超额利润几乎是该类知识合作创新自然而然的结果。

（3）知识集聚模式中知识构成的特点是技术的积累性和交叉性，新知识来自产业内部知识源的交叉。通过知识集聚产生新知识的过程具有快速增值效应，同时又避免了合资企业合作模式下高昂的协调成本。对企业利润的贡献主要表现在单位产品成本，尤其是在研发过程中成本的降低。在知识集聚模式中，由于新材料、新工艺、新设备、新技术的采用，产品的质量性能或产品的使用价值增加了，而这些创新行为由于避免了高昂的协调成本，价格可能并没有很大的变化，甚至产品的价值增大了，成本和价格反而下降了。如个人计算机的发明和推广，就是一个性能越来越好，而价格却越来越低。

在技术、顾客需求快速变化的环境中，合作创新无疑是企业共享资源、降低创新风险的一种有效方式，这些合作创新活动都是围绕着提高产品的价值和减少产品成本而展开的。

4.3　企业知识合作的动力机制模型

知识经济时代企业之间的广泛合作活动的产生不只是单一的动机能够解释或

是完成的，它应该是由一个完整的体系来实现的。知识合作的动力机制是在外部环境与内部因素的共同催进下，受知识合作方式可以为企业带来利益的激励，产生了知识合作的驱动力。本节通过知识合作的动力图形模型、知识合作的数学驱动模型、知识合作的激励三个内容来构建企业知识合作的动力机制模型。

4.3.1 知识合作的动力模型

在本章的开始，阐述了企业合作知识创新的内生动力与外生动力，然而企业作为以竞争求生存的经济实体，获取竞争优势取得经济利益才是合作知识创新的最直接动机。知识合作产生的收益不仅包括合作产生的直接经济收益，还包括企业对隐性知识的获取和对交叉知识的创造，最后通过知识的内部化把这些新知识应用于对企业具体产品的开发、生产和销售中，从而最终实现商业化，促进企业直接经济利益的提高。

企业合作知识创新的"轮式"动力模型如图4-2所示。

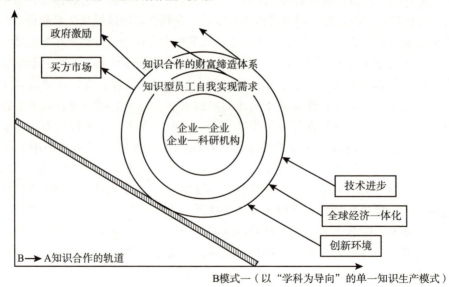

图4-2 知识合作的"轮式"动力模型

在本章的开始，阐述了企业知识合作的外部环境与内在因素，然而企业作为以竞争求生存的经济实体，获取竞争优势取得经济利益才是其知识合作的最直接动机。

吉本斯（Gibbons，1994）根据在全球经济一体化背景下知识生产方式的变化，将知识生产模式分为传统的"模式一"和现在的"模式二"。"模式一"是指传统的建立在单一的学科架构之上，研究建立在"学科导向"的逻辑之上的知识生产。"模式二"则与之不同，它不属于任何一种单一的学科，而是以跨学科为特征的，强调多样化技能、跨学科合作、组织柔性，强调以"问题导向"为逻辑，实现知识的实用价值。

图 4-2 中的横坐标表示企业的传统知识生产模式，即以学科为导向的单一知识生产模式，称之为知识生产的"模式一"；纵坐标表示企业之间以现实中的需求问题为导向进行知识合作的知识生产模式，称之为"模式二"。由 B-A，表示知识合作产生价值的创新轨道。知识合作的"轮式"动力模型表现出以企业为创新轴心的主体机制，在两种内在因素（知识员工的自我实现需求和知识经济财富缔造体系）和三大外部环境（信息发展带来的技术进步、全球经济一体化下企业竞合关系的形成、知识成为企业最重要的资源的创新环境）的共同作用下，追求知识合作给企业带来的经济利益。

4.3.2　企业知识合作的驱动模型

企业生产经营的目标是利润最大化。尽管这一观点受到了部分学者的批评，他们认为除了经济效益，社会效益也是企业生产经营的重要目标。社会效益应该是经济效益的一部分，一个创造了良好的社会效益的企业会在社会中赢得良好的信誉，在消费者中建立良好的声誉，而这些作为企业的无形资产，可以帮助企业扩大品牌影响，增加企业的商誉，从而促进企业经济效益的增加。知识合作可以降低企业的生产成本、增加产品的差异化甚至生产出新的产品，通过合作带来的整体优势提高企业的竞争能力等，基于企业进行知识合作的目的是在获取各种利益的前提假设下，本书提出适合于企业知识合作的动力机制模型。此模型的含义是企业在外部宏观环境的影响和内在因素的促成下，受知识合作方式可以为企业带来利益的激励，产生了知识合作的驱动力。具体数学模型可表示如下：

$$
\begin{cases}
\max M(x_1, x_2 \mathrm{L}, x_n) = \left[\sum_{i=1}^{n} R(x_i) E(x_i) - \sum_{i=1}^{n} C(x_i) \right](1 - \gamma) + \varphi \\
R(x_i) - C(x_i) > 0 \\
1 < i \leqslant n \\
n \geqslant 2 \\
0 < \gamma < 1
\end{cases}
$$

其中：

$M(x_1, x_2L, x_n)$ 为 n 个企业知识合作的驱动力；

$R(x_i)$ 为第 i 个企业在知识合作中投入 x_i 的资源所获取的期望收益；

$C(x_i)$ 为第 i 个企业在知识合作中投入 x_i 的资源所付出的成本；

γ 为 n 个企业知识合作所面临的意外风险系数；

φ 为 n 个企业知识合作的期望纯收益放大系数，视为随机干扰项，也就是企业知识合作中不可抗力因素。

该模型从成本和利润的两个方面来考虑知识合作的驱动。其中，$M(x_1, x_2L, x_n)$ 为 n 个企业知识合作的驱动力，当 $M > 0$ 时，企业之间才会产生知识合作的驱动力，且 M 值越大，表明企业的知识合作的驱动力越强，企业进行知识合作的利益就越大，合作的可能性也就越大。当 $M \leq 0$ 时，合作不能给企业带来益处，企业之间就不会产生知识合作的驱动力；在具体合作的过程中，企业会根据合作目标投入的所需知识并对投入能为企业带来的收益有一定的预期，其中，$R(x_i)$ 为第 i 个企业在知识合作中投入 x_i 的资源所获取的期望收益。现实表明，企业的知识合作存在一定的不确定性，$E(x_i)$ 为第 i 个企业在知识合作中期望成功的概率；$C(x_i)$ 为第 i 个企业在知识合作中投入 x_i 的资源所付出的成本，在实际合作中 $C(x_i)$ 不仅包括知识溢出与知识折旧，还包括为缔结合作关系所付出的签约成本和合作的监督成本；企业合作具有较强的不确定性和模糊性，今天的伙伴可能就是明天的对手，合作伙伴关系的发展难以预料，企业合作的价值创造方式以及各方获取价值的方式也难以确定。合作最终能否达到目的往往取决于对变化的适应能力，而不是最初的协议。因此，在模型中设了意外风险系数与合作干扰项。γ 为 n 个企业知识合作所面临的意外风险系数；φ 为 n 个企业知识合作的期望纯收益放大系数，视为随机干扰项，也就是企业知识合作中不可抗力因素。

对模型 $M(x_1, x_2L, x_n) = \left[\sum_{i=1}^{n} R(x_i)E(x_i) - \sum_{i=1}^{n} C(x_i)\right](1-\gamma) + \varphi$ 两边分别关于 x_1, x_2L, x_n 求偏导，得出合作企业选择知识合作驱动力的临界值（式中 M 代表省略的其余表达式）：

$$\frac{\partial M(x_1, x_2L, x_n)}{\partial x_1} = \left[\frac{\partial R(x_1)}{\partial x_1}E(x_1) - \frac{\partial C(x_1)}{\partial x_1}\right](1-\gamma) = 0$$

$$\frac{\partial M(x_1, x_2L, x_n)}{\partial x_2} = \left[\frac{\partial R(x_2)}{\partial x_2}E(x_2) - \frac{\partial C(x_2)}{\partial x_2}\right](1-\gamma) = 0$$

$$\frac{\partial M(x_1, x_2L, x_n)}{\partial x_3} = \left[\frac{\partial R(x_3)}{\partial x_3}E(x_3) - \frac{\partial C(x_3)}{\partial x_3}\right](1-\gamma) = 0$$

$$\frac{\partial M(x_1,\ x_2 L,\ x_n)}{\partial x_n} = \left[\frac{\partial R(x_n)}{\partial x_n}E(x_n)\ -\frac{\partial C(x_n)}{\partial x_n}\right](1-\gamma)=0$$

因为，$0<\gamma<1$，所以：

$$\frac{\partial R(x_1)}{\partial x_1}E(x_1)\ -\frac{\partial C(x_1)}{\partial x_1}=0$$

$$\frac{\partial R(x_2)}{\partial x_2}E(x_2)\ -\frac{\partial C(x_2)}{\partial x_2}=0$$

$$\frac{\partial R(x_3)}{\partial x_3}E(x_3)\ -\frac{\partial C(x_3)}{\partial x_3}=0$$

$$\text{M} \qquad \text{M}$$

$$\frac{\partial R(x_n)}{\partial x_n}E(x_n)\ -\frac{\partial C(x_n)}{\partial x_n}=0$$

得出：当知识合作中各企业的期望满足如下关系式时，企业才会产生合作的驱动力：

$$E(x_1)=\frac{\partial C(x_1)}{\partial x_1}\Bigg/\frac{\partial R(x_1)}{\partial x_1}>1$$

$$E(x_2)=\frac{\partial C(x_2)}{\partial x_2}\Bigg/\frac{\partial R(x_2)}{\partial x_2}>1$$

$$E(x_3)=\frac{\partial C(x_3)}{\partial x_3}\Bigg/\frac{\partial R(x_3)}{\partial x_3}>1$$

$$\text{M} \qquad \text{M}$$

$$E(x_n)=\frac{\partial C(x_n)}{\partial x_n}\Bigg/\frac{\partial R(x_n)}{\partial x_n}>1$$

以上各一阶偏导分别为企业 i 产生知识合作驱动力的临界值。各企业只有达到临界值时，才会产生知识合作的驱动。建立企业知识合作的驱动模型在于更好地诠释企业知识合作的机制问题，企业知识合作的外部条件与内部因素为企业之间进行广泛的知识合作活动提供了动力，然而真正可以使系统运作则需要利益的驱动。

4.3.3　知识合作剩余模型

（1）知识合作剩余。合作剩余是一个经济学概念。指合作与竞争是人类基本

的经济行为，企业之间合作的本质在于自利性与互利性的统一。合作是基于
分工的基础上，如果没有分工、没有交换，人类是不会合作的。就如18世
纪苏格兰哲学家大卫·休谟对人类本性发表议论，他说，人类彼此本身是缺
乏安全感和信任感的①。自社会化分工出现之后，交换成为必然，交换是合
作的基础。古典经济学家们对"合作剩余"的产生和来源作过精辟的论述。
亚当·斯密的分工理论强调劳动分工可以提高劳动生产率，认为效率的提高
来源于分工后每个人从事简单生产过程的熟能生巧和便于效率更高的机器的
发明和采用，从而带来"合作剩余"②。马克思认为，合作功能不是单个要素
的简单相加，而是众多的单个要素资本聚合而产生的一种倍增效应，实现生产
力的集体创造。概括地说，合作剩余是指合作者通过合作所获得的超过单干时
的收益。这种收益可以表现为企业直接收益的提高，也可以表现为交易成本的
降低。

企业知识合作是基于需要知识分工来完成产品制造或服务的基础之上的。
企业是一个知识的集合体和学习的组织系统，企业知识合作剩余是从知识资源
的角度来研究企业间合作的剩余问题。李翠娟、宣国良从合作剩余的含义着
手，提出了知识合作剩余的概念。认为知识合作剩余从本质上说就是企业合作
知识创新的净收益。并进一步把知识合作剩余整合为企业的整合知识，企业
整合知识又进一步反馈成为企业的知识基础。这样，企业的存量知识增加
了，也得到了更新，并以此为起点，为下一轮的合作奠定了基础，又由于知
识合作剩余的产生，使企业在原有的存量知识基础上增强了企业的创新能
力，形成并维持了企业的竞争优势③。表4-3对知识合作剩余与竞争剩余进行
了比较。

表4-3　　　　　　　　知识合作剩余与竞争剩余与合作剩余的比较

比较项目	竞争剩余	合作剩余	知识合作剩余
含义	竞争战略的净收益	合作战略的净收益	知识战略的净收益
利益来源	竞争者的独占性、市场反应的灵活性	资源共享、风险共担协同效应、规模经济	产品知识含量增加、企业知识存量的增加、合作整体优势

① 休谟，关文运译：《人性论》，商务印书馆1982年版。
② 亚当·斯密，郭大力、王亚男译：《国民财富的性质和原因的研究》，商务印书馆1972年版。
③ 李翠娟、宣国良：《知识合作剩余：合作知识创新创造企业竞争优势的机理分析》，载《科学学与
科学技术管理》2005年第7期。

比较项目	竞争剩余	合作剩余	知识合作剩余
计算方法	竞争收益 – 竞争成本	合作收益 – 合作成本	知识投入收益 – 知识投入成本
成本	生产性与非生产性竞争成本	签约成本、监督成本、沉淀成本	知识溢出成本、知识折旧成本

（2）知识合作剩余模型。从价值驱动的角度描述了企业知识合作剩余收益的组成，构建知识合作剩余组成的数学模型，知识合作只是手段，知识的共享、流动、学习只是途径，知识的价值只有通过将其商业化才能实现知识的价值增值。

$$V_c = f(K) \tag{4-1}$$

式（4-1）的含义是企业合作剩余是企业知识的函数。产品是企业与顾客之间的桥梁，企业通过为顾客提供其所需产品来获取经济利益。产品中必然包含各种与产品和生产有关的知识，因此，企业合作剩余是知识的函数。

$$V_{kc} = V_c + (C + L) \times A \tag{4-2}$$

$$V_{kc} = f(K) + (C + L) \times A \tag{4-3}$$

在式（4-3）中：

V_{kc}：在企业知识合作中产生的知识合作剩余（surplus knowledge）；

C：企业知识存量决定企业的核心竞争优势（core competence）；

L：企业对知识的学习和吸收能力（learning and absorb ability）；

A：企业把在知识合作过程中获取的创新知识商业化能力（action）。

$$A = I \times T \tag{4-4}$$

在式（4-4）中：

I：知识创新资源投入能力（input）；

T：企业知识价值转化能力（translation）。

即知识合作剩余 = 合作所产生的直接经济利益 + 竞争优势。

现代企业已经形成以知识为基础的企业竞争战略。式（4-2）表明，企业知识合作剩余包括由知识合作产生的直接经济利益和企业竞争优势的增强。因此，知识合作所产生的知识合作剩余是企业与企业进行知识合作的激励。

（3）知识合作产生的价值组成。知识合作的价值组成包括合作所产生的直接经济利益和企业竞争优势的增强。第一，知识合作产生的直接经济利益。产品是企业与顾客之间的桥梁，企业通过为顾客提供其所需产品来获取经济利益。产品中必然包含着各种与产品设计、生产、销售有关的知识，因此，企业的直接经济利益是产品所包含知识的函数。知识合作增加了产品的知识含量，使得产品更好地满足了顾客的需求，从而为企业带来了经济利益。第二，企业竞争优势的增强。知识合作可以增强企业竞争优势，具体表现在以下几个方面：一是企业知识存量的增加。竞争优势的获取在很大程度上是由企业自身知识存量的差异性所决定的，相互之间的知识合作使得企业通过知识的流动、共享、聚合、创造，实现了知识存量的快速增长。二是企业学习和吸收能力的增强。学习和吸收能力对企业通过合作实现差异性知识的积累有着重要作用，企业的学习和吸收能力与企业的规模、组织结构、企业文化等有关。一般认为，规模较大的企业吸收能力较强。三是企业把在知识合作过程中获取的创新知识商业化的能力。合作所产生的协同作用以及知识之间的合作效应，使企业知识资源的投入能力得到了提升，同时企业知识价值的转化能力，即企业如何把知识转化为产品，通过具体的生产流程来实现知识价值的能力，也由于企业之间的知识合作实现了对价值链外部的知识整合而得到极大的提高。

因此，知识合作产生的价值不仅包括合作产生的直接经济收益，还包括企业对隐性知识的获取和对交叉知识的创造，最后通过知识的内部化把这些新知识应用于对企业具体产品的开发、生产和销售中，从而最终实现商业化，促进企业直接经济利益的提高，提升企业的竞争优势。从价值驱动的角度描述了企业知识合作产生的价值组成。知识合作只是手段，知识的共享、流动、学习只是途径，只有通过将知识商业化才能实现知识的价值增值。

在知识经济时代，企业之间的广泛合作活动的产生不只是单一的动机能够解释或是完成的，它应该是由一个完整的体系来实现的。如图 4 - 2 知识合作的"轮式"动力模型所示，合作知识创新的动力机制是在内生动力与外生动力的共同催进下，通过知识合作剩余来实现激励。知识合作创新的动力机制由知识合作的内生动力、外生动力和知识合作剩余激励三个部分共同组成。服务业时代所积累的各种知识和知识工作者的智力资本，为新一轮的财富生产了知识和知识工作者；人类的利己之心和不断向前的愿望使得人类社会在不断地发展；知识合作剩余为合作企业提供了收益激励。以上三点共同构成了知识合作创新的动力机制。人类社会迎来知识经济时代，知识经济时代最重要的特点就是知识合作，用知识来生产知识，创新成为这一时代的主旋律，知识合作正在成为人类社会继农耕知识、制造知识后的第三种财富知识。

4.3.4　知识合作构建企业竞争优势

知识经济下的企业合作战略是对熊彼特式创新观念的时代的延伸，企业战略的目标是不断地适应各种变化的经营环境，使企业竞争优势持续发展。

消费者中心化使组合战略成为必然；知识合作使组合战略可行。知识经济起着从根本上改变企业的经营环境、改变企业战略的作用。低成本—差异化战略的组合战略已经在知识经济下得到验证。周三多、周建（2002）概括出知识经济时代的四个特征：信息化、知识化、人本化和全球化，并从知识经济角度认识企业战略范式的转型问题，根据企业战略的选择和企业经营环境之间固有的互动性，探讨了企业战略范式在传统经济和新经济两种经济形态下可能的范式构成。

企业的核心竞争力是组织的积累性学识，尤其是那些关于对不同生产技能的协调和对多种流派知识的集成（Prahalad and Hamel，1990）。在传统的经济形态中，经验的连续积累可以成为企业竞争优势的源泉，若用线性战略表达传统的工业经济背景下企业的战略，借以说明局部的创新是企业竞争力延续的动力。那么，在知识的经济形态下，企业之间通过对知识价值链外部知识的整合来获取竞争优势，这种有别于传统经济下的战略选择可以用"非线性战略"来表示。与传统企业战略选择的区别在于企业可能采取非线性战略的核心不仅仅是根据已有的经验，还要着眼于全局、针对未来。根据企业的组织能力，利用企业之间合作过程中的资源共享特性，最终实现合作各方皆获利。

知识经济下的企业战略范式的形成不是一个偶然的随机行为，是由于企业生存的环境发生了变化。信息化、知识化、人本化和全球化的知识经济特征，造成企业经济活动的价值创造机制发生了根本性的变化，进而促使企业的战略形态发生了变化。同时，企业竞争优势的实现机制也要发生变化。知识经济的时代特征说明，企业战略必须考虑在竞争性制度安排下的其他非竞争的企业战略组合。企业之间通过知识合作获取竞争优势已经是一个不争的事实。在传统的工业经济时代，企业的竞争优势是通过波特的竞争战略得以实现的，波特竞争战略思想的核心是从竞争性的市场制度安排出发的，主张通过竞争来实现低成本或差异化，以形成有别于竞争对手的竞争优势。在知识经济时代，竞合思想、共存、共同进化这样的整体性战略的发展理念，以及相应的企业创新机制则是这些时代特征集聚的一种重要战略范式。

服务业时代所积累的各种知识和知识工作者的智力资本，为新一轮的财富生产了知识和知识工作者；人类的利己之心和不断向前的愿望使得人类社会在不断地发展；知识合作所产生的直接经济利益为企业提供了收益激励。人类社会迎来了知识经济时代，知识经济时代最重要的特点就是知识合作，用知识来生产知识，创新成为这一时代的主旋律，知识合作正在成为人类社会继农耕知识、制造知识后的第三种财富知识。在技术、顾客需求快速变化的环境中，合作创新无疑是企业共享资源、降低创新风险的一种有效方式，这些合作创新活动都是围绕着提高产品的价值和减少产品的成本展开的。

4.4 本章小结

　　研究一个系统的动力机制应该考虑系统运行的外部条件以及外部条件对系统变化的影响；考虑系统变化的内在原因及其规律；解释系统的驱动机理和激励。通过以下三部分内容构建了企业知识合作的动力机制：首先，探讨企业知识合作形成的外部条件与内在因素以及知识合作的价值，依据此，构建了企业知识合作的动力模型，接下来构建了企业知识合作的驱动模型，并研究了企业不同知识合作方式产生的激励，构建了企业知识合作的动力机制模型。

　　主要研究结果：

　　（1）知识合作产生的价值构成，包括合作所产生的直接经济利益和企业竞争优势的增强两个部分。

　　（2）构建企业知识合作的"轮式"动力模型。表现出以企业为主体的创新轴心，在两种内在因素：知识员工的自我实现需求、知识经济财富缔造体系，和三大外部环境：信息发展带来的技术进步、全球经济一体化下企业竞合关系的形成、知识成为企业最重要的资源的创新环境的共同作用下形成了企业知识合作的动力。

　　（3）构建企业知识合作的驱动力模型。基于企业进行知识合作的目的是在于获取各种利益的前提假设下，本书提出适合于企业知识合作的驱动模型，此模型的含义是企业在外部宏观环境的影响和内在因素的促成下，受知识合作方式可以为企业带来利益的激励，产生了知识合作的驱动力。

　　（4）研究不同知识合作方式下直接经济利益的来源。

第 5 章

企业知识合作的运行机制

保障企业合作的顺利进行至少包括合作组织形式的选择和运行机制的建立。在第 7 章中将研究企业知识合作的组织问题，本章试图从知识合作效应与企业知识合作运行环境的形成、知识合作中新知识的产生来探讨企业知识合作的运行机制。不同知识合作模式由于知识合作产生的效应不同、知识合作剩余产生的方式不同、新知识产生的差异等因素，运行机制也不同。本章研究了不同知识合作模式的运行机制，并进行了比较。

5.1 知识集聚运行研究

首先，从内部因素和外部因素两方面研究了知识集聚的形成机制，知识集聚是由知识集聚的效应与市场驱动、政府引导共同促成的。其次，论证了集群是知识集聚的运行环境。最后，研究了集群环境中知识集聚合作的知识创新。

5.1.1 知识集聚与知识集聚效应的特征分析

（1）有关知识集聚的研究。集聚（cluster、agglomeration）是一种常见的经济现象，是指在某一特定领域内，相互之间有联系的企业和机构由于某种原因形成在地理位置上的高度集中。集聚实现了把一条价值链中的一部分，甚至于所有环节集中在一个相对较为集中的区域，使得这条价值链上的企业之间能够充分合作。张雄林在其博士论文《知识集聚研究》中结合经济集聚理论与知识管理理论，提出了知识集聚这一概念。他从人是知识的载体这一研究角度出发，认为知识的集聚也可以说是知识载体的集聚，那么，知识集聚的演化也理所当然地看作知识载体集聚的演化，通过对我国人才集聚特点的实证分析得出知识集聚就是人才集聚的结论，并建立模型论证的知识集聚区域选择的具体规律性。他的研究表

明，知识集聚影响知识的创新目标和知识的创新速度，如果知识决定集聚向心力
这一假设成立，那么当知识集聚消失时经济集聚也不复存在。

（2）知识集聚与知识集聚效应。本书基于知识合作的角度来研究知识集聚。
在知识集聚合作的模式中，知识构成的特点是技术积累和技术交叉，知识之间是
一种相辅相成的关系，即在同一产业的知识之间，一项创新的实现往往需要建立
在其他技术成果的基础之上。由于这种合作知识构成的特点，知识集聚这种知识
合作模式就会产生知识的快速增殖效应，即知识的积累不再是线性的沿时间的积
累，而是在局部区域内快速呈级数增长，本书称这类知识合作模式为知识集聚。
如图 5 - 1 所示的知识集聚模型。在世界范围内的半导体企业集聚现象的根源就
是知识集聚，深层次原因是知识集聚产生的知识集聚效应，使企业之间可以通过
技术交叉许可和相应的转移支付，充分发挥具有互辅性的专利技术的作用，形成
知识集聚后的快速增殖效应。

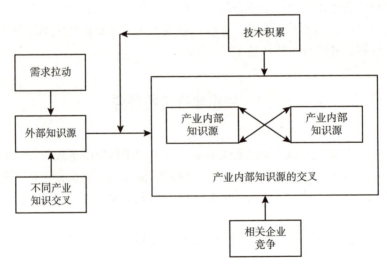

图 5 - 1　知识集聚模型

（3）知识集聚的行业特点。知识集聚合作模式适用于技术密集型的行业，并
且在特定区域中表现出明显的产业集聚特征。合作企业之间通过技术交叉许可和
相应的转移支付，可以发挥具有互补性的专利技术的作用，加速了行业技术的交
流，形成知识的集聚效应，使产业内的知识在局部区域快速增长。同时，知识集
聚又避免了合资企业合作模式下高昂的协调成本，为合作企业创造了竞争优势，
调动了各个企业在研发和生产中的积极性。知识合作的知识集聚模式中的新知识
来自产业内部知识源的交叉。

以半导体行业为例：半导体行业知识构成的特点是技术的积累性和交叉性，行业中的各个企业都拥有大量的专利技术，而相应的产品必须采用相关领域内的多种技术，因此，一项创新常常需要建立在其他非本企业创新成果的基础上。像英特尔（Intel）公司这样处于行业领先地位的企业，都在与其他企业之间通过技术交叉许可和相应的转移支付，加速行业技术的交流以充分发挥具有互辅性的专利技术的作用，形成知识集聚后的快速增殖效应，使得单片芯片上的晶体管数量集成的速度大约每年就要增加一倍。根据美国半导体行业协会预测，单片芯片上这种晶体管数量集成的级数增长率将至少保持到 2020 年。

5.1.2 集聚效应的驱动因素

（1）集聚的规模经济驱动。集聚是货币外部性和技术外部性共同作用的结果。外部性既是集聚产生的原动力，又是集聚的结果。集聚表现为企业经济活动在空间上的集中，然而，透过集中的现象看集聚的本质，集聚是一种空间上的外在规模经济。集群内的企业为追求创新外溢所带来的规模报酬递增，会尽可能使其厂址集聚在创新活跃的地区，利用空间上的接近，与其他外部企业通过建立各种合作的组织形式进行分工与协作，以弥补在技术、资金、管理特别是在人力资本上的不足，从而获得集聚的规模经济效应。

（2）模仿与学习驱动。知识外溢是知识集聚的驱动因素之一。唐礼智，狄炀（2009）研究集聚的技术外部性时，强调技术扩散和知识外溢是外部经济的核心。在现实中，知识外溢主要通过以下两种途径来实现：一是商品贸易的流动。集群内企业之间频繁的交易能够使得企业及时掌握市场动向，从而调整产品结构。二是通过人力资本的流动。人力资本是技术进步的一个关键因素，凡是科技人口集中的地区大多是经济增长率较高和经济活动比较集中的地区。在美国硅谷，技术人员的流动相当频繁，虽然这曾经一度引起了关于企业忠诚度的争论，但却无疑是对知识交流的贡献。每个企业在自身的发展过程中形成的隐性知识具有很强的排他性，而隐性知识往往是企业创新能力的源泉，隐性知识的传播往往需要在工作中面对面地交流与学习才能得到转移，这部分极有价值的知识溢出往往是通过人员的流动来实现的。集聚提供人员可以比较容易流动环境。

联合研发和"干中学"也是知识集聚的学习驱动因素。同行的企业一旦有了技术创新，就会对集群内的企业带来技术的外部性。企业之间的激励效应、模仿效应会激发特定企业通过各种方法，如购买专利、自主研发、模仿创新等行为来提升自己产品的竞争力。艾若（Arrow，1962）建立的"干中学"模型形象地勾勒出了集群中企业得到技术外部性的情形。同一产业内的企业在地理空间内的集聚，使得企业在产品设计、产品工艺、产品营销、市场信息等各种知识资源上形成知识场，企业可以通过自身的学习能力来相互学习和模仿。同时，集群也是一个开放的体系，外面的知识也会源源不断地流入，使得集群内形成知识势差，先行者与后来者都能从中获益。

政府引导也往往是知识集聚驱动的关键因素。各国政府一般通过对高新技术产业提供财政补贴、税收优惠等政策，鼓励、引导和支持集群企业在行业范围内的合作创新。我国政府在这方面做出了许多努力，从改革开放初期的各地高新技术开发区的成立，到对集群的支持以及科技孵化园的投入，等等。

5.1.3 集群环境的形成原因

（1）形成创新群是集群产生的深层原因。在传统理论中，人们普遍认为企业之所以选择集群，是因为集群能节约企业运输成本、提供方便快捷的供应渠道、频繁交易带来的交易成本的减少以及近乎免费的公共产品等原因。随着交通运输的便捷特别是信息产业的发展，在经济全球一体化的环境中已经不能单独从成本的角度来解释产业集聚的动因。

按常规来理解，现代公司选址应该比原来更加偏向分散而不是群居，日渐开放的全球市场和方便快捷的交通运输与通信，会削弱地理位置在公司选址决策中的权重。然而，目前几乎所有成功的 IT 企业都选择了集群合作而不是独处。在世界范围内，一些集群的进入门槛已经很高，如硅谷、好莱坞等，而且经营成本也十分高昂，可是依然有许多企业纷纷聚集于此。PC 产业 20 年的发展历史和众多 PC 企业的成长过程表明，成本固然是企业竞争优势中的重要因素，但产品和服务的差异化以及企业的创新能力才是面对一个迅速变化的外部市场的企业的核心竞争能力。知识集聚实现了集群内企业分工的日益专业化、提供了稳定的供应链关系，使企业进行持续的技术创新成为现实。

（2）企业知识集聚合作形成创新群分析。传统企业的竞争优势的主要来源在于企业内部的知识积累，企业的创新活动依赖于研发部门，主要从改善企业内部的生产环节、生产工艺出发，因此，其信息来自企业内部。随着买方市场的到来，大规模定制生产的成功以及企业之间合作交流的加深，企业越来越多地认识到外部知识，特别是客户知识的来源对于企业的创新的重要作用。为了不落后于竞争对手，知识企业应该保证有通畅的渠道让外部知识传导进入企业内部[①]。知

---

① Teece D. J., Competition, Cooperation and Innovation: Organizational Arrangements for Regimes of Rapid Technological Process, *Journal of Economic Behavior & Organization*, Vol. 18, 1992, pp. 1 – 25.

识集聚形成企业的集聚现象,据调查,来自客户的知识、供应商的知识以及来自竞争对手的知识等知识资源对企业制定成功的发展战略很关键。企业只有依靠自身的知识资源与外部的企业知识交流,才能在经济形势不断变化的情况下,始终把握消费需求。因此,企业之间要建立知识合作关系,同时与每一个合作企业之间按以下合作模型发展来进行知识之间的流动、共享和创新。

由图 5-2 企业知识合作形成集聚的机理所示,企业与其他组织之间的合作过程包括以下四个阶段:首先,确立合作愿景,对双方企业知识进行评估;其次,根据合作项目对项目组进行知识投入;再其次,进入知识的第一层螺旋创造,实现投入知识的知识创新;最后,合作产生的新知识进入企业内部,实现知识创新的第二层螺旋,这一阶段是真正意义上的知识创新,因为合作产生的新知识只有进入了企业具体的生产流程,才实现了知识的商业转化。当企业之间完成了一次知识合作后,如果需要继续合作,上述的合作创新过程就开始循环进行。随着这种合作网络的建立,企业积累了更多的知识资源,形成了较大的知识合作范围。这个合作群体中的企业竞争能力也越来越强。这样,知识集聚就形成了企业集聚。这种集群竞争优势是由知识集聚的效应产生的,知识的积累和交叉使企业之间的知识合作成为可能,并在知识的迅速增殖过程中获取了知识创新带来的丰厚利润,并由知识合作价值链的形成而获取竞争优势。

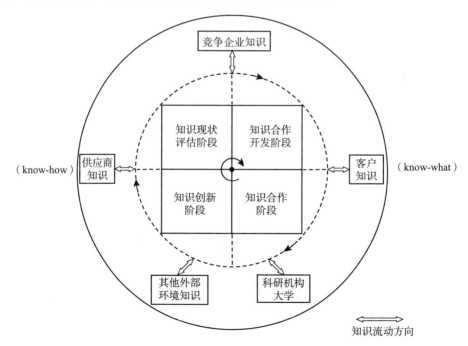

图 5-2 企业知识合作形成集聚的机理

（3）知识集聚与集群合作。知识集聚效应就是知识的快速增殖效应，即知识的积累不再是线性的沿时间的积累，而是在局部区域内呈快速增长，因此，给这类知识合作方式起名为知识集聚。集聚型知识构成的特点是技术的积累性和交叉性。

知识集聚中知识构成的特点是技术积累和技术交叉，这一点既符合制造与服务集群又符合研究与开发集群。在制造与服务集群中，共享由于集聚所产生的人力资本、集聚所形成的生产优势，这一点和研究与开发集群是相符的。所不同之处在于，由于集聚知识的类型不同，技术的积累和交叉所起的作用不同。在制造和服务集群（M－S集群）中，技术的积累效果胜于技术的交叉效果。这是因为M－S集群的高端技术含量低，收入主要来源为规模经济。在研究与开发集群（R－D集群）中，一项创新需要建立在其他创新的基础之上，巨额的开发成本以及资产的专用性抬高了进入门槛，使得少数行业领先者通过技术交叉许可和相应的转移支付，可以发挥具有互补性的专利技术的作用，加速了行业技术的交流，形成知识集聚后的快速增殖效应，在这里，技术的积累性和交叉性同时发挥作用。

知识集聚是企业集聚现象的根源，经济集群效应和技术集群效应都是知识集聚的特点，只是由于技术的构成特点高技术的含量不同，而表现出知识集聚效应的侧重点不同。知识的积累可以产生知识的协同作用，实现成本的降低；知识的交叉可以实现知识的互补效应，实现产品的差异化。因而，产业集聚的深层次原因是知识集聚产生的知识集聚效应。

5.1.4 集群的竞争优势

（1）集群的竞争优势来源于以下三个方面：

第一，集群可以促进专业人才的集聚。张雄林认为知识的集聚也可以说是知识载体的集聚，知识集聚的演化也理所当然可以看作是知识载体集聚的演化，知识集聚就是人才集聚。人才集聚本身就使集群对人才的吸附能力增强。

第二，集群吸引专业企业的集聚。集群是一种空间的组织形式，一定的空间区域内集聚了数目众多的同一专业的企业，知识的溢出和共享特性使企业合作知识创新活动有了丰富的创新资源。

第三，集群具有自强化作用。自强化作用是指由于集群合作做大了市场这块蛋糕。集群企业既促进竞争又促进合作，竞争与合作并存的原因在于它们发生在价值链的不同层面。同时，集群还存在路径依赖性。集群的区位形成了一定的偶然性，一旦由于某种原因，如地区资源优势或政策导向使特定的某个产业在一个区域聚集起来，集聚形成的优势就会引来更多的优秀企业集聚，这样就形成了集聚的良性循环，使该产业在这一区域发展并维持下去。正是由于集群这种自强化和区域选择的路径依赖性使集群极大地推动了国际专业化分工的形成。

（2）集群合作是企业知识集聚合作中知识创新的最佳组织形式。20 世纪 70 年代早期，对企业创新的研究还停留在对单个企业的研究上，进入 90 年代后期，发现外部的信息交换与协调对于创新成功具有重要的作用，开始对创新过程中的合作和网络组织进行研究。有学者通过对创新过程中的合作和网络化组织的研究，认为当地化的网络的地理相邻带来了可以维持并强化创新网络的支撑因素（Baptista，Swann，1998）[1]。集群创新的优势表现在以下几个方面：

第一，企业密切程度促进整体创新水平。研究证明企业知识创新产出与其所在的地理空间有关（Krugman，1995）[2]。集群合作中企业之间存在交流，集群中企业的各种研发活动必然会形成知识溢出效应，交流形成知识之间的流动，交流的密切程度与知识的流动有关，使知识在群内企业之间流动，提升了集群成员的整体创新水平。同时，知识集聚的加强，更加紧密了集群地理上的集聚化。

第二，集群空间组织形式符合创新组织特点。集群由非正式联盟的企业和各种机构组成，它们既相互独立又唇齿相依，在运行中有高效、灵活的特点，这一点很符合组织扁平化和虚拟化的发展。和分散、随机的传统市场交易相比较，集群中的企业之间在地理位置上接近，目标接近在多次的合作交往中利于建立良好的合作关系和信任。集群使得企业一方面处于一定距离的市场环境，同时又使企业处于垂直一体化。

此外，集群中企业的相互联系使得企业实现了外部价值链上的知识整合，集聚产生的外部性实现了创新的规模经济效益。

5.2　知识供应链的运行研究

在本节内容中研究知识供应链的特征与运行，对知识供应链与供应链进行比较。

---

①　Baptista J. I. &P. Swann, Do Firms in Cluster Innovate More. *Research Policy.* Vol. 27, No. 6, 1998, pp. 525 – 540.

②　Krugman P. , Development, Geography and Economic Theory. The MIT Press, Cambridge, Massachusetts, 1995, pp. 7 – 28.

5.2.1 供应链中企业的合作特征分析

（1）供应链理论。供应链产生的背景：波特（1980）提出了价值链这一概念，竞争三部曲就是一幅以价值链为主线的竞争图略。供应链管理的思想起源于价值链，它是将波特的价值链纵向延伸，这种延伸不是概念上的拓展，而是一种管理理念的拓宽，是随之竞争环境的变化，企业有了把面包做大的市场环境后得到广泛使用的一种管理方式。克里斯多夫（Christopher，1992）认为供应链通过与上下游企业的合作，在为最终用户形成产品价值的不同过程和活动中形成了组织网链①。供应链模型包括供方、企业和顾客，是一种跨企业的合作活动。因而，供应链的价值活动不仅产生于企业价值链内部，还存在于供应链的上下游之间。本书研究的是链接型知识合作方式，那么它对价值链的研究界定在企业之间，即企业外部价值链。

供应链与供应链管理。供应链（supply chain），是指商品从原材料和零部件采购供应，到成品制造、库存、分发给销售商、到达最终顾客手中的一系列环节。美国的斯蒂文斯（STEVENS，1989）认为："通过价值增值过程和分销渠道的控制，从供应商到用户的用户的链就是供应链，它始于供应的源头，终结于消费的终点。"② 从定义中我们可以看到，最初的供应链是一种物流关系，它的价值源于流程。

供应链管理的基本思想是企业价值创造以及利益的分配，必须考虑和上下游企业的协同。有学者认为在供应链的管理初期，通过供应链流程上企业间的相互合作，能够增加信息的可视性，提高市场的反应速度、降低物流成本，可以较为容易地得到好的效果③（TOWILL，D. R.，1996）。

（2）供应链合作的演变特点分析。随着供应链这种伙伴关系在企业中的普遍实现，企业都在构建以精简流程为目的的供应链体系，实现以时间或速度为核心资源的供应链体系，这样使成本优势和快速反应成为供应链竞争的必备要素，从而导致了竞争的同质化。波特（1990）的差异化竞争理论表明，只有将自身的供应链与其他企业的供应链体系区分才能获得竞争优势。随着知识在企业发展中地位的越来越重要，供应链中的企业关系也经历了由传统物流关系到合作关系的转

---

① Christopher, M., *Logistics and Supply Chsin Management*. Pitman Publishing, London. 1992.

② Stevens, Lesley., Different voice：Anglican Women in Ministry. *Review of Religious Research*, 30, 1989, pp. 262 – 275.

③ Towill D. R., Time Compression and Supply Chain：Aguided Tour, *Supply Chain Mangement*, Vol. 1 (1)，1996，pp. 15 – 27.

变，实现了由以生产、物流结合为主要功能特征的物流关系转为以知识创新为主要特点的合作伙伴关系。供应链发展过程中企业的合作特点也发生了变化，主要表现在以下几个方面：

第一，合作中的知识含量增加。与传统经济相比较，知识经济下企业合作的基础是知识的分工和技术的共享。通过基于知识的合作来增强自己的生产和经营能力，保持竞争优势已经成为企业的选择。

第二，以顾客为导向，与上下游企业的紧密合作，强调合作的共同利益。顾客的货币投票是企业的生存基础，企业与顾客是通过产品来联系的。与上下游企业的紧密结合也是围绕这一宗旨进行的。从交易费用来分析，顾客和企业的利益是非零和的，这就使通过共同的努力来改善交易流程，就可以减少交易费用的浪费，实现顾客与企业的共赢。从某种意义上讲，合作不仅是企业追求经营收益的一种形式，还从根本上改变了人们的经营理念，形成企业之间的竞合关系：企业在经营过程中不仅关心自己的眼前既得利益，同时也要重视合作对企业长期发展的作用。

第三，相互信任是供应链合作的基础。由于供应链企业的知识合作是异种知识的合作，它们之间的合作效应是知识的协同效应。不像互补型知识合作的知识合作效应是知识的互补，那就存在知识的溢出等问题。因而，在供应链的合作中，获得对方的完全信息并不违背双方的共同利益，在供应链的合作中，企业之间的信任度比较高。

彼此信任不仅能降低沟通和协调成本，还可以使企业的各种资源，比如，人力资源、关系资源等得到更高的利用效率。因此，在供应链合作中，组织之间的关系比其他类型的组织关系更为紧密。这从根本上是由知识合作的特点和效应决定的。

（3）供应链中的企业知识合作特征。

第一，供应链中的知识流是双向流动。知识依据不同的标准可有不同的分类，根据供应链中知识的层次结构可将知识分为企业知识和供应链知识。供应链知识包含了企业上下游合作企业的知识和最终顾客的知识。供应链思想的核心就是集成，而供应链本身就是一个很好的知识集成机制。如图 5 - 3 所示，知识流在供应源、核心企业以及需求源之间双向流动。

第二，供应链的本质是知识供应网。供应链合作给合作双方带来的不仅是利润，企业在合作过程中还有大量的知识参与，这种活动会增强企业的吸收能力。这种以产品交易为基础的知识合作，除了可以形式化的知识媒介，如语言、文字等，产品本身就是知识的载体，在企业进行产品交易的同时，会对产品的使用方法、性能参数等进行交流，这个过程伴随着知识的流动和转移。

第三，供应链组织的动态性。知识创新的一项重要自我保障机制就是建立了创新组织，供应链组织的结构是一种动态合作组织，组织成员基于价值链依据合同或契约进行合作活动。供应链组织在结构、行为、关系方面都不同于企业组织。它的特点具有动态性、交互式和增值性。

5.2.2 知识供应链与传统供应链的比较

（1）知识供应链及其特征。知识供应链的概念有很多。理查德和皮埃尔保罗（Rechard Hall and Pierpaolo Andriani，1998）首次从供应链的角度定义了知识链的概念，认为知识链是一种管理供应链隐性知识的方法。知识供应链被广泛接受的定义是：通过需求与供应关系将知识的供应、创新、传播、使用等过程的相邻知识结点联系起来，把概念转换为知识化产品，再到最终用户的一个功能网链[①]。本书基于知识合作的角度对企业供应链合作中知识合作的方式定义为知识供应链合作。是指异种知识之间由于企业价值的创造和分配必须考虑和上下游知识之间的活动协调、价值共创而产生的知识合作，在这里取其形意称之为知识供应链合作，较之广义知识供应链概念来讲，是一种狭义链。研究知识供应链合作产生的效应以及知识供应链合作对企业价值链的重构和竞争优势的形成。

知识供应链合作产生的效应。知识供应链合作产生知识的推拉效应，如企业与供应商的合作、企业与客户的合作中，供应商知识对企业知识的推动作用和客户知识对企业知识的拉动作用。其特点是通过以问题导向（problem-oriented）为逻辑，满足买方市场的需求个性化和多样化。

（2）知识供应链与传统供应链的不同之处。知识供应链是一种特殊的供应链模式，它既具有供应链的特点，又具有知识链的特点，是传统供应链进一步的深化和扩展，是对知识与供应链管理思想相结合的产物。与传统供应链相比较，相同之处是两者都是以集成化思想为基础的供应链，不同之处在于系统中流动的对象，一个是企业之间的知识流，另一个是物料。知识供应链与传统供应链的不同之处具体表现在以下几个方面：

第一，两种供应链中流动对象不同。传统供应链强度物料的流动，物料流动是有形的，方向是从供应源到核心企业，然后再到需求源的单向流动；知识供应知识流是无形的，是在供应源、需求源之间的双向流动，实现交流与共享。同济大学张曙（1999）从产、学、研角度研究了知识供应链的概念，提出了知识流管

---

① 陈菊红、汪应洛、孙林岩：《灵捷虚拟企业科学管理》，西安交通大学出版社2002年版，第17页。

理①。知识供应链中知识的流动，如图 5 - 3 所示。

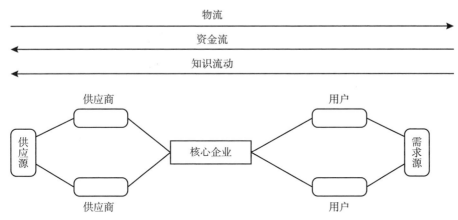

图 5 - 3　知识供应链中知识的流动

　　第二，两种供应链中的核心企业性质不同。传统的物料供应链的成员多为制造型企业，关注的是依赖产品成本的降低来实现竞争优势。知识供应链的成员一般是知识生产型企业，强调以满足用户要求为目标的知识整合。

　　第三，两种供应链目标与收益原理不同。传统供应链采用系统化管理思想，通过降低物料供应过程中的不确定性达到实现低成本的目的，同时提高与供应商、销售商的稳定关系，获取利润的最大化。知识供应链管理强调实现产品和知识的创新，它的利益不仅是成本的降低，更重要的是通过知识合作的推拉效应形成的知识创新为顾客创造价值，来给整个供应链上的企业带来整体的价值增值。

5.2.3　知识供应链的运行原理：知识供应链模型

　　本节通过构建知识供应链的模型来解析知识供应链的运行原理。

　　（1）知识供应链的构建本质。知识供应链的构建本质就是要实现知识创新，是基于知识管理系统的，包括知识供应源、企业和用户的知识积累、知识创新、知识经济化的知识流动过程。从知识的流动过程来看，知识的供应源有：企业内部知识、顾客对产品的反馈知识、其他外部知识，知识创新则主要体现在企业 R&D 的流程与生产制造中。因此，可以在供应链合作组织中进行知识供应链的概念模型。图 5 - 4 的知识供应链概念模型清晰地表明了知识流动的三个阶段，

———————————

① 　张曙：《分散网络化制造》，机械工业出版社 1999 年版。

即知识的积累阶段、知识的创新阶段和知识的经济化阶段。

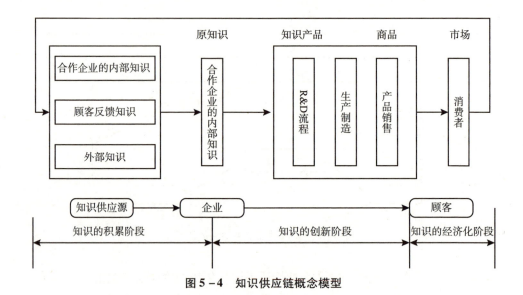

图 5-4　知识供应链概念模型

（2）知识供应链的构建。知识供应链的建立是指使之前相互独立的要素集合起来，在一个特定的知识领域里围绕一个有限的具体目标做出贡献。

第一，知识供应链构建的动力。知识创新是知识供应链的本质，知识供应链中的知识创新过程是一个各种力量相互匹配的过程。这些力量主要来自市场需求的拉力、市场竞争的推力。

市场需求的拉力。买方市场的到来使企业越来越关注顾客的个性化需求，这就促使知识供应链中的企业不断促使接近市场的知识供应链的下游端的企业创新，并由此而引起上游企业进行适应性的创新。例如，诺基亚根据消费者的需求修改开发出新款手机时，会促使为其提供各种零配件的中小集群企业进行创新来适应改变。

市场竞争的推力。随着竞争的全球化，企业的竞争能力更加依赖于企业在产品生产过程中新知识的应用能力。市场机制通过竞争给现代企业之间形成了巨大的压力，这种压力迫使企业不断改善或是寻求合作伙伴在市场竞争中获取优势。

第二，知识供应链的形成过程。知识供应链的形成包括发现并确立市场需求、知识伙伴的选择。知识供应链以顾客需求作为知识供应链形成的拉力来统一整个链条的形成过程，围绕顾客需求进行合作伙伴的选择。

第三，知识供应链的互动。包括建立知识供应者与企业之间的双向供应链，通过知识的共享和转移来实现知识供应链的互动。涉及组织内部与组织之间的不同层次的互动，需要组织之间营造互动文化来建立合作的组织环境，这种战略合作关系形成了集成化供应链管理的环境。

5.2.4 知识供应链的知识创新原理

（1）知识供应链中知识创新的特点。

第一，知识供应链本身就是一个知识合作的创新过程。知识供应链能够满足企业对知识的需求。知识供应链的形成是基于企业对知识的需求而产生和发展的。企业之间通过互补创造产生新知识，并将这些新知识应用于产品的设计、开发、制造等生产与销售的各个环节中，完成了对知识的应用与合理优化和配置资源，从而实现知识的增值。最后，把新知识作为企业的知识基础进行下一轮的知识创新。

知识供应链中企业之间的知识合作关系密切。知识供应链是采用集成化的管理思想。只有整个知识供应链上的各个节点成员之间能够共同为整体目标做出贡献时，知识供应链才能发挥优势，因而，知识供应链的各个节点成员之间的关系是一损俱损、一荣俱荣。知识供应链中各成员的知识合作关系是三种知识合作方式中最为密切的一种，要完成输入新知识与企业原有知识之间的整合，并应用于生产经营。

在知识供应链中，知识流沿知识供应源流向最终用户，在这一过程中，知识通过不断地转化、增值并产生新知识。企业所产生的新知识表现在技术、工艺以及组织的更新管理方法的改进上等，顾客所产生的新知识主要表现在通过新产品的应用使其自身的知识结构和学习能力得到改善和提升。

第二，知识供应链的构建加速了知识的快速创新。丰富的知识供应源。首先，知识供应源和企业内部的知识资源共同组成了企业的知识基础；其次，顾客可以传递有关产品性能的信息，在长期生产和产品销售的过程中与顾客缔结的合作关系还可以帮助企业了解竞争对手的情况。

第三，通过对下游用户的喜好、需求的反馈来获取关于改善服务或是产品性能的知识。总之，知识供应链提供了企业与链条上与产品有关的各个主体的联系，从而使知识供应链具有丰富的知识供应源。

顾客参与产品设计。知识供应链的一个重要的特点就是把顾客纳入了整个链条的一部分，在知识供应链中，企业知识创新的界面后移，整个供应链活动的目标就是以满足顾客需求为中心。在买方市场，最好的产品不是企业为顾客想出来的，而是顾客参与企业产品的设计的。企业可以通过顾客对产品的需求、建议等的反馈或是直接通过其他途径的讨论来使顾客参与产品的改进工作中。这样就把企业与顾客以及与知识供应链上的其他节点成员联系起来了，提高了企业知识创新的效率。目标的一致性使节点成员从战略的高度考虑企业之间的合作，有利于形成相对稳定的合作关系，加快合作知识创新的速度和成功的概率。

（2）知识供应链合作的推拉效应。第一，推拉理论：最初出现在研究人口迁移行为发生原因的研究中，认为迁移是迁出地的推力与迁入地的拉力共同作用的结果。

据国内外学者的实证研究表明，创新知识的来源越来越多地与外部因素有关。国内一份对中关村软件企业的调查中（盖文启，2002）显示，70%的企业创新知识来源于它们的供应商，即那些支撑软件的企业和本地技术成果的供应商，通过与供应商之间的沟通，企业不仅能够及时了解用户对产品满意程度和消费要求，更关键的是能够知道竞争对手企业的产品销售情况和最近面市的新产品的销售情况，这些信息会在无形中给企业形成压力和动力，促使企业进行创新①。

如图5-5所示，供应商知识对企业知识创新的推动效应，与供应商在新产品开发早期的合作可以提高研发的速度和质量（Cully，Boston，1999），现代企业与供应商打交道的机会越来越多，对供应商知识的了解与获取对企业自身知识的发展起着重要作用。供应商的角色发生了转变，由提供部件的供应商转换为提供信息和知识的供应商，在新产品的开发中，供应商扮演着顾客与核心研发企业之间的接口作用。供应商提供给企业的主要是怎么做的知识（know-how），特别是能提供产品的性能、制造和使用方面的知识。对企业知识创新起到推动作用。

图5-5　知识合作的推拉效应

第二，客户知识对企业知识创新的拉动作用。新经济形式下的买方市场条件下的客户需求是多样化、个性化的。量体定做的大规模定制模式就是通过企业下游客户需求的反馈对知识进行传递、共享和整合，取得经济效益的一个方法。据斯隆管理学院的一项调查表明，有价值的技术创新与产品中有60%～80%都来自客户的建议。这是由于客户作为产品的使用者，在其对产品的使用中最能体会到产品的优劣，在使用的过程中也最可能提出改进的建议或意见。这也是基于问题

---

① 盖文启：《创新网络——区域发展新思维》，清华大学出版社2002年版，第97页。

导向的新产品的研发方式。客户对企业提供的知识主要包括消费市场的知识和消费行为的知识。可以概括地说，这两种知识都是关于产品的知识，比如，产品的功能需求、外观设计等。客户知识向企业提供了应该是什么的知识（know-what）。

第三，三点一线的知识合作方式。供应链这种企业合作的形式恰恰就是提供了这样一种使企业与供应商、与客户实现知识合作的市场机制。企业把从供应商和客户对在哪里获得的知识进行知识活动，最终创造出新产品的知识。

（3）知识供应链的两种类型及其实现。根据链接型知识合作中知识需求产生的运作方式，可以分为推式知识链接和拉式知识链接。

推式知识链接是指知识的供应源，科研机构取得技术的发展或是技术上的突破，由企业生产产品向市场推广。这种推式知识链接和节点组织之间的知识集成度较低，对顾客的需求响应性差，会导致研究成果的商品化程度低，是一种相对陈旧的类型，它适用技术上的重大突破。

拉式知识链接以最终顾客的需求为导向，促使企业围绕顾客的需求产生相应的知识产品或者服务。其特点是链条中的合作方有明确的协同目标，信息畅通，可以根据顾客需求实现知识的定制和个性化服务。

供应链模式中新知识产生于节点成员中。从链接型知识的推拉模型中可以看到供应链中的推式可以看作是以供应商知识为主导形成的知识供需链条。供应链中单纯的推会导致科学技术研究成果的商品化程度很低，知识没能够及时地转化为生产力。供应链中的拉是指以链条终端客户的需求为驱动力，促使各主体围绕终端客户需求产生相应的"知识产品或服务"。整个链条具有较强的集成度，链条中的合作主体之间有非常明确的知识协同目标，信息交换迅速，可以根据用户的需求实现知识的定制化或个性化服务，在与顾客的交往中进一步获取、吸纳和共享顾客知识，并在合作中进一步创新知识，所产生的新知识主要表现在自身知识结构的改善和提升、学习能力的提高上等。从而有效地实现知识循环在三个环节上的信息流和知识流同步。

供应链中的知识合作是以产品交易为核心的。产品本身就是供应链合作的重要知识载体，供应链中的上下游企业在进行产品交易的同时，通常会不可避免地对产品的性能参数、成分构成、使用方法进行交流，有时可能还要对对方的工艺流程和生产技术有所了解。研究发现，供应链中的关键知识合作结点常常以长期协议为主，以降低知识合作的风险，保证知识合作的连续性。

供应链就是这样一个可以实现链接型知识合作的完美机制。它由知识分工不同的上下游的企业组成，通过链接型知识合作产生的推拉效应来实现知识的发展和创新。异种知识合作所产生的互补作用使得合作各方均能从知识的互补中受益，合作各方知识的依赖性加深了彼此的依存度，合作的企业只有珍惜自身的合作声誉才能在系统中生存。顾客对产品的评价和要求成为链接型知识合作的反馈。

（4）知识供应链的知识创新。供应商知识的推力和需求方知识的拉力的共同作用产生了知识的协同效应。供应商对产品知识创新概念的形成，创新产品知识的开发和研制都起着不可忽视的关键作用。企业通过与其他外部供应商之间的知识交流获取了技术知识、物质和设备知识的支持，使企业的知识存量得到增加。需求方知识的拉力包括供应链的上下游企业和产品的最终用户的知识反馈。

顾客永远都是企业经营的重点，顾客与企业之间的关系是通过产品来体现的，买方经济、顾客导向使得顾客与企业经营之间的关系发生了变化，如表5－1所示，顾客在产品生产的角色中经历了深化过程。

表5－1　　　　　　　　　　　客户角色的演化过程

客户角色	预定的客户群体	与单个客户进行交易	与单个客户进行长期、密切联系	客户是价值的共同创造者
对客户的假设	客户是企业的外部变量，是被动的购买者			客户是共创价值的联盟成员
时间	20 世纪 70 年代	20 世纪 80 年代	20 世纪 90 年代	21 世纪
企业与客户的互动	极少的市场反馈	根据客户反馈对产品的改进	关注主要客户，共同解决问题	个性化客户，密切合作
管理者的心智模式	事先预定客户群体，客户是平均的统计量	客户是交易的统计量	客户是一个人	客户是社会与文化下的一个人
沟通的方式与目的	企业对客户的单向沟通	数据库营销，双向沟通	关系营销，双向沟通	与客户对话，形成共同预期

资料来源：Prahalad, C. K., Venkatram Ramaswamy, Co-opting Customer Competence, *Harvard Business Review*, 2000, Jan-afaeb, P. 79.

根据 OECD（经济合作与发展组织）对知识的分类，顾客知识是 know-what，知道"是什么的知识"。顾客向企业提供的是与产品有关的知识和与消费市场有关的知识。如产品和服务如何随经济状况、人口素质、生活方式等的变化而变化；顾客对产品的需求变化等。如果企业对顾客的要求不了解就可能做出错误的决策，影响企业的发展。顾客作为产品的最终使用者，不仅对产品的改良具有发言权，更对产品的创新有决定性作用。据美国斯隆管理学院调查，成功的技术革新和民用新产品的成本中有60%～80%来自顾客的建议。顾客可以传递有关产品的各种信息，比如，使用的方便程度、舒适度、不同顾客群体的偏好，对时尚、美观、环保的需求等。顾客需求呈现出个性化与多样化，量体定做模式终将取代标准化、取代大批量的生活模式而成为企业生产的主流。企业通过下游顾客的知识反馈，对相关知识进行共享和开发，这样的创新的成功率更高。

（5）知识供应链对企业竞争优势的影响。通过企业之间合作创新产生的新知识，使得产品从价格、价值上更加有竞争力。由于知识供应链模式所产生的新知识形成于合作企业的知识结点，主要表现在有效地实现知识循环在三个环节上的信息流和知识流的同步。因而，在大多数情况下，知识合作供应链的模式对产品价值的影响表现在知识的整合合力对降低研发成本上，缩短产品投入周期起到降低成本的作用，从而增加了单位产品的生产者剩余。顾客价值的提升则体现在与顾客的交往中进一步获取、吸纳和共享顾客知识，快速地对终端客户的需求做出相应的反应。

在知识集成化程度高的价值链中的企业竞争优势的来源不只是有形资产的增加，更为重要的是企业成为价值链的一部分，供应链上的企业往往是利益均沾，风险共担。知识供应链合作以及合作产生的推拉效应是供应链合作的核心价值环节。知识合作价值链是合作知识投入、知识活动、知识产出的一个价值的产生过程。知识供应链合作的知识活动是一个链接型的推拉过程。企业与价值链上的合作伙伴的知识活动呈现出发展的动态性。企业根据市场的反馈来预测顾客的需求并进行生产，供应商提供技术和设备方面的知识，对企业的合作知识创新的过程起到了推动作用，顾客提供了与产品性能、产品功能和外观有关的知识，通过供需关系形成市场反馈，对企业合作知识创新起到拉动作用。知识供应链合作对企业产品价值构成了影响。

5.3　知识嫁接的运行机制研究

从知识创新的新知识产生来衡量，知识联盟是三种合作模式中知识创新效果最差的一种模式。学者汪丁丁把互补知识分为知识沿时间互补、知识沿空间互补。沿时间互补的是同类知识，沿空间互补的是异类知识。通过对企业合作现象的分析，沿时间互补的知识可以分为两类：一类是同类同质的知识，指合作知识不仅属同一知识领域并且知识产品也相同，如半导体企业之间；另一类是同类异质的知识，指合作知识虽同属一个知识领域但知识产品不同，研究重心不同，如生物制药公司与大型制药厂。在现实经济活动中，沿时间互补的企业知识合作由于知识存在的差异性，其合作形式的选择也不同。本节从以下三个方面来研究知识嫁接的运行机制，首先，研究知识嫁接的形成机理与特征；其次，构建了知识嫁接的运行模型；最后，研究了知识嫁接的风险和障碍。

5.3.1 知识嫁接的形成与特征分析

（1）知识嫁接的形成。知识嫁接是指具有同类异质（属同类知识但是各具特质，这种特质又不是简单的时间积累）知识的企业之间，由于在知识结构上具有相吻合的知识缺口，在为完成某一共同目标的经营活动中进行合作活动的一种知识的合作方式。是一种同类异质知识之间的合作方式，这种形式符合学者汪丁丁对互补型知识的第一种分类：知识沿时间的互补性，即对同一个知识系统而言，尚未获得的知识与已经获得的知识之间存在着强烈的互补性。

以单一学科为架构的知识生产传统模式受到冲击，产品的创新往往是跨学科的创新。在现实的经济现象中，还有一类知识嫁接现象，那就是异种知识的嫁接模式：异种知识的嫁接通常是高科技技术与传统生产的结合。高科技对知识创新的催化作用，将高新技术应用于传统的产业和产品中，实现了知识嫁接。例如，以芯片为概念的 IT 产业、以基因为概念的生物工程以及纳米概念对传统产业及产品赋予了新的内容和形式，拓展了市场空间，带来了高收益。这种知识嫁接现象在产品的表现中非常普遍，这是由于高科技特别是电子技术对传统经济的推动作用引起的深刻变革。

（2）知识嫁接模式分类。

第一类，同类知识的知识嫁接方式。这类知识合作的特点是在同一个知识系统中，尚未获得的知识与已经获得的知识之间存在着强烈的互补性，即新知识来自同一知识系统中与自身知识具有强烈互补性的知识。例如，医药行业知识构成的特点：知识和技术能力的分散性。当今世界没有一家公司可以具备创新所需的所有专业知识和能力，专业知识和能力现已分散到众多的公司而不是聚合到几家大公司中。据统计结果显示，过去的 15 年中，制药行业几乎所有的新发现和新发明都来自学术界和生物技术公司，而不是制药公司自己的发现与发明。研发外包、生物制药，一方依靠专有技术获利；另一方依靠缩短新产品上市获利。

第二类，异种知识的嫁接方式。是异种知识的组合方式，通常是高科技技术与传统生产的结合，将高新技术应用于传统产业和产品中，赋予了传统产品新的内容和形式，拓展了市场空间，在满足客户需求的同时为合作企业带来了高收益。具体来讲，主要表现在以下方面：信息技术的发展，特别是当信息技术与通信技术相结合，应用于传统生产经营中，形成异种知识之间的交流和渗透。具体表现在产品使用功能的增加上，这就增加了产品的使用价值，使消费者在消费产品的过程中得到了一种全新的心理体验，由于顾客对产品的需求状况良好，企业会适当地提高产品的价格，这会给企业带来超额的利润。超额利润几乎是该类知识合作创新自然而然的结果。

随着信息技术的发展和互联网的普及，"互联网＋"已经渗透到经济发展的各个领域中，企业面临的一个非常现实而迫切的问题是应该如何将生产经营的各个环节完成"互联网＋"这一公式的化合。Living Lab（生活实验室、体验实验区）、Fab Lab（个人制造实验室、创客）、AIP（"三验"应用创新园区）、Wiki（维基模式）、Prosumer（产消者）、Crowdsourcing（众包）等的典型创新 2.0 模式不断涌现。而怎么找到所在行业的"互联网＋"，则是企业需要思考的问题。新一代信息技术的发展又推动了创新 2.0 模式的发展和演变，新一代信息技术与创新 2.0 的互动与演进推动了"互联网＋"的浮现，关于知识社会环境下的新一代信息技术与创新 2.0 的互动演进可参阅《创新 2.0 研究十大热点》一文。互联网随着信息通信技术的深入应用带来的创新形态的演变，本身也在演变变化并与行业新形态相互作用下共同演化，如同以工业 4.0 为代表的新工业革命以及 Fab Lab 及创客为代表的个人设计、个人制造、群体创造。可以说"互联网＋"是新常态下创新驱动发展的重要组成部分。

（3）知识嫁接形成的理论研究依据。

第一，知识嫁接的组织特点。由于在知识嫁接合作方式中，合作知识具有异质性，合作双方的合作知识各有其核心的竞争优势，那么在合作关系中就不会像知识集聚那样具有知识的交叉性和积累性，它们之间是依靠各自的特性而存在的，谁也不愿意为短期的合作目标和有限的经济利益来牺牲自己的这种特有的竞争优势，因而，它们之间合作的紧密性和合作的过程都与知识集聚不同。对知识嫁接来说，知识合作的大部分工作只是产品后面部分工序的生产制造和销售，知识嫁接的合作过程会产生知识吸收不对等的现象。因此，在实际中，知识嫁接合作采取的组织形式多为研发外包，而具体的合作模式为联盟。例如，我们将制药行业的研发外包看作是知识嫁接模式。研发外包—生物制药，一方依靠专有技术获利（差异性）；另一方依靠缩短新产品上市获利。

第二，知识缺口理论研究。泰比耶（T. T. Tyebjee）提出了战略缺口（strategic gap）假说，认为竞争环境的变化对企业造成了压力，这种压力要求企业取得的战略绩效目标与他们实际所拥有的资源和能力之间存在缺口，这一缺口称之为战略缺口。从知识的资源角度来讲，企业的知识具有异质性，同时，企业的知识资源也是有期限的。当企业在开发新产品或实现其战略目标时，现有的知识创造的竞争能力不能实现战略目标，这就在战略目标与企业知识能力之间形成了一个能力缺口。能力缺口的出现是由于企业现有的知识体系与实现目标所需要的知识之间存在着差距，称为"知识缺口"。

当其他企业拥有这种缺口知识，能够弥补企业的知识差距时，企业就可以采取战略联盟这种模式来实现企业之间的知识嫁接合作，以实现有效利用市场机会、快速开发出新产品，实现企业战略目标的目的。战略缺口—知识缺口如图5－6所示。

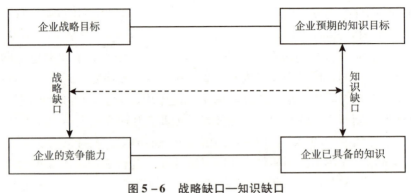

图5－6　战略缺口—知识缺口

5.3.2　知识嫁接的运行原理：知识缺口模型

（1）战略联盟。战略联盟的定义：是由两个或多个有共同利益的企业为共同开发或拥有市场、共同使用资源、增强竞争优势等目的，通过各种协议、契约结成优势互补、风险共担、资源共享的一种合作模式。泰瑟（Teece，D. J.，1992）认为战略联盟是由两个或两个以上的合作企业共同承诺为了实现一个共同的目标，把它们的资源汇聚起来，来协调彼此的行动。帕克赫（Parkhe，A，1993）认为战略联盟是不同企业为实现自身目标，通过资源流动和治理结构连接起来的，共同完成某项使命的一种相对持久的企业间的合作安排。有学者指出，战略联盟具有以下特征：两个或多个企业联合致力于一项或一系列目标，并在联盟后保持各自的独立性（这有别于收购和兼并）；合作各方分享联盟收益并控制特定业务的绩效；合作企业在一个或多个关键领域持续作出贡献（Yashino and Rangan，1995）。

战略联盟合作的演化。从战略联盟的发展看，企业之间的早期联盟偏重于联合生产、市场拓展等方面，而现代企业的联盟更偏重于获得技术和管理知识等，现代企业战略联盟合作表现出如下特点：

第一，合作企业的知识互补。研究发现，互补能力是企业进行战略伙伴选择的最重要目标之一，资源的互补性是企业形成长期伙伴关系和契约的重要衡量标准（Hitt，M. A，2000）。

第二，合作企业间有较强的相互依赖性。合作企业之间的相互依赖性是指合作双方都从彼此的交往中受益。有的研究证明，较强的依赖性是战略联盟形成的一个必备条件①（Oliver，1990）。也就是说，相互依赖性有助于战略联盟的形成。

第三，合作企业之间力量的均衡。战略联盟合作的稳定因素主要是合作伙伴的力量势均力敌。只有当合作双方对知识的学习能力和吸收能力相当、利益分配公平时，联盟才会稳定，传统观点认为实力均等是战略联盟成功的一个重要条件。

（2）知识联盟。知识联盟合作方式的研究代表人因坎普（Inkpen，1995）提出了知识联盟的定义："知识联盟是战略联盟的一种，是基于知识的角度分析联盟的动机与内容。广义地讲，知识联盟是一种企业与企业或企业与其他机构之间通过结盟方式，共同创建新的知识和进行知识转移的过程②"。因坎普认为这种"知识联盟"只有通过联盟才能实现转移。学者们的研究表明，知识的互补性是企业进行知识联盟的原因。知识嫁接形成知识缺口的互补效应，知识缺口模型如图 5-7 所示。

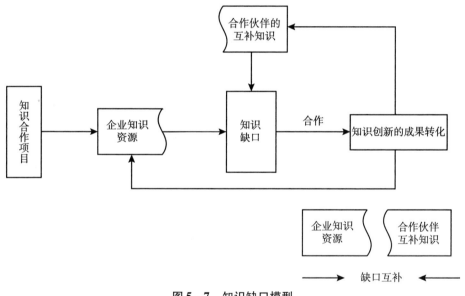

图 5-7　知识缺口模型

知识经济的速度特征使企业单独靠内部积累周期较长，见效较慢，制定知识战略目标，精心选择合作伙伴就有可能加速发展进程，形成企业独特的知识能

---

① Oliver C. , Determinants of Interorganizational Relationships：Lntegrtion and Future Directions，*Academy of Management Review*，Vol. 15，1990，P. 241.

② Inkpen AC. *The Management of International Joint Ventures An Organaizational Learning Perspective*，Routledge：London，1995.

力，从而把握新的商机。随着企业对核心能力的日益重视，收购已经渐渐失去意义。首先，收购的价格投入很高；其次，收购的价值难以确定。脱离了具体的环境，一个企业的价值也会部分地丢失。总之，为了获取某个知识而收购一个企业在经济全球化的竞争环境下既不可行也不必要。因此，与具有互补型知识的企业建立知识联盟的合作关系成为一些大企业特别青睐的合作方式，通过合作来吸收知识，从而实现知识积累。

我们来看一个前面章节提到过的知识联盟的实例：DRAM 知识联盟并对其进行分析。

如图 5-8 所示，在 IBM 与日本东芝、德国西门子缔结的 DRAM 知识联盟中，知识联盟的目标是研究和开发"新一代电脑记忆芯片"。三家公司都各自具有对此合作目标有贡献的专有知识优势，同时它们的专有知识对与该合作项目来说，形成了知识缺口互补。西门子公司在以往的经营活动中积累了大量的用户信息，并且已经形成了先进用户的数据库，这些数据库可以向知识联盟提供与顾客需求有关的重要信息。IBM、东芝在收到用户明确的反馈后，更加了解顾客的偏好，从而转变成各自的隐性知识，根据各自技术专长对产品的设计和制造提出了解决问题的办法。在合作过程中，联盟中心研究小组中的科研人员不断地进行知识的交流。一方面，围绕联盟目标合作，要把研发的"新一代电脑记忆芯片"市场化；另一方面，西门子公司和东芝公司有意识地吸收其他组织的知识并进行知识积累，从而，知识存量得到增加。而 IBM 是经过知识交流一段时期后才发现的这一问题，并做了相应调整，最终保障了联盟，将这些知识溶入组织生产过程中的各个环节，最终转变成现实生产力。

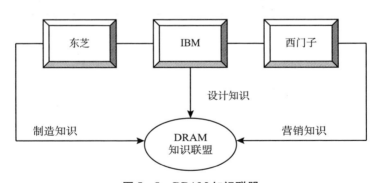

图 5-8 DRAM 知识联盟

5.3.3 知识联盟的风险和障碍

在具体的企业合作中，企业大多选择知识联盟来实现知识嫁接。在知识经济时代，知识已经成为企业的关键性资源，知识合作创新的兴起，使得越来越多的企业以建立知识联盟为竞争的主要手段。知识合作已经渗透到各行各业，适应这一调整的普遍形式就是知识联盟。知识联盟确实在一定时期内对企业的发展起了重要的作用，但是，这种组织形式本身有一定的局限性，因而，在最近的一些文章中可以看到许多对知识联盟这一合作组织形式的批驳。然而，当我们从知识合作分类的角度对企业合作知识创新的组织形式的研究时发现，某种知识合作方式是适应于某种合作组织形式的。就是说，没有一种十全十美的组织形式可以适应于企业的各种知识合作方式。在企业合作创新的发展过程中，知识联盟确实暴露出一些问题，如下：

（1）知识联盟的风险。知识合作的兴起，使越来越多的企业以建立知识联盟，通过对合作伙伴知识的学习、吸收、转化来提升核心竞争力作为竞争的重要手段。知识联盟确实会在一定的时期内对企业的发展起到积极的作用，然而，知识联盟中企业的知识合作存在风险，如果企业对合作方的目的不清，或是合作的组织形式选择不当，都有可能有"为他人作嫁衣"的风险。在知识经济时代，知识已经成为企业的关键性资源，知识联盟提供了在知识需求者之间建立学习、吸收伙伴知识的这样一个机制，企业自身的知识存量和学习能力决定了合作的效果。慎重选择合作伙伴与合作组织在知识联盟中至关重要。

（2）知识联盟中存在的问题。

第一，知识联盟中知识合作的效率低。根据文献资料来看，大多认为知识联盟双方的实力应该是均等的，在现实企业合作活动中，我们也可以看到，企业之间的强强联盟现象。研究指出了两个影响联盟合作形成后知识评价的关键要素是学习收益和合作贡献成本[①]（Hamel，1991）。这表明，只有当联盟企业具有对等的知识吸收能力和相当的知识合作贡献时，才能在联盟的过程中分享资源、优势相长，这个联盟才能相对成功。

第二，在联盟设计中，企业往往考虑公平与安全感，缺乏体现出如何体现出激励与互相帮助的机制。联盟伙伴往往为了获得各自的利益，热衷于履行对自己有利的义务而不关心联盟共同的发展。调查显示，大多数知识联盟都被以下问题所困扰：合作伙伴由于目标和准则不协调，尽管在价值创造逻辑方面达成共识，最终还是产生分歧。现实表明，在知识联盟的运作与利益分配方面达到长期一致几乎是不可能的，这就直接影响到知识联盟的知识创新效率。

---

① Hamel G., Competition for Competence and Interparter Learning within International Strategic Alliances. *Strategic Management Journal*, 12（Summer Special Issue），1991，P. 83.

第三，国外研究表明，企业知识联盟的失败率高达50% ~ 60%[①]。麦肯锡对美国、日本、欧洲的150家大规模跨国公司的联盟和收购进行了审查，发现只有半数获得成功（也有研究表明联盟失败率高达60%），多数联盟的平均寿命为7年。联盟的失败有多种原因，正如企业的发展演变，联盟本身就有个生命周期的问题。既然联盟是以共同目标为导向的，必然经由合作项目产生、发展、完成的一系列过程。联盟解体并不一定表明联盟的失败，在企业以共同目标进行知识合作的过程中，完成了合作任务并各取所需，这样可以认为联盟是成功的。最大限度地消除对立与冲突是知识联盟设计时必须考虑的，冲突会使本来就互不信任的联盟关系变得更加脆弱。

从知识合作分类的角度对企业合作进行研究时发现，某种知识合作方式适应于某种特定的运行机制，知识联盟也有它的适用范围。知识联盟适于互补关联型知识之间的合作。采用知识嫁接的合作方式，形成知识缺口效应。如果要解决知识联盟中存在的以上这些问题，必须要选择与之相适应的合作组织形式，明晰合作双方的知识对目标的贡献以及减少知识溢出等。将在知识合作的调控机制中对这一问题进行研究。在表5 – 2的三种知识合作运行机制的比较中，对知识合作的三种模式从形成机理、运行环境和知识合作原理的三个方面进行了比较。

表5 – 2　　　　　　　　　三种知识合作运行机制比较

知识合作方式	知识集聚	知识供应链	知识嫁接
形成机理	互辅型知识的积累与交叉形成快速增殖效应	关联型知识的推拉效应产生了知识整合合力	知识缺口形成知识之间的互补
运行环境	知识集聚形成集群	供应链	知识联盟
知识合作运行原理	知识合作形成集聚模型	知识供应链模型	知识缺口模型

5.4　知识网络的运行机制研究

5.4.1　知识网络的形成与特征

第一，网络平台环境下的客户资源特征是知识网络合作模式的市场动因，是动因的核心。在传统的市场环境下，信息不对称，客户资源分散，需求也是分散的，这使得企业作为一个经济单位可以独立面对特定客户的需求成为可能。网络

---

① ［美］维娜·艾莉，孔令嘉译：《知识的进化》，珠海出版社1998年版。

平台环境提供了一个让不同地域的不同客户，不同的需求汇聚的场所，吸附了整个生产和消费链条上的终端：消费者。我们可以把 Web 技术支持下的网络平台看作干涸地带的蓄水池，客户需求就是蓄水池的水，一切食物链上的物种都会汇聚到蓄水池以满足客户需求而谋的既得利益。

消费者的需求与反馈在 Web2 技术的支持下及时地得到市场的迅速反馈。平台环境像实体企业，实体企业根据信息反馈来满足需求。群体的多样性和个体需求的多样化，使得小企业的灵活性得到发挥，也是企业在网络化平台环境下的创新土壤。企业之间由于有一致的目标，共同的利益，同时由于顾客参与创新与一站式服务的消费需求，使企业与企业，企业与客户之间产生基于知识的网络合作关系。

第二，互联网的普及和网络技术的发展是知识网络模式动因的物质基础。平台经济初现，短短数年时间已然成为市场的主角。中国由于互联网的普及和改革开放的政策，迎来了网络平台经济创新的机遇，许多中国的互联网平台企业已经走向世界，甚至引领发展，这些互联网企业倚借知识平台的吸附作用，组建了变化多端的复杂网络，带动了实体经济的发展。企业与企业之间的依存关系前所未有地得到紧密联系，网络平台合作模式已然成为带动其他知识合作模式、激活经济发展的中坚力量。

根据《第 36 次中国互联网络发展状况统计报告》，截至 2015 年 6 月，中国网站数量为 357 万个，同时中国是目前世界上最大的智能手机市场，手机上的购买已经从 2010 年的 2 亿元到 2016 年的 53 亿元，占整个电子商务交易的 4% 以上。短短数年，企业的经营环境已经发生了巨大的变化，这不是一种线性的变化，而是一种范式上的颠覆。这种变化首先是由互联网的普及以及 Web 等网络技术的发展，社交媒体席卷全球而带来的，网络环境下的经济模式都不会再是昙花一现，它会在未来数十年里不断地演化和进展。研究表明，企业与企业之间的竞争也逐渐演化为合作网络之间的竞争。

第三，宏观政策的支持是知识网络合作模式动因的基石。经过几十年的改革开放和经济建设，我国各项基础建设日趋完备，包括水、陆、空运输、网络铺设，城市化建设，等等，为我国迎来网络经济机遇提供了硬条件。同时，制造业的发展，使我国具备了强劲的生产能力，物质供给比较丰沛，产品呈现多样化、异质化，这些都是网络平台环境下消费者需求的物质基础。

此外，作为一个新兴经济体，互联网经济这一领域的管理体系并不完备，是一个相对开放，在某些领域甚至空白的市场，对于企业来说，更是机遇横生，作为互联网企业的领军者不仅成为这一领域规则的制定者甚至成为整个游戏的设计者。传统的线下商业模式企业更是积极地参与到这场革命中，以期获得新的发展机遇。

综上所述，中国企业进行知识合作网络创新的软、硬件配套环境完备是知识网络合作成为主流合作创新模式的动因。

5.4.2　知识网络的运行原理：知识网络的自组织效应

根据沃纳菲尔特（Wernerfelt，1984）的企业资源理论，为获得所需的经营资源，企业往往要求与拥有所需资源的其他企业建立合作关系。平台模式下知识合作的知识类型不仅涉及同种知识、异种知识，还涉及直接关联知识和间接关联知识。传统的知识合作模式（知识集聚、知识供应链、知识联盟）在平台环境下都可以看到。提供交易的虚拟或是实际场所只是平台的外在表现形式，平台合作的实质是企业数据库与数据库之间的链接。一个企业就是一个数据库，在平台环境下，这个数据库是开放的、双边的。平台具有数据的吸附功能，像是一个数据集市，数据库在这里发生关系相遇、整合、流入和流出。

平台环境下知识网络合作的自组织效应形成原因、条件和特征：

第一，网络平台环境的开放性。网络平台是开放性系统，它提供了围绕客户需求的几乎整个供给链上的企业。柳洲等（2008）认为在开放式环境下，不同的组织拥有局部性、过程性和碎片化的知识①。张永成等（2011）认为这些异质性的知识可以透过可渗透性边界产生流动，知识创造转变为在网络中实现共同创造，其结果不再是由某个企业所决定的，而是一个整体的结果②。

第二，由于目标一致而产生的协同。自组织系统内部各要素之间的协同是系统自组织过程的发生基础，系统内各序参量之间的竞争和协同作用是系统产生新结构的直接根源。从研发、生产、供应和销售都直接面向客户，并且客户可以对任何一个阶段提出意见反馈，在网络技术的支持下，不仅供给链条上的传统角色模糊，每个角色都是全过程的参与者，而且各个平行角色间的竞争要素也发生着变化。

第三，系统要素之间是相对独立，联系松散的。当系统处在由一种稳态向另一种稳态跃迁时，系统要素间的独立运动和协同运动进入均势阶段时，任一微小的涨落都会迅速被放大为波及整个系统的巨涨落，从而，推动系统进入有序状态。平台环境作为一个虚拟的多变市场，通过对平台的打造，吸附市场各个要素参与进来，由于平台具有网络外部性，越是能够吸附交易链上的用户，平台就越

---

① 柳洲、陈士俊、王洁：《学科创新团队的异质性知识耦合》，载《科学学与科学技术管理》2008年第6期，第188～191页。

② 张永成、郝东东：《开放式创新下的知识共同创造机理》，载《情报杂志》2011年第9期，第131～137页。

具备价值，平台的吸附能力就越强。

第四，选择冗余。平台具有开放性，吸附交易链上的各个决策加入平台环境，这就促成了平台中各个角色的选择冗余，选择冗余是实现自组织的要素之一。

Web 技术重视用户的交互作用，用户既是平台的使用者，也是平台内容的制造者。平台环境下知识网络合作的自组织具有用户分享、信息聚合、以兴趣细分的市场等特征。平台提供了一个开放性的系统，吸附交易过程中的各个环节的主体进入，逐渐形成自组织系统的商业生态。综上所述，平台环境下企业知识网络合作具备自组织系统形成的条件和基本特征。网络平台环境下的知识网络合作具有自组织效应。

5.4.3　知识网络的知识创新原理

第一，开放式系统知识吸附功能和共同创造。卡比尔等（Kambil et al.，1996）将共同创造（co-creation）定义为企业与其顾客联合实现价值生成的过程[①]。有学者认为，价值是生产商与顾客共同创造的，而且这一创造过程并非都是在厂商内部进行的[②]（Prahalah and Ramaswamy，2004）。共同创造可能是源于厂商的发动或者是消费者的倡议而由客户参与到商品的价值创造中。在开放系统下，所有从产品需求端到产品供给端的各个环节的知识元素都有可能成为新知识产生的节点，开放式系统承载了不同学科知识和不同思维，实现了异质性知识的相互学习、试错、探索，甚至顾客、生产商、经销商的角色功能都发生了交融。

第二，知识网络合作模式与其他电商知识合作模式的比较。中国电商巨头阿里巴巴（NYSE：BABA）与美国电商巨头亚马逊（NASDAQ：AMZN）常常被放在一起做比较，认为两者都是以电商业务为主，同时以云服务、数字娱乐与媒体为辅。然而，从具体的商业形态看，这两家公司在电子商务上采用了不同的模式，亚马逊以自营为主，阿里巴巴一开始就是平台模式；从企业合作知识创新的角度来看，亚马逊是沿着知识供应链上的企业合作模式，是知识的推拉效应产生的知识整合合力。阿里巴巴采用知识网络的企业合作模式，利用平台的吸附功能搭建起"集市"，形成知识网络的合作模式，产生自组织效应，它本身并不参与商品的经营，并不组织市场的供给，整个平台的运行处于自组织状态，阿里巴巴已经形成了庞大的商业生态。

---

① Kambil A，Friesen G B，Sundaram A. Co-creation：A New Source of Value. *Accenture Outlook*，1992，pp. 38 – 43.

② Prahalad，C K.，Ramaswamy，V. *The Future of Competition：Co-creating Unique Value with Customers*. Harvard Business School Pub Boston Mass，2004.

网络平台环境下知识网络合作模式与知识供应链合作模式的比较如表 5 – 3 所示。

表 5 – 3　　　　　　　知识网络合作模式与知识供应链合作模式

典型企业	亚马逊	阿里巴巴 B2B、淘宝网
知识合作模式	知识供应链	知识网络
知识合作效应	知识的推拉效应产生了知识整合合力	平台的吸附功能形成自组织效应产生知识合作的生态
关键问题	上下游企业之间的信任是稳定运行的关键	平台环境（内、外部）的健全与健康是存在与成长的关键

阿里巴巴集团（alibaba group）是提供电子商务线上交易平台的公司。交易是通过平台而产生的，平台本身并不参与交易。平台公司是利用其平台的吸附功能形成新的生态系统，这个平台犹如搭建的空间站一般，吸引了从需求端到供给端的全部要素，并通过数据把他们联系起来而形成环路。可以说，平台环境创造了新的竞争维度，阿里巴巴 B2B 搭建的是吸附中小企业的平台，淘宝天猫 B2C 吸附企业与消费者，平台环境下形成的新的生态系统，赋予了平台的企业能量。2015 年全年阿里巴巴营收 146.01 亿美元，净利为 74.94 亿美元①，英国《经济学人》杂志称其为"世界上最伟大的集市"。阿里巴巴的成功是在中国市场上的成功，平台的生态系统依赖于本土的人文环境、政治环境和经济环境。

在互联网平台企业的冲击下，传统企业的生产经营模式发生了巨大变化，Web 技术的发展与普及使得企业合作创新出现的新模式已然在电子商务领域独占鳌头。中国企业进行知识合作网络创新的软、硬件配套环境完备是知识网络合作成为主流合作创新模式的动因。在网络型组织的企业中，所有的合作伙伴既作为知识源，又作为接受和利用知识的节点。平台具有数据的吸附功能，像是一个数据集市，数据库在这里发生关系相遇、整合、流入、流出，使得知识可以超越组织界限流动。平台的吸附功能形成自组织效应，产生知识合作的生态平台是知识网络的运行基础，知识网络合作的生态平台环境（内、外部）的健全与健康是其存在与成长的关键。

5.5　本 章 小 结

本章对知识合作的四种方式的运行进行了研究，每种知识合作方式的运行都

---

① Alibaba the world's greatest bazaar. The Economist，2013. 3. 23. from the print edition.

有其特定的环境。知识集聚是知识的积累与交叉效应所产生的，因此，对知识集聚的研究，包括知识集聚的形成、集群环境与知识集聚形成的竞争优势；知识供应链是知识的推拉效应产生的，研究知识供应链的构建与新知识的产生；知识嫁接是合作伙伴知识之间的缺口形成的互补所产生的，研究其运行环境与对企业竞争力的影响；知识网络是近十年迅速发展起来的新型的知识合作模式，研究了知识网络模式的形成、运行和知识创新原理。

本章主要研究结果：

（1）研究了知识集聚合作的运行机制。首先，从内部因素和外部因素两方面来研究知识集聚的形成机制，知识集聚是由知识集聚的效应与市场驱动、政府引导共同促成的。其次，研究知识集聚形成集群合作的运行原理。最后，研究了集群环境中知识集聚合作的知识创新。

（2）研究了知识供应链合作的运行机制。首先，从供应链的演变与知识供应的特征两方面来研究知识供应链的形成机理。知识供应链继承了传统供应链在企业价值创造以及利益的分配必须考虑和上下游企业的协同的基本思想，却又与传统供应链在流动对象、核心企业性质、目标与收益原理方面的不同。其次，构建了知识供应链的运行模型。最后，研究了知识供应链的知识创新原理。

（3）研究了知识嫁接合作的运行机制。首先，研究了知识嫁接的形成机理与特征；其次，构建了知识嫁接的运行模型；最后，研究了知识嫁接的风险和障碍。

（4）研究了知识网络合作的运行机制。首先，研究了知识网络的形成与特征；其次，研究了知识网络合作的自组织效应和知识创新原理。

第6章

企业知识合作的调控机制

调控机制是制约合作体矛盾和维持合作正常运行的重要控制系统。企业之间的合作关系因利益而生，一个令合作双方满意的收益协调机制对企业合作知识创新的效率与合作关系的稳定具有极为重要的意义，然而，数据显示在合作双方可以得到较高的利益情况下，合作各方的行为依然呈现出多样化和随机性。研究表明，知识集聚合作主要存在集聚外部性的持久性问题、知识供应链的关键问题这些是上下游企业之间的信任关系、知识嫁接存在风险的控制问题。知识网络合作的生态平台环境（内、外部）的健全与健康是其存在与成长的关键。

企业之间与合作群体之间的选择是一种双向选择，因此，合作知识创新的效果不仅要考虑合作各方的利益，还要考虑合作的整体利益。本章通过合作关系解体原因的剖析来分析企业合作创新的稳定性。得出由于企业知识吸收能力不同，使合作建立的初始博弈条件发生变化才是合作不稳定的原因这一结论。并在论证的基础上，提出企业知识合作的调控机制。

6.1 企业知识合作创新的稳定性分析

企业知识合作的直接动力是企业在合作中的互利收益，但这种合作具有松散性、非强制性等特征。因此，在合作的运行过程中，合作各参与方会对合作的外部环境产生敏感以及适应性反应，合作各方之间的利益也会产生非均衡性，这就对企业知识合作的稳定性提出了挑战。因而，对合作稳定性的分析是知识合作调控的依据。

6.1.1 合作稳定性的二层含义

（1）合作体的外部环境适应性。从系统论的观点来看，几乎所有的经济系统都存在稳定性问题，企业的合作体也不例外。企业在合作中所建立的合作体作为一个系统，处于变化的竞争态势中并始终与外界进行着信息交换，外部环境对合作体的影响有积极的，也必然有消极的，合作关系缺乏确定性和稳定性，稳定的合作体应该对外部环境的变化能够及时地做出反应。

（2）内部矛盾可控性。企业之间在进行密切合作的同时，不可避免地会有矛盾，这些矛盾可能是利益的纷争也可能是观点的冲撞，应该把这些来自合作体内部的矛盾控制在一定范围内。合作企业必须在实力和依赖性之间把握平衡；在合作与竞争之间把握平衡，才能制约合作体矛盾和维持合作的正常运行。

6.1.2　合作企业个体行为的多样性

在实际企业合作的过程中，由于合作组织系统关系复杂且企业的经营环境难以预测，合作个体的多样性以及相互间广泛和频繁的接触与联系，造成了在合作互动过程中的复杂性和个体行为的多样性。合作伙伴之间的关系也极具变化性，今天的伙伴有可能就是明天的对手，竞争与合作的领域要如何来划分；同时必须考虑合作伙伴的其他关系网。如果合作方是其他合作体的成员，就有可能在运营或者战略上产生涉及其他企业无法预料的相互依赖性。博弈实验中个体行为的多样性中的数据显示出了博弈实验中个体行为的多样性[①]如表 6-1 所示。

表 6-1　　　　　　　　　　　　博弈实验中个体行为的多样性

实验代号	总人数（人）	合作—背叛的人数（人）	合作—背叛的比例（％）	合作—背叛—合作的人数（人）	合作—背叛—合作的比例（％）
A01	16	10	62.50	9	56.25
A02	12	2	16.67	1	8.33
A03	21	14	66.67	13	61.90
A04	9	4	44.44	4	44.44
A05	16	10	62.50	10	62.50
A06	12	2	16.67	1	8.33
A07	20	15	75.00	15	75.00
A08	9	5	55.56	5	55.56

资料来源：刘晓：《基于知识网络的软件业集群技术学习机制》，浙江大学论文，2003 年。

---

① 原文数据是两组实验表格，在这里为了易于比较放在一张表里，用实线分隔。

从文章所提供的数据来看，即便是在合作各方均能得到较高利益的情况下，个体行为也依然呈现出多样性。那么，这种现象产生的原因是什么？本书认为企业知识合作存在不稳定性有以下几点原因：一是合作本身具有周期性；二是由于合作企业知识存量的不同，对知识的吸收能力也不同，从而造成合作初始博弈条件的改变，引起合作的不稳定；三是利益分配不公产生的不稳定。

6.1.3　合作关系发展的五个阶段

（1）合作关系解体与合作失败。无论是企业集聚、供应链合作还是知识联盟，它们的结构都既不像单个企业组织结构那样具有结构和对象的稳定性，也不像市场交换那样具有对象和结构的易变性。合作体总是处于变化之中，如同企业有生死存亡一般，企业的合作体也有一个由产生到解体的过程。

合作的解体并不等于合作的失败，合作是有共同的使命，完成使命的企业解体应该是一个成功的合作。

（2）合作关系的五个阶段。根据合作的发展过程，合作关系可以分为以下几个阶段，知识合作的五个阶段如图6-1所示。

第一阶段：交涉期。提出合作使命或合作目标、进行伙伴选择，对合作伙伴进行评估。

第二阶段：建立合作关系。具体合作形式的选择、签订合约。重点是在合作关系的构架上进行协商。例如，是采用合资企业还是交叉许可，是签订完全合同还是不完合同，如果先选择合资企业形式，则要考虑出资比例和方式，同时，还要考虑管理人员的选择与运行模式，以及合作利益的形成与利益的分配等。这一时期是合作关系发展的重要时期。

第三阶段：合作关系的发展期。一旦合作双方建立了稳定的合作关系，就会朝着既定的合作目标努力。无论是何种合作方式，R&D或是产品知识和市场知识的合作，在这一阶段都会通过不断吸收、转换、积累新知识，特别是对隐性知识的获取。这一阶段企业之间知识转移的速度加快，是知识创新成果的产生期。

第四阶段：合作关系的动荡期。随着合作的深入，由于合作各方的学习能力不同，企业之间的知识存量发生了变化，也就是说，谈判条件发生了变化，双方会进行利益分配的博弈。同时，合作企业的外部环境也会发生变化，使合作关系处于动荡中。

第五阶段：合作关系解体期。当合作关系处于动荡期时，如果能够及处理好矛盾，合作会继续，如果矛盾演化的更为突出，合作就会解体。然而，合作关系的终结并不等于合作的失败。解体是合作关系的必然结果，只要完成了合作目标，就应该是自然解体。

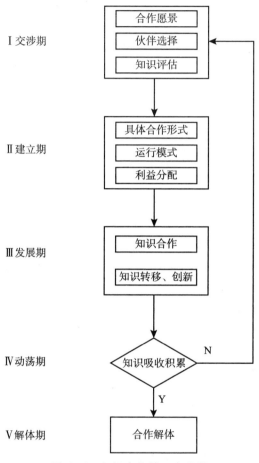

图 6-1　知识合作的五个阶段

6.2　企业知识合作的正反馈

由于知识合作剩余分配不公使企业实力发生变化，企业的合作体自然具有不稳定性，企业注定要不断地在实力和依赖性之间把握平衡；在合作与竞争之间把握平衡。企业合作知识的正反馈是企业通过合作过程中的互相学习，特别是在合作过程中隐性知识的吸收、转化和积累，使企业自身的知识存量发生了改变，合作双方由于吸收能力的不同，双方最初缔结合作关系时的平衡被打破，双方谈判能力改变，甚至于在合作关系中所扮演的角色发生了变化，这样就引起了合作的不稳定性。因此，企业由于在合作过程中对隐性知识的吸收、转化、积累而使企业知识改变，促使合作关系发生变化的这一过程是企业合作知识创新的正反馈。

6.2.1 现代企业竞争优势的来源：知识

（1）现代企业形成以知识为基础的企业竞争战略。竞争优势是指企业相对竞争对手在经营上的某种难以模仿的特点，在知识管理中，把企业看作是知识的集合体。研究表明，企业最重要的超额利润源泉是企业具有的特殊性，而非产业之间的关系①（Rumelt，1982）。这就是说，企业竞争优势的获取在很大程度上是由企业自身知识存量的差异性所决定的，而不仅仅是特定的外部市场条件决定的。国内外众多学者的实证研究表明，企业合作创新形式的变化显示出知识合作成为知识创新的主流方式。有学者对马斯特里赫特大学（Masstricht）创新和技术研究所（MERIT）的技术合作协议（CATI）数据库进行了整理。根据他们的统计，在最近的20多年中，非产权合作协议越来越受到企业的重视（Narula and Hagedoorn，1999）。在1980～1984年间，战略技术联盟中非产权合作协议所占比例为53.1%；而在1990～1994年间，这一比例上升到了73.3%②。在非产权合作中，共同研究开发的模式发展很快，已经成为企业合作创新的最主要模式，现代企业形成了以知识为基础的企业竞争战略。以知识为基础的企业竞争战略如图6-2所示。

（2）从知识的角度分析企业竞争优势的衡量标准。在知识的分类研究中，将知识划分为显性知识和隐性知识的分类方法得到了普遍的认同。竞争优势是指企业相对竞争对手在经营上的某种难以模仿的特点。衡量企业竞争优势包括创新能力、难以模仿、发展的可持续性、学习能力。实现以上四个方面的重要因素就是企业的隐性知识，具体影响如下：

第一，知识存量对创新能力的影响。不断创新是企业在竞争中保持优势的根本。企业创新能力的差异根源是企业的知识存量，企业的知识合作战略、合作伙伴选择以及企业对知识合作创新成果的吸收，都是由企业的知识存量来决定的。企业知识存量与知识结构决定了企业对市场机遇的发现能力、发展状况和竞争优势。合作知识创新为企业提供了通过合作中知识的溢出获取合作方隐性知识的机会，从而增加了自身的知识存量。

---

① Rumelt，R. P.，Diversification Strategy and Progfitablity，*Strategic Management Journal*，1982，（3）：359 - 369.

② Narula，Rajneesh，Hagedoorn，John.，Innovating through Strategic Alliances：Moving towards International Partnerships and Contractual Agreements. *Technovation*，19（5），1999，pp.83 - 294.

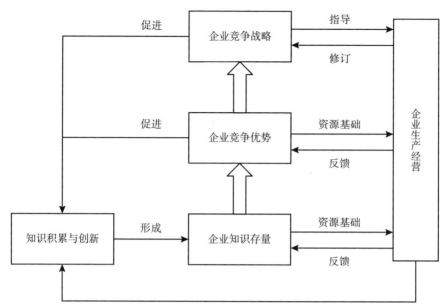

图6-2　以知识为基础的企业竞争战略

　　第二，差异性知识的积累难以模仿性。差异性知识的积累形成了企业独特的隐性知识。如果企业的能力容易模仿的话，那么它很难取得企业的竞争优势，企业内部在生产过程中形成的差异性的知识积累决定企业在经营上难以模仿。此外，企业在生产过程中形成的对信息的获取能力、吸收能力、知识的转化能力也是隐性知识。

　　第三，竞争优势具有可持续性。如前文所述，企业的存量知识为企业获取竞争优势提供了知识基础。在企业合作中，只有本企业知识能为合作目标做出贡献时，企业才体现出价值。企业的知识是通过日常生产活动中的积累而形成并发挥作用的。企业之间通过知识合作，知识存量会不断地积累增加，体现出竞争优势和可持续性。

　　第四，企业学习能力的重要性。企业的学习能力也是竞争优势的表现。企业的知识存量是企业认知学习的基础，在企业的合作过程中，企业会有意识地学习和吸收与本企业知识存量有关的知识实现知识积累。知识存量和知识学习、吸收能力不同，企业的市场竞争优势也不同。企业的学习能力和对知识的吸收能力也是隐性知识。

6.2.2　知识合作中隐性知识的研究

对隐性知识有各种解释，这与研究的角度有重要关系，还因为对隐性知识的定义是描述性的，那么，就在描述的全面性和侧重点上有所区别。自英国哲学家迈克尔·波兰尼（1958）首次提出的隐性知识（tacit knowledge）这一述语，随着知识经济的兴起，越来越多的学者关注这一概念，而隐性知识则被认为是企业竞争发展的最重要因素。迈克尔·波兰尼认为在一个人所知道的、所意识到的东西与他所表达的东西之间存在着隐含的未编码的知识。他称这种未编码的知识为"隐性知识"（tacit knowledge），而与隐性知识相对的称为"显性知识"（explicit knowledge），即那些能够表达易被接受或是可以书面化的知识。波兰尼认为隐性知识来源于个体对外部世界的感知和理解，而这种对外部知识的理解是基于人们个人的心智模式的。这种难以捕捉和限定，有些甚至难以表达，只能意会而不能言传的知识即隐性知识。

（1）对隐性知识认识上的误区。隐性知识的价值越来越受到重视，尤其在企业知识合作的过程中，隐性知识在知识的溢出中受到管理者和研究人员的极大重视。知识管理的一个重要观点，就是隐性知识与显性知识进行比较，更能为企业创造价值。实现企业对隐性知识的挖掘和使用，将成为企业成功的关键。① 知识经济环境下的企业竞争已经从资源竞争转变为科技竞争，知识创新能力成为决定企业竞争优势的关键。然而，在对隐性知识的价值、隐性知识的获取和共享的认识上存在误区，表现在以下几个方面。

第一，隐性知识的价值。隐性知识涵盖广泛的抽象概念。"野中郁次郎认为隐性知识包括技术因素和认知因素：技术因素包含非正式的、难以确认的知其所以然以及技能、技艺；认知因素包括个体的思维模式、主观信仰和观点，其要点是心智模式。"② 从管理学的角度上看，隐性知识涉及组织和个人的两个层面，越来越多的人认识到，隐性知识是知识创新的源泉，于是就有越来越多的人关心如何得到本企业、其他企业的隐性知识。实际上，这就如个人之间的隐性知识交流一样，只有自身有相关的知识积累，才可能领会他人的隐性知识，才可以为己所用；同时，知识经济时代，知识更新的速度日新月异，因循守旧只会放弃更多的进步。隐性知识问题之所以复杂是因为人是这个问题的关键点。人是生产关系

---

① 王德禄：《知识管理：竞争之源》，复旦大学出版社 2001 年版，第 37 页。
② 张雯：《利用隐性知识创造企业竞争优势》，载《管理理论与方法创新论坛》（西北大学）2008 年第 8 期，第 3 页。

中最积极、最活跃的因素，更是知识管理中最重要的考虑因素。因而，人的重要性是在研究隐性知识时必须考虑的一个重要因素，刘志国、刘小玲（2007）[①] 写道，隐性知识管理是对人本管理思想的继承和发展，隐性知识管理认为，人们发现问题和解决问题的能力，掌握的技能和秘密，工作中的经验和判断力，决策时所具有的洞察力和前瞻性都是知识创新的关键，是组织和个人最宝贵的财富。

第二，隐性知识的共享和显性化误区。首先，隐性知识是相对的。管理学大师彼德·德鲁克（1991）[②] 认为："隐性知识，如某种技能，是不可用语言来解释的，它只能被演示证明它是存在的，学习这种技能的唯一方法是领悟和练习"，他认为隐性知识是源于经验和技能的。日本学者野中郁次郎（1994）[③] 则认为："隐性知识是高度个人化的知识，有其自身的特殊含义，因此，很难规范化也不易传递给他人"。他还认为隐性知识不仅隐含在个人经验中，同时也涉及个人信念、世界观、价值体系等因素。这里就涉及隐性知识的相对性问题。隐性知识是只可意会而不可言传，对于知识的提供者来说，存在隐含知识要素的可能（有意或无意），存在提供方式不当的可能。对知识的接收者来说，只有那些具备接收条件的人才能确切领悟其中的妙处，接收者的悟性来自接收者自身所具有的相关知识的储备和经验。

赵雪松、杜荣、焦函（2006）[④] 在强调共享的思想指引下，认为隐性知识共享带给知识员工的边际收益是递减的，并由此假定员工为了稳定地获得隐性知识的收益，排斥隐性知识的共享。从人的竞争关系和公平心理上讲，这一点是可以肯定的。然而，隐性知识不是隐藏知识，就隐性知识本身的特点来讲，隐性知识是相对的。隐性知识在传输中的特点是：一方面，经验的成本决定人们不会随便给别人传授自己付出成本最多而对自己利益最重要的知识；另一方面，在大多数情况下经验只对经历同样境地的人，才可能起到预期效果。之所以很多文章中描述隐性知识是"只可意会，不可言传"，这恰恰表明了接收者的重要性。向我们提示了在对待隐性知识的问题上，不应该只从发出者那里寻找原因，还应该从接收者那里找突破口。隐性知识的获取，取决于接收者的素质。换句话讲，不应该将注意力仅集中在获取与共享上，无论对个人还是组织，发展都需要内在的动力。

其次，隐性知识的显性化误区。隐性知识不显性化也可以传递。斯图尔特

①　刘志国、刘小玲：《对隐性知识管理的哲学思考》，载《江苏苏金融职工大学学报》2007 年第 4 期，第 20 页。

②　Durcker P F. The New Productivity Chanllenge. *Harvard Business Review*. 6（1）1991，P. 61.

③　Nonaka 1. A Dynamic Theory of Organizational Knowledge Creation. *Organizational Science*，1，1994.

④　赵雪松、杜荣、焦函：《师徒模式下隐性知识的共享障碍及解决方案》，载《预测》2006 年第 5 期，第 36~37 页。

（2004）认为，隐性知识的转移不一定非要显性化才能实现，通过构建包含个人兴趣的用户的简单档案来描述个人的隐性知识，促进其学习并传播，可以实现隐性知识的共享①。隐性知识管理的核心就是要创造一种能够使隐性知识与显性知识产生互动的机制和平台，使隐性知识能够表达出来并转化成机构所共享的知识。隐性知识管理的最大特点在于，它主要不是依靠外力和强制力，而是依靠人性解放、权利平等来激发人的潜能，使人在愉悦的心情和环境下自觉主动地工作。因此，隐性知识管理主要体现为一种柔性管理，它强调人的内心世界，即人性和需要的差异、情感的沟通和精神的寄托，是一种多方面、多向度、具有灵活性与弹性的管理。

（2）对隐性知识定义的补充。企业是一个不断发展和统一的知识集合体，企业的生产经营也是一个知识流动的过程，包括知识的共享和转移、合作过程中新知识的产生、新知识的获取和吸收。因而，知识是动态的。知识存量与知识配置决定了企业的发现机会、把握机会的能力。知识本身是一种信息，使用信息、创造价值的能力才是力量。显性知识是企业所拥有的技术、信息、数据的存量，主要以专利、科学发明和特殊技术等形式存在；隐性知识是企业对技术、信息、数据的获取能力、吸收能力和知识的转化能力，是潜意识的"嵌入性"知识，是一种干中学的知识（learning by doing），例如，市场机会等从实践中得出的诀窍、技能等。企业隐性知识的获得是在生产经营活动中不断积累的结果。决定企业竞争优势正是企业的隐性知识。企业显性知识和隐性知识的比较如表6-2所示。

表6-2　　　　　　　　　　　　企业显性知识和隐性知识

显性知识（know what）	隐性知识（know how）
专利技术和其他技术	获取能力
数据存量	吸收内化能力
信息	转化能力

（3）合作中的隐性知识转换。丰田公司始建于1937年，是日本最大的汽车制造商。丰田公司的供应商协会和自愿学习小组促进了供应商之间以及与公司有关的知识交流与共享②，分为以下几个阶段：首先，咨询小组（know-how）。丰田的运作管理咨询部是解决运作问题的部门，主要责任是获取、存储和传播生活网络中有价值的技术知识。它通过提供现场指导来促进知识的共享，通常是将一

①　［新西兰］斯图尔特·巴恩斯，闫达五、徐鹿等译：《知识管理系统理论与实务》，机械工业出版社2004年版。

②　李翠娟：《基于知识视角的企业合作创新》，上海三联书店2007年版，第116页。

组咨询人员派驻到供应商一段时间，每个供应商每年接受 4.2 次咨询，在咨询的过程中完成知识的交流和传导。其次，企业间的人员流动（learning by doing）。人员间的流动是丰田公司和供应商之间知识传导的重要机制，如果丰田公司需要一种特定的技术或知识，他们会在整个合作组织内部搜寻并将合适的人员派驻企业。这样，丰田公司就可以获得合作伙伴的显性技术，提高了隐性知识，并且把独立的个人知识逐步演变为合作网络的知识体系。咨询小组的活动和人员的流动直接增加了企业知识的存量和隐性知识之间的传导和学习。丰田公司准确、及时地获得供应商和客户的知识并进行整合和创新，更新了企业的知识。再次，对客户知识进行整合（know-what）。第一，是对已经拥有客户的知识整合，建立一个专门的知识管理系统来分析购买者的资料，推断客户的购买倾向。第二，对潜在的客户知识进行整合，实行分类营销的策略。最后，将在实践中所获得的知识进行系统反馈，促进知识系统自身的更新和完善，同时，丰富了丰田公司知识的学习和创造能力。丰田公司就是采取这种并行设计的方式，通过客户知识的传导和拉动，避免了开发后期设计上的重大改变、加快了企业知识和产品创新的速度，构建了企业的竞争优势。

　　从上述案例中可以看到，企业创新的过程也是一个知识流动的过程，包括隐性知识的共享和转移、合作过程中新知识的产生、新知识的获取和吸收。知识是动态的，开辟出交流的空间和渠道，让知识得以流通，并提供将隐性知识产品化的渠道，是构建企业竞争优势的一个途径。隐性知识创造企业竞争优势如图 6-3 所示。

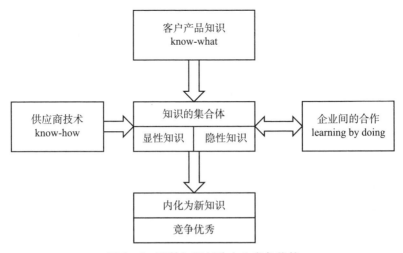

图 6-3　隐性知识创造企业竞争优势

6.2.3　隐性知识创造企业竞争优势

（1）隐性知识创造企业竞争优势的过程。野中郁次郎提出了企业的知识创造，并且构建了企业知识创造的 SECI 模型，解释了企业知识从隐性知识向隐性知识的转化；隐性知识向显性知识的转化；显性知识向显性知识的转化；显性知识向隐性知识的转化的螺旋创造过程。这种知识的螺旋创造不仅发生在企业内部，也存在于合作企业之中，在群体、组织和组织间等不同的层次上，都存在隐性知识和显性知识间的相互作用。与组织中知识创造的 SECI 螺旋相比较，组织间的 KC‐SECI 模型中的组织之间知识合作创新的链条得到了延展。知识之间的流动和转化也更为复杂。

企业知识合作的知识创造可分为两个阶段。第一阶段：不同组织间的知识溢出过程。

首先，合作各方个人与组织隐性知识的社会化。在知识合作的过程中，合作的各方都各自具有与合作目标有关的知识优势，如关于产品的经验技能和技术诀窍等组织的隐性知识。实现合作各方个人与组织隐性知识的社会化这一过程需要通过诸如正式交流、座谈、培训等互动活动来实现。这样就形成了合作各方共同的隐性知识。其次，合作体的隐性知识转化为合作体的显性知识。这一过程是指企业知识溢出后彼此通过较长时间的相互学习来实现知识的共享，然后再形成书面的协议或成果，并最终转化为合作双方共同体的显性知识。再次，合作体的显性知识集成。将各种显性知识系统集成，在显性知识集成这一阶段形成新知识。最后，合作体显性知识企业内部化过程。

第二阶段：企业内的知识创造过程。最终要将新知识市场化，则需要把合作形成的知识成果渗透到具体的组织生产里。只有当知识应用于企业具体的生产过程中，并与企业具体流程相结合，才能使"成果"转化成最终产品卖给最终用户，才是实现了知识创新的商业化，完成了知识的价值以及知识的价值增值。在这一阶段，企业将会按野中郁次郎的 SECI 模型进行企业内部的知识创新活动，实现知识的价值转化。从以上叙述可以看到，企业竞争优势的获取来自企业的隐性知识。企业间的合作创新可以使企业获得规模经济效应，避免重复性的研究投入，内部化研发的溢出效应，学到合作伙伴的专有技术，克服研发的成本障碍等诸多益处，同时增加了企业的知识存量和发展机会，增强了自身的竞争实力，在企业的战略中具有吸引力。

企业知识存量决定了企业知识合作战略的选择，企业对知识的学习和吸收使企业通过合作获取新知识，最后，通过企业新知识的商业化能力，转化为企业的竞争优势。分享知识只是手段，创造价值才是目的。

（2）知识合作增强企业隐性知识促进合作解体。德国的西门子公司依靠知识合作来学习和吸收微电子领域核心技术的实例①，为我们展示了通过合作增加知识获取竞争优势的典范。西门子的微电子技术曾处于落后水平，高层管理者认识到了企业以知识为基础的成长战略的重要性，在 20 世纪 80 年代初，确立了企业的知识战略，成为微电子行业的领先者。于是西门子开始了一系列的合作项目来缩小与优势企业的差距。西门子的第一个合作项目是与日本东芝公司在电子制造技术上的合作，接下来参加"欧洲联合硅结构计划"，又与菲利普在计算机高密度存储器的研究上进行合作开发。为了加速推进笔记本电脑记忆芯片的开发，IBM 作为该项知识合作的发起人，组建的 DRAM 三方知识联盟，西门子公司由于拥有进行研发所必需的用户数据库而成为其中一员，IBM 拥有在笔记本电脑记忆芯片开发上一流的产品设计知识技能、东芝公司则具有丰富的产品制造知识技能。西门子在合作的过程中有意识地学习，从而获益匪浅。当西门子若干年后三度与东芝合作时，已经由昔日"学徒"变为平起平坐的"伙伴"了。

从西门子依靠知识合作成长的过程来分析，依据企业自身的知识存量来制定知识合作的战略愿景，然后有计划地选择合作项目和合作伙伴，根据知识愿景，有意识地吸收合作伙伴的知识，特别是隐性知识，是促使企业快速成长，获取竞争优势的途径；同时，也可以看到，在合作中吸收隐性知识会使企业的合作地位发生改变，每个合作的企业都力图成为合作关系中的核心方。西门子的合作—背叛—合作企业的合作行为，生动地解释了企业通过知识合作获取隐性知识来增强竞争优势，改变合作地位，促进合作解体的知识合作正反馈。

6.3　企业知识合作的调控

既然企业知识合作具有自然的不稳定性，那么，如何对系统进行调控使企业在竞争与合作之间把握平衡，既实现了企业的实力增长又存在依赖合作关系，这是一个很棘手的问题。由于四种知识合作模式在利益产生方式、运行环境等方面均有不同，因此，在合作中产生的关键问题也不同，文章尝试就四种合作模式在运行中存在的问题探讨其调控机制。从表 6 - 3 可以看出，知识合作中关键问题的形成与其知识合作产生的效应直接相关：当不能实现某种知识合作应该产生的

---

① ［美］伊夫·多兹，加里·哈默尔，郭旭力、鲜红霞译：《联盟优势》，机械工业出版社 2004 年版，第 53 页。

合作效应时，企业合作中的问题就暴露出来了。尽管与合作伙伴展开谈判和讨价还价的技巧，能在利益分配上起一定的作用，但是，合作伙伴所获得的利益与其所做的贡献比率是由其知识投入在合作所占地位来决定的，那些所做贡献最不可缺少的合作者几乎总能获得较高的比率。

表6-3   三种知识合作调控比较

知识合作模式	知识集聚	知识供应链	知识嫁接
知识合作效应	知识的积累与交叉形成快速增值效应	知识的推拉效应产生了知识整合合力	知识缺口形成的互补效应
关键问题	知识集聚外部性的持久性问题	上下游企业之间的信任是稳定运行的关键问题	合作的风险控制问题
形成原因	知识势差的降低引起知识流动减少	利益分配、目标一致等问题上的差异	知识溢出不对称、逆向选择
调控	形成知识势差，加强知识流动产生新知识	在程序公平基础上建立基于依赖的信任关系	有效的风险治理和合理的组织设计

6.3.1　知识集聚的持久性问题

英国经济学家马歇尔认为集群独特的非正式信息扩散方式有助于知识的外溢，认为集聚对知识创新有促进作用。迈克尔·波特在《国家竞争优势》中认为产业集群能够发送创新的重要任务，加速生产率的成长。本节尝试从集群内知识的流动、知识的模仿与学习、知识转移、成果转化来阐述知识集聚的持久性。

（1）形成知识势差保证集群中知识的流动。知识势差是指集群中企业由于拥有不同的知识存量而产生的知识势差，张玉杰（1999）认为，技术势差的存在是发生技术转移的原因。并认为知识势差是知识流动的原因。

集群内核心企业的知识流动包括企业内部、企业之间与集群外企业之间三个层面的知识流动。核心企业的知识集聚形成的集群企业的知识流动是集群活力的源泉。

（2）创造知识流动的途径。与同行业竞争对手合作，结成联盟合作分享技术、市场，并通过学习、模仿，掌握和吸收所需要的知识。具体的知识流动途径如下：对集群中的中小型企业，作为技术的追随者，往往会模仿创新的方法。在集群环境下，企业之间由于区域上的邻近，使得知识溢出较易获取；人员的流动对于企业的知识存量变化起着重要的作用。人是知识的载体，特别是隐性知识的载体，尤其对于知识集聚的企业，更是人才的集聚。地理位置上的邻近，技术人员对企业的用人信息了解的也更为全面，使技术人员对企业的选择有更多的余地，跳槽也就更容易发生。这就促进了企业之间包括专业技能、技术诀窍等隐性知识在获取和转移；非正式交流。集群特有的地理优势使得竞争企业之间的非正式交流成为可能。隐性知识由于其很难进行编码，具有较强的个人属性，集群合作中的非正式交流网络能够有效地营造开放的知识交流环境和技术合作。

（3）促进集群中知识的学习。有学者分析学习型组织，得出组织学习的三种主要机制：经验学习、模仿学习、获取性学习（Cohentkg and Sproull，1996）。吸收能力受知识存量和知识类别的影响。知识集聚的企业通过组织成员在合作过程中的学习，也就是"干中学"，来实现知识的获取和转移。因此，企业的学习能力决定了合作企业在经营活动中知识的增值程度。

6.3.2 知识供应链上企业的信任问题

知识供应链中的合作关系可以定义为企业与其知识供应源在协议约定期限内共享信息和知识，共担合作风险、共同获利的协议关系，企业之间的这种合作关系形成于以集成化思想为主导的供应链管理环境之下，其合作的目标是降低供应链的整体成本、增强合作企业之间的信息共享和合作交流，并通过保持合作伙伴之间操作的一致性而产生持久的整体竞争优势，因此，在知识合作的供应链中，合作伙伴之间的信任机制就是一个企业之间知识合作能否顺利进行的重要因素。

在传统观念中，零售商和制造商把对方视为对手，许多行业中零售商与制造商之间关系的研究表明，相互合作可以使制造商和销售商共同向顾客提供更多的价值。制造商和零售商之间从争夺支配权到相互信任，然而，这一转变是有益的。在迅速变化的环境中，成功属于那些学会如何建立相互信任的公司。

（1）依赖是供应链合作中信任的本质。各种关于合作、联盟的研究都会经常提到企业之间的信任问题，按照传统的理解，企业之间特别是同行企业之间的是竞争关系，那么，在这里提到的信任到底是什么意思呢？

企业合作中的信任包含可靠性，双方认为合作者可以依赖、守信用。诚实可靠不总是会促进信任。具有真正的信任关系的是合作双方的相互信任。我们往往会认为我们信任别人，别人也会信任我们，这种盲目信任会导致错误企业在生产经营甚至战略决策上的重大错误。制造商和零售商倾向于认为他们所信任的合作者也会信任他们，可是根据库莫（Nirmalay Kumar，1996）的研究表明这一观点并不正确。通过对一家生产汽车零件的大型制造商与它的 429 家零售商的关系考察，发现其中 218 家零售商不大信任这一制造商（平均分为 2.6 分，满意分为 7

分)①，而制造商却很信任这些零售商（平均分为 5.8 分，满分为 7 分）。库莫（Nirmalay Kumar）对这一结果的更进一步研究表明，这种盲目信任会导致错误：218 家零售商中的许多家在积极寻求替代供应商，而这家制造商由于认为它对零售商的信任是一种相互信任，没有寻找替代的供应商。

那么信任的本质是什么呢？库莫（Nirmalay Kumar）和他的合作者把 400 多种制造商的关系相互依赖程度分成了四类。如图 6-4 所示。

平均来讲，在相互之间高度依赖的制造商与零售商的关系中，公司的信任程度和对这种关系的满意程度最高，而这种关系中可觉察的冲突程度是最低的。只要稍加思索就会发现，这一结果的确是合乎逻辑的，即有效的合作关系要求合作双方都做出贡献。

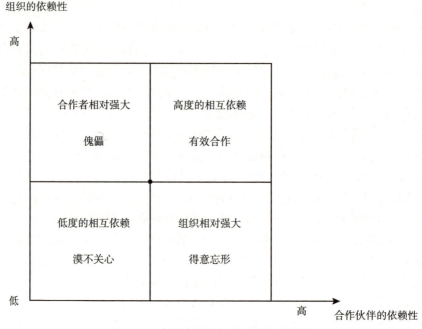

图 6-4　合作企业依赖关系与信任分析

因此，在供应链合作中，合作双方的相互依赖才是信任的本质。库莫和他的合作者的研究表明，在相互之间高度依赖的制造商与零售商的关系中，公司的信任程度和对这种关系的满意程度最高，而这种关系中可觉察的冲突程度是最低

---

① 库莫：《制造商与零售商之间信任的力量》，载《哈佛商业评论》1996 年第 11/12 期。

的。事实上，这一结果的确是合乎逻辑的即有效的合作关系要求合作各方都做出贡献。只有在完成共同的目标过程中，合作双方对于目标的贡献都是在必不可少的情况下，信任才会建立，在目标完成上依赖，在贡献上独立。

（2）合作信任的建立。信任机制建立的首要条件就是公平。在合作关系中公平包括两种：一种是企业合作剩余的分配结果公平；另一种是在处理合作关系中的程序公平。

正如前文所述，由于知识的专业化分工，一味地追求合作实力的均衡是不现实的。事实上，在企业知识的合作中，合作双方的地位往往是不均衡的。像奔驰这样的大公司通过小的经销商来销售产品，而像家乐福这样的大零售商则从大量较小的制造商那里购买产品。合作信任的建立与合作机制的建立密切相关，一个能够建立信任的合作机制至少满足以下两个条件：

第一，合作剩余的分配公平。合作剩余的合理分配是保证企业合作关系的重要一环。在合作知识的企业合作关系中，各成员之间必然会对自己的经济利益进行博弈，实现自身的利益最大化。要做到合作剩余的分配公平，应该依据以下分配原则进行：一是投入—报酬相匹配；二是贡献—利润一致。

第二，程序公平。即强大的一方对弱小的合作者在程序和政策上的公平，对双方关系所产生的效果要比分配公平强得多。一项关于美国和荷兰的800多家汽车经销商的有关资料证实，尽管分配公平和程序公平都能促进信任，但后者重要得多，较弱者认为，强大一方的程序公平系统更为准确地反映了它对较弱一方的态度。

事实上，大多数制造商与零售商的关系是不平衡的。比如，像奔驰这样的大公司通过小的经销商销售产品，而像家乐福这样的大零售商则从大量较小的制造商那里购买产品。在这种地位不均衡的情况下，强大一方如何与弱小一方建立信任关系呢？信任机制建立的首要条件就是公平。公平在这里包括两种：一种是可以从结果中看到的分配公平；另一种是在处理双方关系中可以看到位的程序公平。有关在不同环境下的公平问题的显示，程序公平，即强大的一方对弱小的合作者在程序和政策上的公平，对双方关系所产生的效果要比分配公平强得多。

库莫认为程序公平的机制建立在下面六个原则的基础之上：互通有无，强大一方愿意与另一方进行双向交流；不偏不倚，强大一方要公平地对待各渠道的合作者，尽管同等对待是不可能的，但一定给他们公平的机会；驳回，较小的一方可以对强大的一方的渠道政策和决定提出上诉（马狮公司规定供应商可以向公司高层上诉。杜邦和3M公司也都设有经销商咨询委员会）；解释，尽管强大一方常常觉得有权做出决定，但是这种态度会对信任产生损害，强大一方为合伙者提供关于渠道决定和政策的原则；熟悉，强大一方了解各渠道合作者的经营条件，这种交流会使零售商可以借此确定制造商满足自己要求和需要的能力；礼貌，对合作伙伴的尊重和建立人与人之间的和谐是具有决定性作用的，这种和谐是合作成功的基础。

虽然取得诱人的回报对维持良好合作有很大的作用，程序公平也是维持这种关系的重要因素。不仅能够减少投入，还更有可能产生持久的竞争优势。通过发展相互信任关系，制造商和零售商能够利用他们互补的技能来减少交易成本，迅速适应市场变化开发出满足消费者需要的、更具创造性的方法。垂直性的综合公司缺乏灵活性，传统的制造商和零售商太具竞争性。建立在信任基础上的，企业之间的合作关系体现出了明显的竞争优势。价值创造的秘密使关系和知识之间越来越和谐。

6.3.3　知识嫁接中的风险控制

知识嫁接与其他两类知识合作模式相比较，由于其合作组织形式多为研发外包，因此，研究知识嫁接的风险问题就如研究供应链的信任关系与知识集聚的持久性一样必要。

（1）知识嫁接与研发外包。进行知识嫁接合作的企业在合作模式上多选择研发外包的模式。这是由合作知识双方的特点决定的，拥有异质性知识的企业必然不愿意与合作企业共享自己的知识，采用交叉许可协议是不现实的，若采用合资企业形式，合作企业中强大的一方的吸收能力会造成知识外溢，这也是异质合作企业所不能接受的。但是，异质企业所具有的知识又是与之合作企业要达到自身目标所必需的，研发外包是一个可以实现双方共同利益的合作组织形式。研发外包指企业寻求外部力量进行创新，以研究合同的形式把价值链上研究开发这一个环节外包给其他组织，以达到合理利用资源，增强企业竞争力的目的。林蔺密（2004）[①] 指出企业在研发外包时，通常的合作模式是较小组织承担一个具体研究项目，其合作对象主要有两类：同行业的企业、高等院校和科研机构。

尽管研发外包是知识嫁接合作的不二选择，它也确实给企业带来了很多好处，但是，依然存在不少的风险。研发是知识型企业的头等大事，研发外包意味着委托方对研发过程失去部分控制权，这就必然存在风险，风险表现在以下两个方面。

第一，在研发外包中，委托方的研发机密有被受托方透露出去的可能性。如果商业机密被有意或是在无意中泄露而又被竞争对手获取，将会给委托方带来巨

---

① 林蔺密：《论企业的研发外包》，载《科技创业月刊》2004 年第 10 期，第 44~45 页。

大的损失。

第二，研发活动本身具有不确定性。由于委托方和受托方的信息不对称，会出现"逆向选择"和"道德风险"。

研发外包中的逆向选择：受托方可能在合同签订之前，掌握了一些不为委托方所知的信息，而这些信息可能对委托方不利。如受托方对自己的实力和受托项目的难度很清楚，但是，向委托方提供不充分或不真实的信息，委托方又没有能力去完全了解受托方的真实实力。这种信息的不对称会导致委托方选择了无法完成研发的企业。

研发外包中的道德风险：在合同签订之后，受托方在有了合约的保障之后，有可能从事其他的研究协议或是企业自身的一些项目。还可能出现索取更多的研发费用，延误研发时间等行为。

（2）风险治理。学者分析了企业的研发活动是应该一体化还是外包的各种因素。他们的研究结论认为，如果研发投入的资本投入相对于知识投入要大得多，那么应该一体化，否则，应该外包；如果创新成果的需求方在事前有更大的谈判力，即技术供应方存在激烈的竞争，那么应该一体化；当有多个创新或多个用户时，创新产权的分配应该基于各方在价值创造能力上的比较优势[①]（Aghion and Tirole，1994）。可以通过以下几个方面进行风险治理。

第一，通过技术分散。技术的分散性不仅是医药企业外包业务增加的原因，也是研发外包风险治理的重要环节。

第二，通过实现真正意义上的知识嫁接，来从根本上解决研发外包的风险。只有当委托方知识在产品商业化的过程中起到不可或缺的知识角色时，双方才会产生由知识缺口带来的依赖。

第三，委托方一般都是实力雄厚的大企业，有先进的科研设备，这对于受托方都是有吸引力的。

第四，加强跨文化管理。知识嫁接中的国际项目会涉及不同国家、不同企业之间的资源整合，在合作的过程中会产生由于文化差异带来的摩擦和冲突，加强跨文化管理，强调形成目标一致的企业文化，建立信任关系。

根据莱维克和邦克（Lewicki and Bunker，1995）的研究，合作企业之间的信任在联盟的不同发展阶段呈现出动态性和独特性。如图 6-5 所示，随着合作双方交往次数的增多，信任度也越来越高。莱维克和邦克根据联盟合作发展的不同阶段，把信任分为了 CBT、KBT、IBT 三个阶段。CBT（calculus-based trust）为

---

① Aghion, Philippe, and Jean Triole, On the Management of Innovation. *Quarterly Journal of Conomics*, 109，1994，pp. 1185 – 1207.

谋算型信任，在联盟关系伊始，由于合作程度浅，接触次数少，联盟合作处于合作企业相互提防的阶段，在这种脆弱的联盟关系下，企业的知识创新很少。KBT（knowledge-based trust）为知识型信任阶段，是建立在知识和信息基础上的关系发展。IBT（identification-based trust）为确信型信任阶段，由于企业之间合作程度的加深，合作次数的增加，相互之间的融合提高了信任的水平，从而进入信任的高级阶段。

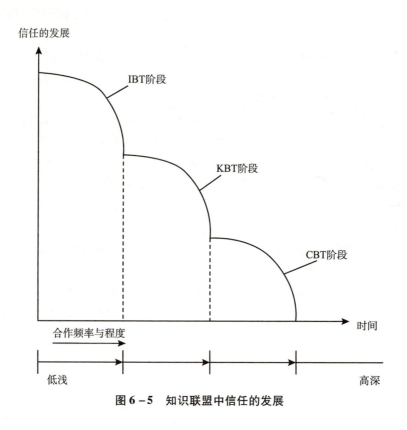

图6-5 知识联盟中信任的发展

6.4 知识合作中的发展与伦理问题

管理与伦理的结合是管理学发展的方向，这不仅是随着经济全球一体化进程的加剧、跨国公司的发展，多元复合文化下的管理伦理问题凸显，更是由于管理与伦理结合对传统管理的冲击，企业从追求利润最大化到通过合乎伦理的方式，提供具有竞争力，能增进社会福利的产品和服务来谋求利润最大化；从对所有者负责到对包括所有者在内的利益相关者负责；从决策的技术经济分析到决策的技术经济伦理分析；从注重目标、战略、结构、制度到强调企业的价值观；管理与伦理结合涉及管理目的、管理者、管理对象、管理职能、管理方法等各个方面，是一个重大的管理问题。伦理决策对组织公正氛围建设，社会责任承担以及企业可持续发展越来越重要，一般认为，丑闻的不断曝光导致了西方应用伦理学的发展。实际上，在丑闻曝光的后面有一系列的深层原因：信息技术的发展加大了企业从事不道德行为的成本；经济发展过程中所带来的严重环境（社会环境和自然环境）问题与人们对生活质量的追求形成了尖锐的冲突等。在企业与企业之间合作的过程中出现的伦理问题则是影响企业知识合作、制约企业知识共享的关键因素。

6.4.1　合作伦理是制约知识合作的重要因素

如本章开篇所言，合作的稳定性具有两层含义：一是合作体的外部环境适应性；二是内部矛盾的可控性。尽管从系统论的观点来看，企业的合作体作为一个经济系统由于处于变化的竞争态势中，并始终与外界在进行着信息的交换，外部环境对合作体的稳定性会产生影响，在排除外力的粗暴干预下，一个稳定的合作体应该能够对外部环境的变化及时地做出反应。尽管企业之间的知识合作是知识作为生产要素的组合，有其必然性、自发性，但是，企业始终既是知识合作的载体也是知识合作的主体。在进行知识合作的同时，由于外部环境的粗暴干预，合作体的矛盾无法在实力和依赖性之间把握平衡，无法在合作与竞争之间把握平衡，无法制约合作体矛盾和维持合作的正常运行。知识合作中外部环境对企业知识合作干预的伦理问题凸显。

2018 年 4 月 16 日起，美国特朗普政府不准美国供应商提供上游器件给中兴，中兴大部分的产品都基于高通等美国器件，这一举措对于中兴的制造链来说相当于釜底抽薪，直接切断了供应链，导致断货和无法进行业务运作。一石激起千层浪，中美贸易战逐渐发酵升级，波及许多高科技企业。据分析中兴很多芯片可能只有一个月的库存，也意味着如果制裁得以实施，不超过 20 天，中兴库存殆尽将无产品可生产。这一事件将会对中兴是一个重大的打击，因为这一举措扼住了中兴生产环节上的节点，而这一节点是短期内无法找到替代。此次贸易战正在带来更大的影响，涉及更广泛的领域。对于那些缺少核心技术的中国企业，美国这一举措将是致命的一击，除了中兴通讯公司，中国有很多的企业都在依赖进口技术来实现快速的业务运作。新的供货商需要时间、新的配件需要重新调试，即便是可能在全球范围内找到替代产品也要漫长的时间来适应。

我国已经开始在基础领域大力支持技术创新，以提高我国在高科技领域的自主知识产权。《中国制造2025》提出，坚持"创新驱动、质量为先、绿色发展、结构优化、人才为本"的基本方针，坚持"市场主导、政府引导，立足当前、着眼长远，整体推进、重点突破，自主发展、开放合作"的基本原则，通过"三步走"来实现制造强国的战略目标：第一步，到2025年迈入制造强国行列；第二步，到2035年中国制造业整体达到世界制造强国阵营的中等水平；第三步，到新中国成立一百年时，综合实力进入世界制造强国前列。这一政策主张必然使中国加快自如创新、产业调整的步伐，摆脱技术受制于生产结构粗放的局面。这不仅是一个全球化贸易的时代，更是一个全球化知识的合作生产的时代，没有一个厂家能够掌握一个终端产品在设计、生产、运输、销售等所有环节上的所有知识。高科技技术的掌握只是增加了谈判的筹码，合作总是必不可少，企业与企业之间广泛的合作既是经济全球化发展的必然，更是知识作为生产要素组合的必然，企业既是创新主体也是创新的载体，合作是经济发展、技术进步、人类命运共同的必由之路。

华为于1987年成立于中国深圳，是全球领先的信息与通信（ICT）基础设施和智能终端的提供商。根据世界知识产权组织公布的数据显示，2015年，华为以3898件专利连续两年位居专利排名榜首。根据华为官网2016年的统计数据显示，华为支持全球170多个国家和地区的1500多张网络的稳定运行，服务全球1/3以上的人口。华为此前已和众多电信运营商签署了25份谅解备忘录，对5G设备进行试用，签署对象包括英国的BT、加拿大的贝尔电信、法国的Orange、德国电信和全球性运营商沃达丰，美国公司缺席此轮合作。在2017年12月，特朗普签署法案，禁止华为和中兴通讯设备参与美国核武基础设施的建设；同时，参众两院的立法者也发起了一项法案，禁止美国政府及其承包商使用华为和中兴通讯的电子产品；美国国会的助手们也表示，他们希望将该法案纳入下一年度的国防开支法案中，以确保迅速通过。另外，美国的这种行为，可能会危害合作商和消费者等的多方利益。近日国外媒体PhoneArena在就网站上发起了一项投票，调查网友对华为P20 Pro的购买意向。参与其中的网友中，有超过50%表示愿意"想买"。在媒体的报道中，华为P20 Pro主打的徕卡三摄像头以及渐变色背部设计，都是吸引国外消费者的重要特性。

据媒体分析，华为这次受到的指控，比之前中兴受到的制裁性质更严重。从性质来讲，之前中兴受到的美国商务部制裁属于行政处罚，而此次美国司法部对华为的调查属于刑事调查，意味着华为有可能面临额外的刑事处罚，且美国商务部和财政部还可能对华为另外施加行政处罚和监管制裁。此外，所有涉嫌参与非法活动的个人也可能面临起诉。在2018年2月，华为发言人曾严词否认了美方所谓间谍行为的指控。华为在欧洲和北美其他国家的合作伙伴，也纷纷为华为产品的品质作证。加拿大贝尔电信的一位高管认为，美国对华为的审查，只是为了保护美国自己的产业。事实也证明，在全球其他市场"打遍天下无敌手"的华为，在美国的市场份额还不到 1%。这绝非正常竞争的结果，而是美国方面层层阻挠华为发展的证明。

人们普遍认为，在这样一个一边全球化，一边贸易战的时代，掌握核心技术至关重要。然而，仅仅通过掌握核心技术而制约垄断、对抗霸权，其结果不仅制约了技术的进步速度，也限制了企业之间的知识合作，最终结果不只是一国的利益是否受损的问题，还阻碍了人类进步的历史车轮。贸易战的结果是互相损害，可能会让全球经济出现倒退，最终谁都得不到好处。发展的问题是合作伦理的问题，合作过程中出现的伦理问题是制约企业持续知识合作创新的关键问题。目前，尽管中国企业已增加了对核心技术自主研发的重视，但是，从知识作为生产要素的角度来讲，合作总是必不可少的。建立知识合作的基本伦理体系对全球范围内的企业之间合作有重大意义。美国挑起此次贸易大战使众多的企业受到影响。作为同一终端产品链上的所有相关企业都不可避免地会受到此次中美贸易战的影响。从上述对华为、中兴在美国遇到的困难我们可以发现，高科技企业的发展引发了全球化发展过程中的重大冲突。无论是否掌握核心技术，在狭隘的国家主义思维下，企业都会遭到重创。所以，发展的问题既是技术的问题，更是伦理的问题。

6.4.2 知识合作中的伦理问题亟待规则的建立

企业之间与合作群体之间的选择是一种双向选择，因此，合作知识创新的效果不仅要考虑合作各方的利益，还要考虑合作的整体利益。本章 6.1 节、6.2 节和 6.3 节通过合作关系解体原因的剖析来分析企业合作创新的稳定性。得出由于企业知识吸收能力的不同使合作建立的初始博弈条件发生变化才是合作不稳定的原因的这一结论。并在论证的基础上，提出了企业与企业之间不同知识合作模式下的调控机制。然而，当国家外部力量介入企业知识合作问题时，以上调控机制就不一定适用了。作为生产要素的知识之间进行的合作是不可逆转的人类发展逻辑，在这种情况下，如何提高管理水平，对企业知识合作中产生的合作问题进行调控是人类共同面对的发展伦理议题。

2018 年，美国在向中国通信公司发难之后，又以人工智能技术可能被运用到军事领域开始筹划。美国政府不仅试图切断中美之间科技人员之间的联系和合作，而且企图在全球范围内切断中国在人工智能领域的学习与合作机会，连留学生学习的专业都进行控制甚至是封杀，这些举措如果得以实施，将对全球整体行业构成极大影响，同时，使人类文明的演进后退。美国众议院军事委员会新兴威胁与能力小组委员会主席伊莉斯·斯特凡尼克提出《2018 人工智能国家安全委员会法案》，以组织美国联邦政府应对人工智能威胁。英国《金融时报》称，60年来，美国在人工智能领域一直占据主导地位，但现在，中国突然崛起为耀眼的全球人工智能强国。中美两国企业之间的合作以及企业和各种机构的合作问题遭遇外部力量的粗暴干涉，这既是一国战略发展的结果也是企业与企业在合作过程中出现问题的体现，中国高科技企业良好的成长性、企业对知识的学习、吸收、转化、创新能力极大地增强，使与之合作的合作方及其雇主感到不安。

根据美国贸易代表署公布的 2018 年"特别 301 报告"，连续 14 年将中国列入"优先观察名单"，此外，加拿大 2018 年从"观察名单"被降级为"优先观察名单"，同被列入这一名单的还有印度、俄罗斯等。事实上，美国一边一直控诉中国"窃取"其知识产权，然而另一边，中国企业知识产权正遭到美公司的侵犯。中国台湾《联合报》报道称，上海海关近日披露说，2018 年年初，位于上海的半导体设备公司中微获悉美方涉嫌侵犯该公司专利权的设备即将从浦东国际机场进口，随即向上海海关提出扣留侵权嫌疑货物的申请，上海海关依法暂停设备通关。在维护中国企业合法利益的同时，中国将美国的相关措施诉诸给世贸组织。

我们从纷纷扰扰的大国家之间的利益之争中看到的是对知识垄断权的争夺和对学习型企业后来居上的巨大恐慌。企业与企业、企业与各种机构之间的跨国合作必不可少，也不会停息，基于知识的合作产生的伦理问题在全球化背景下日益凸显。依据知识合作的类型和特征，制定合作的基本伦理法则是全球企业进行知识合作取得持续发展的良方。

6.4.3 知识合作中的合作伦理法则初探

我们对知识合作的模式划分包括以下四种：知识集聚、知识供应链、知识联盟和知识网络。2018 年 4 月，美国政府下令禁止美国供应商提供产品链上的上游元器件给中兴，由于中兴的产品依赖于美国厂商的器件，没有这些器件就无法生产，与此同时，整条产业链上的所有企业都因此而受牵连。尽管通过谈判暂时解决了这个问题，但是由此我们可以预见以后这样的问题在全球范围内会越来越常见，总是通过国家间的博弈和妥协来达成新的合作平衡，有悖与商业发展的基本规则。让我们用知识合作模式来分析这一连发效应的形成和它的问题所在，并以此为契机探索知识合作的伦理法则。

当同一产业知识之间，一项创新的实现往往需要建立在其他技术成果的基础上时，中兴与高通等美国公司的合作从产品生产的角度来看是供应链的上下游关系。由于核心技术的限制，使得高通成为中兴产品链上在短时间内不可替代的合作伙伴。在漫长的供给链上掌握底层核心垄断技术是获取嵌入优势的良策，然而，不遵守市场交易中的买卖自愿；遵守合约；竞价等基本的商业规则，以各种牵强的理由为借口来停止合作是合作中的不道德行为。

对于互辅关联型知识，知识之间是一种相辅相成的关系。知识集聚的知识构成的特点是技术积累和技术交叉，知识集聚这种知识合作模式就会产生知识快速的增殖效应，即知识的积累不再是线性的沿时间的积累，而是在局部区域内快速呈级数增长。人类之所以能在半导体电子技术领域取得飞速发展，正是得益于知识集聚产生的知识集聚效应使得企业之间可以通过技术交叉许可和相应的转移支付，充分发挥具有互辅性的专利技术的作用，形成知识集聚后的快速增殖效应。从知识合作本身来考虑，中兴根本不构成对知识产权的侵犯，合作者只是提供了上游产品，企业之间的合作应该划分到知识供应链的范畴。关联型知识之间的特点是为了完成某一目标的知识之间有依赖或关联。关联型知识的知识合作方式是一种链式结构。相互关联的知识为实现共同目标产生推拉效应，如企业为了满足买方市场的需求个性化和多样化，通过以问题导向（problem-oriented）为逻辑的知识合作方式，实现供应商知识对企业知识的推动作用和客户知识对企业知识的拉动作用。对于基于知识集聚合作的企业，应该遵守企业之间签订的技术交叉许可协议，尊重认可原发性创新的价值；同时，作为基础创新的持有者，有保有首发创新技术的权利，其产品遵守可以买卖的市场原则，对整个产业链进步釜底抽薪以要挟合作者，这是合作的不道德行为。

以芯片为概念的 IT 产业、以基因为概念的生物工程以及纳米概念对传统产业及产品赋予了新的内容和形式，成为一种常见的知识合作方式。以单一学科为架构的知识生产传统模式受到冲击，互补关联型知识的合作模式酷似植物的嫁接。我们把知识嫁接划分为同类知识的嫁接和异种知识的嫁接。例如，在制药行业的研发外包合作中，研发外包企业与生物制药企业，高科技生物制药依靠专有技术获利（差异性）；外包企业依靠缩短新产品上市获利。另外一种是异种知识的嫁接模式，通常是高科技技术与传统生产的结合。高科技对知识创新的催化作用，将高新技术应用于传统产业和产品，实现了知识嫁接。在这种互补性知识的合作中，嫁接主体从产品中直接获益，得到了知识溢出的红利，支付所使用知识的费用、尊重合作企业的知识产权是其应该遵守的商业伦理规范。

知识网络合作模式的合作知识类型囊括了关联型知识合作、互补关联型知识合作和互辅关联型知识合作。这是由于围绕着客户需求，平台环境下知识合作的知识类型不仅涉及同种知识、异种知识，还涉及直接关联知识和间接关联知识。

传统的知识合作模式（知识集聚、知识供应链、知识联盟）在平台环境下都可以看到，知识网络合作模式综合了上述三种知识合作模式和合作知识类型的统一体。因此，知识网络合作之间的伦理的议题是机会均等、环境治理的议题。

以上我们对不同知识合作模式下的伦理议题进行了分析，总结如下。

（1）在知识供应链的合作模式下，在漫长的供给链上掌握底层核心技术实现知识嵌入是获取竞争优势和超额利润的良策。掌握核心技术的企业应该遵守签订的合约；遵守市场交易中的竞价规则，用商业规则解决合作对象的选择问题是知识供应链合作中的基本合作伦理。不遵守市场交易中的买卖自愿；遵守合约；竞价等基本的商业规则，以各种外部力量介入强行干预停止合作是合作中的不道德行为。

（2）对于基于知识集聚合作的企业，应该遵守企业之间签订的技术交叉许可协议，尊重认可原发性创新的价值；同时，作为基础创新的持有者，有保有首发创新技术的权利，其技术所产生的产品遵守可以买卖的市场原则。倚仗掌握核心技术的专利对整个知识集聚的产业链釜底抽薪或以此要挟合作者是合作的不道德行为。

（3）在知识联盟的互补性知识合作中，嫁接主体从产品中直接获益，尝到了知识溢出的红利，支付所使用知识的费用、尊重合作企业的知识产权是其应该遵守的商业伦理规范。

（4）平台模式下知识合作的知识类型不仅涉及同种知识、异种知识，还涉及直接关联知识和间接关联知识。传统的知识合作模式在平台环境下都可以看到。平台具有数据的吸附功能，像是一个数据集市，数据库在这里发生关系相遇、整合、流入和流出。知识网络合作之间的伦理的议题是机会均等、平台环境治理的议题。

6.5 本章小结

在对知识合作稳定性研究中发现，即使在利益可观的情况下，企业的合作行为也存在多样性，并呈现出合作—背叛—合作的特征。企业之间与合作群体之间的选择是一种双向选择，因此，知识合作的效果不仅要考虑合作各方的利益，还要考虑合作的整体利益。本章通过合作关系解体原因的剖析来分析企业合作创新的稳定性。并在论证的基础上，提出企业知识合作的调控机制。

主要研究成果如下：

（1）企业知识合作存在不稳定性的三点原因：一是合作本身具有周期性；二

是由于合作企业知识存量的不同，对知识的吸收能力不同，造成合作初始博弈条件的改变，引起合作的不稳定；三是知识合作剩余利益分配不公产生的不稳定。

（2）研究四种知识合作方式在运行中存在的问题，并提出调控机制。知识集聚合作主要存在集聚外部性的持久性问题，应该通过形成集群内的知识势差、加强知识流动来实现知识创新的持续性；知识供应链的关键问题是上下游企业之间的信任关系，在程序公平的基础上建立基于依赖的信任关系是解决方法；知识嫁接存在风险控制问题，有效应的风险治理和合理的组织设计是其调控手段。

对于知识网络合作模式来说，本身杂合了三种基本知识合作模式，它的调控机制由于涉及复杂系统而具有智能特征，知识网络合作的效应是平台吸附形成的自组织效应，因此，知识网络的调控机制更多的是只能依赖系统本身的自洁与选择。通过宏观政策对其平台内外部环境健全与健康的约束也因而显得必不可少。

（3）外部力量对企业知识合作的稳定性的干预涉及合作的伦理问题。在经济全球一体化的今天，自主创新必不可少，合作伦理更不可或缺。发展的问题既是技术的问题，更是伦理的问题。根据企业知识合作的不同模式中知识合作的特点，提出知识合作的基本伦理法则。

第7章

企业知识合作的组织

保障合作有两个方面的问题是必须考虑的，一个是合作的运行机制，另一个重要的问题就是合作的组织。在技术、顾客需求快速变化的环境中，合作创新无疑是企业共享资源、降低创新风险的一种有效方式。经济学家对合作创新的早期研究主要关注企业的合作动机，现在，"怎样合作"不仅是企业家关心的问题，也成为学术界的研究热点之一。国内外众多学者的实证研究表明，产权形式的合作所占比例明显减少，如合资企业，约占30%。非产权形式的合作所占比例增大，如交叉许可协议为70%。① 本章从知识合作的角度对这一现象进行研究。

7.1 影响企业知识合作组织的因素分析

通过对文献的梳理，发现目前缺少对企业知识合作方式的研究，现代企业进行合作创新的本质就是基于知识合作，企业的合作组织与知识的合作方式是密不可分的，而企业合作创新的知识本质使得利益的分配与企业知识在合作方式中的地位有关。因此，研究企业知识合作的方式与组织选择有现实意义，不仅能够解释现实的合作模式，还有可能对知识合作创新的形式与方法选择进行预测，为企业寻求较优合作组织提供指导。本节结合企业具体的合作进行分析，探索了不同的知识合作方式对应的合作组织。

7.1.1 企业合作组织选择的行业特点

（1）企业合作创新形式的变化。国外学者的调查研究表明，合作创新的组织

---

① 罗炜、唐元虎：《企业能力差异与合作创新动机》，载《预测》2001年第3期。

形式逐步由产权合作模式过渡到非产权合作模式，特别是在 2000 年后，非产权模式要远比产权模式更为普遍，其中，共同研发在非产权合作中应用最为广泛，已经成为企业合作创新的主流模式。根据统计，非产权合作协议在最近的 20 多年中越来越受到企业的重视。战略技术联盟中非产权合作协议的比例在 1980 ~ 1984 年占 53.1%；这一比例在 1990 ~ 1994 年上升到了 73.3%。[1] 本章尝试从行业特点和企业合作的知识合作本质来解释企业合作创新形式的这种显著变化。非产权合作的盛行是企业知识合作的选择，更有利于控制合作企业之间的知识流动、获取、创新，有利于企业把知识优势转化为规模经济优势，对加速企业知识转化能力 T、知识投入能力 I 都有明显的优势。企业合作创新的最大缺点是对合作伙伴机会主义行为控制力较弱[2]。

（2）企业合作形式选择的行业特点。企业合作的组织形式选择与企业的行业特点有关。比如，研发业务外包在制药及生物技术行业被广泛采用。全球制药业合同研究组织的市场增长如表 7 - 1 所示。欧盟针对欧洲十个行业的 449 家公司的一项最新调查显示，在欧洲，制药及生物技术行业的研发业务外包比例最大，研发业务的 25% 被外包出去。研发外包在制药及生物公司间广为盛行，根据英国安蒂索玛（Antisoma）公司的统计资料，目前在世界有 35% 的制药公司实行将其研发业务外包，并且这一比例还将继续上升。

表 7 - 1　　　　　　　　全球制药业合同研究组织的市场增长　　　　　　单位：亿美元

年份	研发费用	增长比例（%）	外包比例（%）	CRO 营业额	增长比例（%）
1998	308.4	9.3	23	71	／
1999	345.3	12	22	76	7
2000	385.8	11.7	22	85	11.9
2001	429.7	11.4	22.8	98	15
2002	479.9	11.7	22.9	110	12.3
2003	534.5	11.4	23.4	125	13.9
2004	595.2	11.4	24	143	14.1
2005	660.7	11	24.7	163	14.4

资料来源：PhRMA，Frost&Sullivan，上海科技情报研究所整理。

技术交叉许可协议在电子行业盛行。在不同行业中技术交叉许可协议的分布

---

① 罗炜、唐元虎：《企业合作创新的原因与动因》，载《科学学研究》2008 年第 3 期。
② 周二华、陈荣秋：《技术开发的类型与创新模式选择的关系》，载《科研管理》1999 年第 4 期，第 15 ~ 20 页。

有非常明显的差异，其中，电子行业中的技术交叉许可所占比例明显高于其他行业。泰勒和斯力伯顿（Taylor and Silberston，1973）[1] 研究了技术交叉许可在英国企业中的所占比例，发现在化工行业占8%、医药行业占5%，而在电子工程行业为13%。美国企业中，除电子行业外的其他行业的技术交叉许可大约占10%，技术交叉许可在电子行业中所占比例为20%，其中大部分是半导体技术的交叉许可协议。日本不同行业的企业技术交叉许可如表7-2所示，通过对日本268个企业签订的技术许可合同进行研究发现，在1144份技术许可合同中，技术交叉许可协议占8.5%（其中19.1%为电子行业），制药与化工仅占技术交叉许可的1.9%和3.4%[2]（Sadao and Hyeog，2003）。近期，学者们的研究进一步表明，交叉许可协议在行业分布的差异还有继续增大的趋势。

表7-2　　　　　　　　　　日本不同行业的企业技术交叉许可

行业	企业数量（个）	技术许可协议总量（个）	交叉许可协议比例（%）
化学	68	294	3.4
制药	22	108	1.9
材料	34	139	2.9
一般运输机械	55	183	3.3
电子	72	371	19.1
其他行业	178	49	8.2
总计	268	1144	8.5

资料来源：Sadao and Hyeog，Unilateral vs. Cross Licensing：A Theory and New Evidence on the Firm-level Determinants RIETI Discussion Paper Series 11 – E004. （2003）.

7.1.2　企业合作形式选择的知识特点

（1）制药行业知识创新的特点及合作形式原因分析。

第一，制药行业知识创新的特点如下。

成本高。以美国为例，制药行业的平均研发费用从1987年的2.31亿美元上升到2000年的8.02亿美元，2004年更是高达14亿美元。[3]

周期长。一种药品从开始时的新药发现到最后获得美国食品与药品管理局

---

[1]　Taylor, C. T. and Silberston, Z. A. , The Economic Impact of the Patent System：a Study of the British Experience. *Cambridge University*，1973.

[2]　Sadao & Hyeog, *Unilateral vs. Cross Licensing：A Theory and New Evidence on the Firm-level Determinants*，RIETI Discussion Paper Series 11 – F004，2003.

[3]　曼鹿、杨智华：《研发外包：医药企业的新契机》，载《慢性病学杂志》2007年第1期。

（FDA）的批准，平均时间为10～15年。

风险大。制药产业的新产品研发是高风险的创新活动。据统计，每1000种进入临床前检验的化合物只有一种通过和进入到临床检验阶段；通过临床检验的候选药物每5种只有一种通过食品与药品管理局的审批；而最终上市的每10种新药只有3种带来投资收益。

第二，从知识构成的角度对制药行业创新形式的解释。

医药行业知识构成的特点如下：知识和技术能力的分散性。当今世界没有一家公司可以具备创新所需的所有专业知识和能力，专业知识和能力现已分散到众多的公司而不是聚合到几家大公司。在过去的15年中，制药行业几乎所有的新发现和新发明都来自学术界和生物技术公司，而不是制药公司自己的发现与发明。

制药公司与生物技术公司之间的知识属于同一知识系统内的知识沿时间的互补，对同一个知识系统而言，尚未获得的知识与已经获得的知识之间存在着强烈的互补性。互补是指实体的局部之间存在的互为解释或互为强化的关系。制药行业将业务研发外包给生物公司，可以看作第一类的知识嫁接方式。制药公司依靠自己将新产品迅速推向市场的知识积累依靠缩短新产品上市时间来获利；生物技术公司则依靠其专有的知识获利。对于制药公司来，依靠收购来获取生物公司的互补知识至少存在两种风险：一是收购价格问题；二是收购价值问题。为开发新产品需要某项互补知识而收购一家公司成本太大，同时，收购价值难以确定。

用拉式知识供应链来描述制药行业的知识合作创新。推式知识供应链是指以产学研各主体所产生出来的"知识产品或服务"为主导形成的知识供需链条。推式知识供应链会导致科学技术研究成果的商品化程度很低，知识没有能够及时转化为生产力。拉式知识供应链是指以链条终端客户的需求为驱动力，促使各主体围绕终端客户需求产生出相应的"知识产品或服务"，这种类型的知识供应链，它的整个链条具有较强的集成度，链条中的合作主体之间有非常明确的知识供应链协同目标，信息交换迅速，可以根据用户的需求来实现知识的定制化或个性化服务，从而有效地实现知识循环在三个环节上的信息流和知识流同步。拉式知识供应链可以解释企业业务外包形式在医药行业合作中盛行的原因。制药行业的拉式知识供应链如图7-1所示。

图7-1 制药行业的拉式知识供应链

把价值链上研究开发这一个环节全部或部分外包给其他组织，以达到合理利用资源，增强企业竞争力的目的。从创新成果的利用角度来看，制药公司规模大，具有雄厚的资金实力、完善的销售渠道，也就是说它的吸收能力很强；而生物技术公司等研发机构的吸收能力很弱，缺乏独立把创新成果商业化的转化能力。企业在研发外包时，通常的合作模式是较小组织承担一个具体的研究项目，作为专有技术的主要投入方，研发方为了保护自己的专有技术不愿意采用合资企业的模式。合资企业的协调成本大，因而，更愿意采用研发外包的模式。其合作对象主要有两类：同行业的企业或高等院校和科研机构。

有学者分析了企业的研发活动是应该一体化还是外包的各种因素。他们的研究结论认为：如果研发投入的资本投入相对于知识投入要大得多，那么应该一体化，否则，应该外包；如果创新成果的需求方在事前有更大的谈判力，即技术供应方存在激烈的竞争，那么应该一体化；当有多个创新或多个用户时，创新产权的分配应该基于各方在价值创造能力上的比较优势① （Aghion and Tirole，1994）。

（2）电子行业知识创新的特点及合作形式原因分析。

第一，电子行业知识创新的特点。

技术更新速度快。自从集成电路发明以来，在单片芯片上可以集成的晶体管数量呈指数级的增长率，保持着大约每年增加一倍的速度，据预测这种增长还会持续增长。

由于不断地更新，半导体技术保持了持续稳定的发展，行业内积累了大量的专有技术，这些专有技术的特点是涉及技术交叉，同时技术淘汰很快。一项产品往往要涉及相同或相关领域内的多种技术。在传统的产业中，一种产品的生产只需要一种专利技术，专利技术与产品之间一般是对应关系；在电子行业中，特别是当计算机和通信技术融合后，一种产品的更新或问世通常会涉及多项专利技术。电子行业的这一特点使企业在开发新产品或新技术时，会面对许多关于技术专利的谈判或是纠纷，将产生高昂的交易成本，制约行业的发展。

第二，从知识构成的角度对电子行业组织形式的解释。

研究表明，电子行业企业间的专利侵权纠纷时有发生 Alberto. Galasso，2006。② 电子行业知识构成的特点是技术的积累性和交叉性。这种发生在产业内部的专利侵权在很大程度上是由行业的知识特点决定的。技术创新的累积性和交叉性是半导体企业间技术交叉许可协议兴起的主要原因。技术交叉许可具有交易

① Aghion，Philippe，and Jean Triole，On the Management of Innovation. *Quarterly Journal of Economics*，109，1994，pp. 1185 – 1207.

② Alberto. Galasso，Cross-licensing Agreements in the Semiconductor Industry：Waiting to Perswade？Work Paper，2006.

成本较低的优点，更为重要的是，更加符合电子行业的知识特点，因而，它不仅成为行业解决专利侵权纠纷的最常用手段，还是行业合作创新的主要形式。例如，三星在 2004 年与日本的索尼公司签署了和业界标准技术相关的专利交叉许可协议，共享芯片等基本技术；又与其竞争对手摩托罗拉公司于 2005 年 7 月签署了共享手机技术的协议。

可以用知识的集聚模型来描述电子行业的知识合作创新。电子行业是技术密集型的行业，技术更新迅速、产品知识交叉，并且全球电子行业在具体区域中表现出明显的产业集聚模式，比如，美国的硅谷、中国的中关村。在电子行业中，由于知识的迅速积累和知识的交叉，企业一般都拥有相应的专利技术。为了避免在合资企业合作模式下高昂的协调成本，企业选择技术交叉许可和相应的转移支付来调动行业内的企业在研发和生产上的积极性，这样就可以发挥具有互补性的专利技术的作用，加速行业技术的交流，形成知识的集聚效应。

合作创新具有多种形式，合作形式的选择取决于多种因素，其中，企业所在行业的知识特点与企业合作形式的选择密切相关。企业应该根据自身的知识特点与需要，同合作伙伴在技术、产品、市场或能力上达到优势互补，这是企业合作成功的基石。通过从知识视角对企业合作形式的研究，发现了企业合作形式选择从最初的产权形式下的合作形式逐步发展成为非产权形式下的合作形式，这种变化体现出知识经济时代，知识合作是企业合作的本质，说明企业知识存量与吸收能力的重要性。这表明，现代企业要提高企业的自主创新能力，才有合作的资本。

7.2　关于企业合作的组织形式选择

企业之间进行知识合作，组织形式是必须考虑的问题，组织形式表明合作企业间在合作关系中的角色、聚散状态和相互关系。企业合作创新成为经济学和管理学的研究热点。

7.2.1　根据产权结构的不同对企业合作形式的分类

周丹、刘景江、许庆瑞（2003）[①] 把企业合作形式分为合同、技术许可证、联合研究（发展）、战略联盟、合资、创新网络六种形式。如表 7-3 所示，企业

---

① 周丹、刘景江、许庆瑞：《合作创新形式的研究》，载《自然辩证法通讯》2003 年第 5 期，第 62 页。

合作形式，罗列出企业合作的七种形式。

表 7-3　　　　　　　　　　　　　企业合作形式

合作形式	合作时间	合作优势	合作劣势
外包	短期	降低成本与风险、降低市场进入时间	知识开发成本、产品质量
交叉许可	固定期限	加快知识更新，促进产业发展	合约成本及技术约束
合作研究	中期	专业技能与技术标准、经费的分担	知识泄露、产品差异化
战略联盟	期限灵活	进入市场，获取知识	潜在的知识泄露
合资企业	长期	资源互补、便宜于管理	战略转移、文化不匹配
网络型合作	长期	动态性及潜在的学习优势	影响常规活动的效率
企业集团网络	长期	技术知识的获取，便于协调管理	一体化的控制效率

资料来源：周赵丹、刘景江、许庆瑞：《合作创新形式的研究》，载《自然辩证法通讯》2003 年第 5 期。

　　根据产权结构与企业合作的密切程度，以上罗列出的企业合作形式可分为产权合作模式和非产权合作模式两大类。本书引入这种划分方式是为了方便从知识合作的角度来解释企业界合作形式选择的原因。

　　（1）产权合作模式（主要形式为合资企业）。产权合作模式中采用最普遍的形式是合资研究企业。合资研究企业指各合作企业通过产权合资的形式将他们的R&D 技术和资源结合在一起，建立一个新的研究开发企业，按照母公司的研究计划，承担 R&D 的职能。合资研究企业通常具有独立的法人资格，作为独立核算的经济主体执行合作的研发项目。成员企业按股权比例分配合资企业的损益。以合资研究企业为代表的产权形式的合作形式近年来所占比例明显减少，这是由于企业间合作多以知识互补为基础的。

　　（2）非产权合作模式（如技术交叉许可协议，研发外包等形式）。交叉许可协议：是指企业之间互相允许对方使用自己的专利技术或其他技术，也称作"互换许可"。交叉许可协议通常是两家企业之间在涉及某一领域的多项技术的交换时，根据交换专利的价值来确定使用费用并规定一定的使用期限。通常是免费使用，在两者价值相差较大时，即两者的经济效益或者技术效果有明显差距时，才会约定适当的补偿。

　　研发外包：指企业寻求外部力量进行创新，以研究合同的形式把价值链上研究开发这一个环节外包给其他组织，以达到合理利用资源，增强企业竞争力的目的。企业在研发外包时，通常的合作模式是较小组织承担一个具体的研究项目，其合作对象主要有两类：同行业的企业、高等院校和科研机构[①]。

① 林菡密：《论企业的研发外包》，载《科技创业月刊》2004 年第 10 期，第 44~45 页。

　　合作研发可采取不同的组织形式。其中，股权合资研究企业（RJV）和非股权的交叉许可协议（CLA）是最常见的两种模式。

7.2.2　企业合作组织形式的选择模型

　　上述论证表明，企业合作的组织形式选择与合作企业之间的知识构成特点有关。当知识合作产生互补效应，并且独立创造新知识的成本（资金投入与时间投入）很高时，企业趋向选择合作研发或研发外包；当知识合作产生交叉和积累效应，通过交叉许可协议来共享合作者的技术是企业的选择。

　　AJ 模型是根据双寡头对称情况的 R&D 合作竞争，几乎所有的与合作创新有关的文献都提到了这一模型（D' Aspremont and Jacquemin，1988[①]）。该模型假设在研发投入对称、溢出水平对称、产量对称的情况下所建立的完全信息的动态博弈模型。本节使用 AJ 模型思路建立了一个非竞赛的过程创新模型，研究企业合作组织形式的选择。

　　假设一产业中有两个企业生产同一产品，并且企业研发投入的收益是递减的，其线性对称反需求函数为：

$$P = a - b(q_1 + q_2)$$

　　其中，p 为产品价格，$a > 0$ 为需求曲线的参线；$b > 0$，为研发投入产出函数的开发效率参数。q 为企业产量。如果用 y_i 表示企业 i 的研发投入，用 z_i 来表示企业 i 通过研发产生的新知识，那么企业研发投入与知识产出之间的关系为：

$$z_i = f(y_i)$$

　　在研究开发阶段，由于已经假定研发的收益是递减函数，那么，$f(y)$ 满足 $f'(y) > 0$，$f''(y) < 0$

$$y_i = \frac{1}{2}bz_i^2 \qquad (b > 0) \tag{7-1}$$

　　由式（7-1）得到，在研发投入 y_i 相同的情况下，研发投入产出的效率参数 b 越大，新知识对成本降低的就越少，即企业创新效果越差；反之，参数 b 越小，表明创新效果显著。$1/b$ 表示了研发投入与知识产出之间的关系。企业把在知识合作过程中获取创新知识商业化能力（Action）。

$$A = I \times T \tag{4-4}$$

　　在式（4-4）中：I 为知识创新资源投入能力（input）；

　　①　D' Aspremont C，Jacquemin A. Cooperative and Noncooperative R&D in A Duopoly with Spillovers. *American Economic Review*，78，1988，pp. 1134.

T 为企业知识价值转化能力（translation）。

因此，可以令 $A = 1/b$ 表示企业创新能力。

企业 i 获得的有效知识为：

$$z_i = z_i + \beta \times z_i$$

企业知识合作中产生的协同效应，会使产品的成本降低，为方便推倒，假设新知识的获取与产品成本降低相等，把企业 i 的成本降低 x_i 表示为：

$$x_i = z_i + \beta \times z_i \qquad (7-2)$$

则产品单位成本为：$c_i = c - x_i$

企业的利润函数：

$$\pi_i = (p - c_i)q_i - y_i = [a - q_i - q_j - (p - c_i)]q_i - y \qquad (7-3)$$

在产出阶段，两个企业进行产量竞争，给定两个合作企业在第一阶段的产品成本和研发投入，通过求一阶倒数条件：

$$\frac{\partial \pi_i}{\partial q_i} = 0 (i = 1, 2),$$

得到产出阶段合作企业的古诺均衡产量、均衡利润为：

$$q_i = \frac{a - c + 2x_i - x_j}{3}$$

$$\pi_i = q_i^2 - y_i = \left(\frac{a - c + 2x_i - x_j}{3}\right)^2 - y_i, \; i = 1, 2 \quad i \neq j$$

结果分析：

假设1：知识合作的企业之间的知识对合作目标的贡献是有差异的，即是非对称的；

假设2：知识溢出率不仅与知识产权保护力度（r）有关，还与企业对知识的吸收能力有关。（Cohen and Levinthal，1990）[①] 提出吸收能力这一概念。企业知识合作中的吸收能力与企业规模（k）和知识之间的互补程度（s）有关，即 $\beta = \beta(r, k, s)$，其中 $0 \leq s \leq 1$。当知识互补程度相同时，企业规模越大，知识溢出越强。企业规模一样时，知识的互补程度越强，知识溢出越大，$\frac{\partial \beta}{\partial s} > 0$。

s 代表知识互补程度。$S = 0$ 时，合作企业知识沿空间交叉和积累产生互辅作用，不存在知识溢出，知识溢出系数 $\beta = 0$。$S = 1$ 时，合作企业是关联互补，这时合作组织形式的选择取决于合作企业的规模。如果企业规模相当，会考虑选择合资企业，知识溢出将达到最大值 $\beta = 1$；如果合作企业规模相差很多，必然不

① Cohen W，Levinthal D，Absorptive Capacity：A New Perspective on Learning and Innovation. *Administrative Science Quarterly*，35（1），1990，pp. 128 – 152.

会选择合资企业，根据企业的合作战略意图，要么收购，要么研发外包。研发外包对小企业来说知识溢出最小，令知识溢出系数 $\beta = \beta_0$。

（1）选择交叉许可协议的情况。各个企业都拥有大量的专利技术，知识表现出交叉性并且知识更新很快，选择交叉许可协议可以发挥具有互补性的专利技术的作用，使合作企业的共同利益最大化。

$$\pi = \pi_i + \pi_j = \frac{(a - c + 2x_i - x_j)^2}{9} - y_i + \frac{(a - c + 2x_j - x_i)^2}{9} - y_j \qquad (7-4)$$

把式（7-1）、式（7-2）代入式（7-3）中，求一阶条件，得到均衡成本降低和均衡研发投入：

$$\tilde{x} = \frac{a - c}{\Delta_2 - 1}, \quad \tilde{y} = \frac{b}{2}\left(\frac{\tilde{x}}{1 + \beta}\right)^2, \quad \text{其中 } \Delta_2 = \frac{4.5b}{(1 + \beta)^2}$$

在交叉许可条件下，企业不用担心专有技术的泄露问题，$\beta = 0$

$$\tilde{x} = \frac{a - c}{2.25b - 1}, \quad \tilde{y} = \frac{b}{4}\tilde{x}^2$$

（2）合资企业。由于合资企业是两个企业共同的投入资源，共同进行研究开发，研发总投入 $y = y_i + y_j$，研发成果为两企业共享，假设共同研发两个企业研发成本降低：

$$x_i = x_j = \left(\frac{2Y}{b}\right)^{\frac{1}{2}} = \left(\frac{2(y_i + y_j)}{b}\right)^{\frac{1}{2}} \qquad (7-5)$$

把式（7-5）代入式（7-4），求解一阶条件下企业的最大化共同利润。考虑到两个企业的对称性 $y_i = y_j = y$，得到均衡成本降低和均衡研发投入。在合资企业中，考虑到两个企业规模的对称性，假定两个企业对知识的吸收能力相同，这时知识溢出最大，即 $\beta = 1$：

$$\tilde{x} = \frac{a - c}{1.125b - 1}, \quad \tilde{y} = \frac{b}{8}\tilde{x}^2$$

（3）如果采取了研发外包的合作形式，研发过程类似于能力互补情况下的自主研究开发。被委托方 i 将在给定另一方研发投资 y_i 的情况下决定自身的研发投入 y_i。把式（7-1）、式（7-2）代入式（7-4）中，求一阶导数条件 $\frac{\partial \pi_i}{\partial y_i} = 0 (i = 1, 2)$，得到以下均衡结果（*代表变量通配符）：

$$y_i = y_j = y^*, \quad x_i = x_j = x^*$$

$$x^* = \frac{a - c}{\Delta_1 - 1}, \quad y^* = \frac{b}{2}\left(\frac{x^*}{1 + \beta}\right)^2, \quad \pi^* = \frac{(a - c)^2}{9} - y_i, \quad \text{其中，} \Delta_1 = \frac{4.5b}{(2 - \beta)(1 + \beta)}$$

知识溢出与企业规模有关，在选择研发外包合作形式时，知识溢出系数可以假定为 $\beta = \beta_0$：

$$x^* = \frac{a-c}{\Delta_1 - 1}, \quad y^* = \frac{b}{2}\left(\frac{x^*}{1+\beta_0}\right)^2$$

由上述推论得出：

第一，在企业之间的知识合作中，企业由于知识对合作目标的贡献都必不可少，无论企业的非主动性知识溢出的差异有多大，知识共享都可以最大限度地降低产品成本和提高企业利润，即合作比不合作好。

第二，在交叉许可协议形式下，合作企业之间不必担心专有技术的泄露，因此，使企业达到专有技术成本投入最优。交叉许可协议加速了知识的积累，促进了行业技术进步，适合知识更新快的行业。

第三，在合资企业形式下，知识溢出与企业规模及企业的知识吸收力有关。因此，当合资企业规模相当时，可认为知识吸收力相当，知识溢出最小，这时达到合作最优，最优的股权比例应该是1:1。

第四，研发外包形式适合知识结构差异大的企业之间的合作。这时规模大的企业对合作方的知识吸收能力弱，拥有专长的小企业知识的溢出少。符合企业合作的公平原则，利于企业合作的进行。

7.3 企业知识创新的伙伴选择

要做好合作伙伴的选择，必须明确以下几个问题：第一，合作各方要有非常明确的使命，或者称合作愿景；第二，要对合作伙伴的知识进行评估；第三，要处理好与合作伙伴之间的关系问题。

7.3.1 企业合作关系的转变

现实的企业环境越来越复杂，使合作企业寻找合作伙伴、建立合作关系的思路和手段发生变化。这些变化主要表现在以下几个方面：

（1）合作关系由双边向多边发展。传统的合作关系一般是双边的，而现在的企业合作往往涉及多个合作伙伴。这与信息技术的发展所提供的便利手段固然有关，但更重要的是由于传统生产导致的知识分工过细，而知识经济的创新活动是多种知识和技能共同作用的结果，即知识生产的模式发生了变化。这种多边合作的发展令合作关系不明确，使合作双方的管理难度加大。因此，研究合作问题要考虑合作的大机制，即合作的环境机制。本书将在下面章节详细研究这一问题。

（2）竞争由企业之间的竞争演变为企业集团之间的竞争。合作企业之间知识的协同与互补通过实现产品价值和建立竞争优势把合作企业紧紧地联系在一起。知识合作结成合作网络成为当今商业环境意义深远的改变。通过加入合作网络和确立在合作网络中的地位可以提升企业在产业中的优势地位。

（3）合作的目标由简单的合作任务到合作使命。企业之间建立合作网络不仅给予合作伙伴以参与合作创新的机遇，更重要的是合作网络建立了一个牢固的联系系统，系统内的企业通过知识共享积累创新能力，使企业可以面对不确定的未来，在新的机遇出现时，使网络中的企业迅速获益。

通过合作建立联盟，在过去，企业通过并购来提高核心业务，现在企业通过发展战略伙伴来建立良好的合作关系。

7.3.2 企业的知识评估

建立一个成功的知识合作关系就要做到"知己知彼"。需要评价合作企业现有的知识基础，明确自身的合作意愿，核实自身的资源情况，对企业现有的知识与能力以及合作中可能需要的情况做一个评估。资料显示，导致合作关系失败的原因有70%涉及伙伴关系[1]。因此，企业不仅要预先对合作伙伴进行知识评估，也要根据知识合作的愿景对自身的知识进行评估。何畔（2000）把有关合作伙伴的指标分为指标和软指标。企业作为一个有机体，它的评价指标不仅有硬指标，如企业的互补知识资源、市场状况、财务状况、企业规模等，还有与合作关系密不可分的软指标，如企业之间文化的互融、信任程度等。传统伙伴选择的软硬指标如表7-4所示。

表 7-4 传统伙伴选择的软硬指标

硬指标	百分比（%）	软指标	百分比（%）
互补性技巧	36	融洽性	23
市场状况	33	互补性	18
潜在财务状况	15	文化	16
管理哲学	13	信任	16
企业规模	3	承诺	12

资料来源：何畔：《战略联盟：现代企业的竞争模式》，广东经济出版社2000年版。

其中，硬指标与合作伙伴的个体有关，软指标与伙伴关系有关。硬指标主要

---

[1] 何畔：《战略联盟：现代企业的竞争模式》，广东经济出版社2000年版。

包括互补性技巧、潜在财务状况、市场状况、企业规模等一些可以客观评估的指标。软指标包括融洽性、信任与承诺这些在伙伴选择中的主观因素。企业的知识评估也可以从对自身的评估和对合作方的评估两方面来展开：

（1）对自己的评估：企业应该充分了解自身的知识存量基础，并认识到自身的知识优势以及知识的局限性；明确企业进行知识合作的战略目标；找出实现这一战略目标所需的知识，即实现战略的知识缺口是什么；制定实现知识战略目标的具体实施计划；对企业的战略目标在哪些情况下可能发生改变，并进行预测和应变。

（2）对合作伙伴的评估：对合作伙伴的知识了解，潜在合作伙伴的知识是否能弥补合作企业的知识缺口；对潜在知识合作伙伴的竞争地位和合作谈判能力的预测；要了解合作伙伴达成合作关系的意愿；调查合作伙伴的合作信用记录，是否能实现合作承诺；了解合作伙伴的企业文化和管理哲学是否与本企业有冲突；合作伙伴对合作的预期进行行为选择也很重要。

7.3.3　企业知识合作失败的原因分析

在知识战略联盟的合作中，合作失败比例非常高，引起合作失败的原因有很多，但大多数研究人员认为糟糕的合作伙伴是一个最重要的原因。如图 7-2 所示，伙伴关系问题占到合作失败因素的 70% 。常见的伙伴关系问题包括如下几种情况。

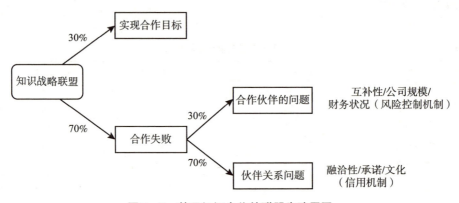

图 7-2　基于知识合作的联盟失败原因

（1）缺乏相互信任。信任是合作的基础。合作中的企业往往由于担心合作伙伴成为潜在的竞争对手而坚持独立状态，以期保留自己的核心能力、隐藏自己的战略意图。

　　同时，企业常常关注合作方的行为规范，通过带有惩罚性的合同条款来约束双方的行为。这种对合同的依顺与企业之间由于依赖而建立的信任是不同的。

　　（2）追求"门当户对"。国外专家的研究最先表明，知识联盟合作伙伴的选择对象最宜"门当户对"，在企业的现实联盟中，双方实力相当的企业有 2/3 获得了成功，而双方实力明显不等的合作企业约有 60% 以失败告终，派卡（A. Pyka，2002）对资源互补的两类创新参与者之间的创新联盟构建了理论模型，提出了强强联合匹配机理。联盟中成功率最高的是股权各占 50% 的合作关系。这些都对寻找知识合作伙伴类型和选择知识合作的方式提供了依据，只是在企业知识合作的关系中，"强"的含义更多包含了合作中企业知识对合作目标的贡献。平衡在合作中是一种不稳定的状态。企业在合作过程中对知识的学习能力不同，会导致企业知识存量的改变，从而改变其在合作关系中的战略地位和谈判实力。

　　（3）不明确合作使命。合作必须有明确的理由和战略目标。企业的经营面对的是一个不确定的环境，如果合作双方没有明确的合作使命，合作关系就存在不确定性，一方就会不断地调整自己对合作的投入，造成合作的流产。

　　（4）对潜在利益的分配。企业是追逐利益的经济实体，合作双方应该对合作利益进行明确的分配，达到双方满意，合作关系才会持续。对于进行知识合作的企业，不仅关心合作的经济利益，也关心合作知识的合作剩余分配。甚至有些企业与别的企业合作的目的就是得到合作伙伴的知识。知识合作剩余是企业合作知识创新的净收益，主要表现在隐性知识的获取和对新的交叉知识的创造。因而，知识合作剩余的分配问题是一个与企业自身学习能力紧密相关的问题，很难得到所谓公平。

7.4　本 章 小 结

　　本章从知识合作的角度分析了企业合作形式的演变、行业特点以及不同行业的知识合作方式与企业合作组织的关系。从企业合作组织的演变，得出行业知识构成特点决定合作形式的结论，建立了企业知识合作组织的选择模型。最后，从企业合作关系的变化、企业知识评估、合作伙伴之间的关系来研究企业知识合作的伙伴选择。

　　本章主要研究结果。

　　（1）通过对具体行业知识特点与合作形式的研究，提出了知识构成决定企业具体合作组织形式的观点。

（2）建立企业知识合作组织的选择模型。企业之间进行知识合作，组织形式是必须考虑的问题，组织形式表明合作企业间在合作关系中的角色、聚散状态、相互关系。得出以下结论。

第一，由于合作各方知识对合作目标的贡献都必不可少，无论企业的非主动性知识溢出的差异有多大，知识共享都可以最大限度地降低产品成本和提高企业利润，即合作比不合作好。

第二，交叉许可协议加速了知识的积累，促进了行业技术进步，适合知识更新快的行业。

第三，在合资企业形式下，知识溢出与企业规模及企业的知识吸收力有关。最优的股权比例应该是1:1。

第四，研发外包形式适合知识结构差异大的企业之间的合作。这时规模大的企业对合作方的知识吸收能力弱，拥有专长的小企业知识的溢出少。符合企业合作的公平原则，利于企业合作的进行。

（3）知识合作的伙伴选择。要做好合作伙伴的选择，必须明确以下几个问题：第一，合作各方要有非常明确的使命，或者称合作愿景；第二，要对合作伙伴的知识进行评估；第三，要处理好合作伙伴之间的关系问题。

第8章

知识合作方式对知识合作剩余的贡献

　　知识经济时代，企业合作创新的重要特征就是基于知识合作。知识合作能够创造产品价值是企业合作创新的根本动因。在技术、顾客需求快速变化的环境下，合作创新无疑是企业共享资源、降低创新风险的一种有效方式，这些合作创新活动都是围绕着提高产品的价值和减少产品的成本展开的。本章从企业产品价值要素入手来探讨知识合作对企业产品价值的贡献。最后，在构建产品价值构成要素模型的基础上，阐明了三种主要知识合作模式中新知识的产生对产品价值构成要素的作用和知识合作剩余的来源。构建了知识对企业能力的测度模型；论述了知识合作价值链对企业竞争优势的构建。可以用于分析企业合作创新的利润来源、知识合作的优劣评价等。

8.1　知识合作对企业产品价值的贡献

　　企业通过产品或是服务满足顾客需求来获取经济利益。企业生产的目的就是通过满足顾客需求，赢得货币选票。近年来，市场产品、企业合作、学科会聚表现出一个共同的特点，那就是知识合作。它们都不是按照传统上的"学科导向"（subject-oriented）逻辑的知识生产的，而充分体现了"问题导向"（problem-oriented）逻辑。企业与顾客发生的联系是全方位的。在新产品的设计、生产过程到营销，消费者的参与都十分重要。在企业与客户的关系中，顾客处于中心地位，企业通过生产产品满足顾客的需求来实现这一关系的延续。企业生产经营的目标是利润最大化。尽管这一观点受到了部分学者的批评，他们认为除了经济效益，社会效益也是企业生产经营的重要目标。我们认为，社会效益是经济效益的一部分，一个创造了良好的社会效益的企业会在社会赢得良好的信誉，在消费者中建立良好的声誉，而这些作为企业的无形资产，可以帮助企业扩大品牌影响，增加企业的商誉，从而促进企业经济效益的增加。

8.1.1 产品构成要素的含义

顾客与企业发生关系的根本基点是企业生产出的产品。因此，企业生产的目的就是满足顾客的需求，企业满足顾客需求的根本途径是生产出满足消费者需要的产品，即产品的使用价值满足了顾客的某种预期，为顾客创造了价值。顾客与企业发生联系的原因在于企业通过产品销售满足了顾客的需要而获取利润。

作为独立的经济组织向社会提供的产品通常包括有形产品和服务，无论何种形式的产品，它们都具有共性，即产品可以为顾客提供一定的价值，同时，每一种产品都需要一定的生产成本，并都以一定的货币形式实现买方与卖方的交换。因此，产品价值构成的三个基本要素是：生产成本、销售价格、顾客价值。

生产成本。由于新技术复杂性的提高和知识在不同的学科和技术领域之间的交叉融合，成为技术创新的主流，企业之间紧密的合作就越发显得尤其重要。企业之间的合作创新行为为双方获取合作伙伴的知识、技术和能力提供了机会，使得产品成本在充分竞争的市场环境中的进一步降低成为可能。

销售价格。产品的价格是企业与顾客之间的纽带，企业与顾客的利益关系通过产品的价格来得到体现。产品价格是企业与市场竞争以及买方力量均衡的结果，直接受产品成本的制约，也会受互补品、替代品的价格影响。以芯片为概念的 IT 产业、以基因为概念的生物工程以及纳米概念对传统产业及产品赋予了传统产品新的内容和形式，产品呈现出多功能与多样化特征，使产品价格实现更大利润的空间成为可能。

顾客价值。企业生产给顾客带来价值，这个价值可以包括两个部分：一是产品的使用价值；二是单位产品的消费者剩余。产品的使用价值是指企业在为顾客创造价值时，生产顾客需求的产品并实现产品的质量、功能是企业首先要考虑的问题，即要从顾客角度来讲生产有价值的东西；消费者剩余不仅包括价格因素，还应该包括消费者对产品的心理，即对于顾客来讲，不仅买到了有价值的东西，还要拥有某种商品的心理满足。人类经济的发展阶段与人类精神层次的阶段是一脉相承的。这一时代，将有更多满足个性化的产品出现，生产也会向客户端转移，进入按需生产。因而，与客户的合作是知识合作的一个重要的组成部分。这是一个合作创新的时代，缔造财富的愿望将使全人类走向知识合作，知识合作的目的是为了生产出多样化的产品，满足人们更高层次的精神生活。

8.1.2　产品价值构成要素之间的关系

（1）产品价值构成要素模型（如图 8.1 所示）。不仅说明了产品价值的构成要素，还反映了三者之间的量化关系。对于正常商品来说，这三者之间的量化关系是：

$$V = P - C,\ (V \geqslant P \geqslant C) \tag{8-1}$$

从式（8-1）中我们可以发现，产品的价格对产品的需求起关键作用，同时产品的价格也是企业是否选择扩大经营规模的重要原因。图 8-1 中第 I 表示产品顾客价值与产品价格的差额，称消费者剩余，这部分是决定顾客是否购买的关键因素。

当 $V \geqslant P$ 时，消费者通过消费得到的价值不小于此支付的价格。

当 $V = P$ 时，消费者决定购买产品的底线，表示产品对消费者的效应与 P 等量货币为消费者带来的效应相等。

第 II 两部分是产品价格与产品成本的差额，称生产者剩余，这部分是企业能否生产的关键条件。

当 $P \geqslant C$ 时，企业销售产品的价格不小于其生产成本。

当 $V = P$ 时，表示企业盈亏平衡，是企业维持生产经营的基本条件，也是企业存在的重要条件。

（2）产品价值构成与竞争方式的关系。价格竞争是传统竞争的重要特征。我们可以从产品的价值模型中发现，消费者希望得到更多的消费者剩余，而生产者力图得到尽可能大的生产者剩余，这两者的利益是相互冲突的。在传统的经营模式下，企业通过提高产品价格或者是降低生产成本来实现生产者剩余，矛盾的结点在于商品的价格 P。对于买方市场，生产者想要单单依靠提高产品价格来提高产品的利润是行不通的，同样，消费者也不可能来支配产品的价格。这样，消费者剩余：$V - P$，来源于降低价格，生产者剩余：$P - C$，来源于提高价格或降低成本。因而，价格竞争成为竞争的焦点。

知识合作下的竞争焦点发生变化。生产者剩余可以理解为企业的经济效益，消费者剩余可以理解为企业的社会效益，两者之和为企业创造的全部效益，也就是图 8-1 中 I、II 两部分之和。从前文我们对企业经济效益和社会效益的分析可以认为，企业的效益越好，企业就可能获得越多的经济效益，走向可持续性发展的道路，由此可以提出一个假设：企业创新的目的就是为增加单位产品的生产者剩余和消费者剩余之和，即追求 $\max(V - C)$。在企业创新的过程中，企业关注的目标主要是产品的顾客价值 V 和产品的成本 C。在合作创新活动中，$V(X)$

来源于互补性知识产品能实现消费者消费心理价值的增大。$P(X)$ 来源于知识的整合合力对降低研发成本，缩短产品投入周期起到降低成本。这就避开了恶性价格竞争，缓解了资源紧缺的压力。

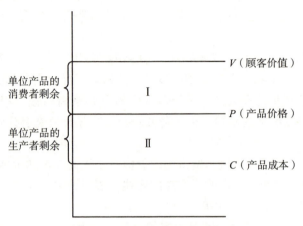

图 8-1　产品价值构成要素模型

资料来源：惠彩红：《企业创新的逻辑、途径与模式研究》，西北大学硕士论文，2004 年。

8.1.3　知识合作对产品价值的影响

合作行为能产生整体优势的原理并不足以解释合作关系的发生，在经济活动中，企业最关心的是自身的利益得失。现代企业面临着资源紧缺，生产饱和等现实问题，此时，知识作为生产要素为企业改变生产方式、建立新的盈利模式带来了契机。专业化生产使人类提高了劳动效率，创造出大量的物质财富，同时在生产的历程中积累了丰富的知识，知识被分解，大量的数据、信息都可以重新匹配。生产方式已经从密集型转向数据密集型，这就要求知识的重新组合。可以说，财富的生产方式正在发生变化（农耕知识、工业知识、知识生产要素的重新组合—知识合作）。知识合作方式构建了企业盈利的新模式。不同的知识合作方式对产品价值构成要素以及要素之间的关系产生不同的影响。知识合作价值的直接来源是知识合作所创造的产品价值，具体反映在对产品价值的三个要素的影响上，主要体现在单位产品的消费者剩余和生产者剩余的变化。

我们从知识是生产资料这一命题出发，将知识生产纳入生产方式的整体结构加以考虑。即生产要素的不同组合使生产方式发生了改变。在生产什么，以及如何生产这两大生产方式的主要问题上发生了变化。依靠不同的知识合作方式可以降低成本、提升顾客价值；可以增加传统产品的附加值，提高产品利润；可以生产创造出新的产品，开辟出新的消费领域。

8.1.4　三种知识合作对产品价值的贡献

8.1.4.1　知识供应链合作对产品价值的贡献

（1）模式中新知识的产生。知识供应链模式中新知识产生于节点成员中。知识供应链中的"推"可以看作是指以产学研各主体所产生出来的"知识产品或服务"为主导形成的知识供需链条。知识供应链中单纯的"推"会导致科学技术研究成果的商品化程度很低，知识没有能够及时转化为生产力。知识供应链拉式中的"拉"是指以链条终端客户的需求为驱动力，促使各主体围绕终端客户需求产生出相应的"知识产品或服务"。整个链条具有较强的集成度，链条中的合作主体之间有非常明确的知识供应链协同目标，信息交换迅速，可以根据用户的需求实现知识的定制化或个性化服务，在与顾客的交往中进一步获取、吸纳和共享顾客知识，并在合作中进一步创新知识，所产生的新知识主要表现在自身知识结构的改善和提升、学习能力的提高等。从而有效地实现知识循环在三个环节上的信息流和知识流同步。

（2）对产品价值的影响及知识合作剩余的来源。通过企业之间合作创新产生的新知识，使得 V、P、C 以及它们之间的差额关系发生了改变。由于知识供应链模式所产生的新知识形成于合作企业的知识结点，主要表现在有效地实现知识循环在三个环节上的信息流和知识流同步。因而，在大多数情况下，知识合作供应链模式对产品价值的影响表现在 $\Delta P - \Delta C \geqslant 0$，即知识合作供应链模式中，来源于知识的整合合力对降低研发成本，缩短产品投入周期起到降低成本的作用，从而增加了单位产品的生产者剩余。顾客价值的提升则体现在与顾客的交往中进一步获取、吸纳和共享顾客知识，快速对终端客户的需求做出相应的反应。

8.1.4.2　知识嫁接对产品价值的贡献

我们将知识嫁接模式分为同类知识的嫁接模式和异种知识的嫁接模式。这两类嫁接模式新知识的来源以及对产品价值构成所产生的作用也不同。

（1）同类知识的知识嫁接模式。同类知识的知识嫁接模式中新知识的产生：这类知识合作的特点是在同一个知识系统中，尚未获得的知识与已经获得的知识之间存在着强烈的互补性，即新知识来自同一知识系统中与自身知识具有强烈互补性的知识。例如，医药行业知识构成的特点为知识和技术能力的分散性。当今世界没有一家公司可以具备创新所需的所有专业知识和能力，专业知识和能力现已分散到众多的公司而不是聚合到几家大公司。在过去的 15 年中，制药行业几乎所有的新发现和新发明都来自学术界和生物技术公司，而不是制药公司自己的发现与发明。研发外包、生物制药，一方依靠专有技术获利；另一方依靠缩短新产品上市获利。

（2）异种知识的知识嫁接模式。异种知识的嫁接是异种知识的组合方式，通常是高科技技术与传统生产的结合，将高新技术应用于传统产业和产品中，赋予了传统产品新的内容和形式，拓展了市场空间，为合作企业带来了高收益。通过知识嫁接产生新的知识对产品价值的影响反映在 $\Delta P > 0$ 且 $\Delta P - \Delta C > 0$。具体来讲，主要表现在产品使用功能的增加上，这就增加了产品的使用价值，使消费者在消费产品的过程中得到了一种全新的心理体验，由于产品对产品的需求状况良好，消费者也乐意接受，企业会适当地提高产品的价格，这会给企业带来超额的利润。超额利润几乎是该类知识合作创新自然而然的结果。

8.1.4.3 知识合作的知识集聚模式中产品价值的产生

（1）在知识合作的知识集聚模式中，新知识来自产业内部知识源的交叉。以电子行业为例，电子行业知识构成的特点是技术的积累性和交叉性。即一项创新需要建立在其他创新的基础之上，相应的产品要采用相关领域内的多种技术。产业中的各个企业都拥有大量的专利技术，尤其像 Intel 公司这样的处于行业领导地位的企业。通过技术交叉许可和相应的转移支付，可以发挥具有互补性的专利技术的作用，加速了行业技术的交流，形成知识集聚后的快速增值效应，使得单片性芯片上集成的晶体管数量每年大约增加一倍，美国半导体行业协会预测单片芯片上集成的晶体管数量的这种级数增长率将至少保持到 2020 年。知识集聚同时又避免了合资企业合作模式下高昂的协调成本，调动了各个企业在研发和生产中的积极性。

（2）对产品价值的影响及知识合作剩余的来源。通过知识集聚产生新知识的过程具有快速增值效应，同时又避免了合资企业合作模式下高昂的协调成本，使产品价值要素 V、P、C 以及它们之间的差额关系发生了改变。主要表现在单位产品成本，尤其是在研发过程中成本的降低。因而，在大多数情况下，知识合作集聚模式对产品价值的影响表现在 $\Delta V > 0$ 且 $\Delta V - \Delta P > 0$，即在知识集聚模式中，由于新材料、新工艺、新设备、新技术的采用，产品的质量性能或产品的使用价值增加了，而这些创新行为由于避免了高昂的协调成本，价格可能并没有很大变化，甚至于产品的价值增大了，成本和价格反而下降了。例如，PC 机的发明和推广，就是一个性能越来越好，而价格却越来越低的例子。同时 PC 机生产的知识合作正是知识集聚模式。

知识合作模式与产品价值要素构成之间的关系（见表 8 - 1）。

表 8 - 1　　　　　　　　　知识合作与产品价值要素构成一览

合作知识类型	关联型知识合作	互补关联型知识合作		互辅关联型知识合作
		知识沿时间互补	知识沿空间互补	
知识合作方式	知识供应链	同类知识嫁接	异种知识嫁接	知识集聚
知识合作效应	合作知识的推拉效应产生了知识的整合合力	亲缘关系近的差异知识之间具有强烈互补性	高科技技术对传统知识的黏和性	知识的积累与交叉形成快速增值效应
产品价值要素	$\Delta P - \Delta C \geqslant 0$	$\Delta V > 0$，$\Delta P - \Delta C > 0$	$\Delta P > 0$，$\Delta P - \Delta C > 0$	$\Delta V > 0$，$\Delta V - \Delta P > 0$
知识合作剩余中 $f(K)$ 来源	降低研发成本；problem-oriented 为逻辑的生产	一方依靠专有技术获利；另一方依靠缩短新产品上市获利	增加了产品的使用价值	使用价值增加；成本和价格反而可能下降
举例	产、学、研合作；企业与供应商、客户	制药行业的研发外包	IT 产业、生物工程、纳米技术与传统产品的结合	电子行业之间的合作，如美国硅谷

在技术、顾客需求快速变化的环境中，合作创新无疑是企业共享资源、降低创新风险的一种有效方式，这些合作创新活动都是围绕着提高产品的价值和减少产品成本来展开的。合作形式的选择取决于多种因素，其中，企业所在行业的知识特点与企业合作形式的选择密切相关。知识合作是企业合作的本质，企业知识合作剩余的来源正是知识合作的方式。本章对合作知识进行了分类，具体研究了知识的合作模式。在构建产品价值模型的基础上，对不同知识合作方式对产品价值的影响以及知识合作剩余的产生进行了细致的分类研究。企业知识存量与吸收能力决定了企业在合作创新活动中的地位，现代企业只有提高企业的自主创新能力，才能产生知识合作剩余，并在合作剩余的分配中获取应得利益。

8.2　知识对企业能力贡献的测度模型

为深入探讨在知识合作的过程中，知识对参与合作的企业竞争能力的提升演变轨迹，本书建立了研究知识对企业能力的测度模型，模型构建思想及具体过程如下。

8.2.1 研究假设

生产要素的稀缺性规律是古典经济学的一个重要理论基础，物质资料随着人类社会的发展被不断消耗，人类为了寻求生存与发展甚至不得不寻找新的资源替代。而知识却随着时间的推移和人类的发展而日益丰富。知识在企业间的传播与使用过程中，不但不会减少，反而会由于知识的流动、共享而源源不断地产生新知识，使企业的知识得到积累和实现对新知识的创造。企业所生产出来的产品是知识的函数，因此，企业通过合作来实现知识积累和新知识的创造不仅会为企业带来直接的经济利益，更会提升企业的综合能力，因而，也必然带来企业合作发展的驱动力的持续性。使得企业在竞争世界的同时竞争未来。"企业的核心竞争力是组织的积累性学识，尤其是那些关于对不同生产技能的协调和对多种流派知识的集成（Prahalad and Hamel，1990）"因此，知识资本成为推动企业合作的原动力。根据上述理论基础，提出假设1。

假设1：知识资本对合作企业的发展能力有着突出的贡献。

根据企业的资源基础理论观点，企业通过其所拥有和获取的资源而生存并保持竞争优势，物质资本是企业得以生存、发展所必需的基础性资源，无论在工业经济时代还是知识经济时代，它对企业的发展都有一定的影响。企业之间的知识合作产生的新知识最终要市场化，则需要把这些知识渗透到具体的组织生产里。只有当知识应用于企业具体的生产过程中，并与企业具体流程相结合，才能使"成果"转化成最终产品卖给最终用户，才是实现了知识创新的商业化，完成了知识的价值以及知识的价值增值。为此，我们提出假设2。

假设2：物质资本对合作企业的发展能力有一定的贡献。

对于合作企业的知识资本的构成，国内外学者持有不同的观点，本书采用的观点，即认为知识资本包括结构资本和人力资本，结构资本又可分为组织资本和关系资本。人是知识的载体，人力资本是潜在持续竞争优势的主要来源，由于其因果关系模糊、路径依赖和社会复杂性，竞争对手很难复制，掌握了稀缺知识和技能的人力资本是促使合作企业发展的最根本原因；结构资本能使合作企业高质量、有序地运转，能为企业员工的工作和交流提供一个和谐的大环境。因此，结构资本也能有效地促进合作企业的发展。本书提出假设3和假设4。

假设3：人力资本对合作企业的发展能力有积极的贡献。

假设4：结构资本对合作企业的发展能力有积极的贡献。

8.2.2　指标选取

本书选取企业发展能力指标作为因变量，来衡量参与知识合作的各个企业从知识合作中的获益情况，具体指标选取如表 8 − 2 所示。

表 8 − 2　　　　　　　　　　合作企业发展能力指标体系

指标名称	指标构成
企业成长能力	企业净利润的同比增长率（Y1）和营业收入同比增长率（Y2）
企业盈利能力	净资产收益率（Y3）和净利润/营业总收入（Y4）
市场占有能力	市场占有率（Y5）

由于上述每个指标只能反映合作企业运营过程中的某个方面的发展状况，单纯使用一个或多个财务指标无法全面反映企业在知识合作之后的能力的提升情况，鉴于此，对合作企业发展能力指标的选取可用因子分析法进行融合，从中提炼出一个能全面反映合作后企业综合发展能力的因子的综合得分值，作为知识合作后，企业发展能力的因变量，并记为 F_i，表示第 i 个企业在知识合作后的企业发展能力。

澳大利亚知识资本研究中心的安特帕布雷克（Ante Pulic）在 2000 年和他的同事开发了一种知识资本评价系统——智力增值系数（VAIC）。安特帕布雷克提出了应该从以下三方面综合评价企业的知识资本：物质资本增值效率（VACA）、人力资本增值效率（VAHU）以及结构资本增值效率（STVA）。三者之和为智力增值系数（VAIC），VAIC 越大，企业的知识资本含量就越高。企业知识合作价值包括两部分：知识合作产生的直接经济利益和企业竞争优势的增强。直接经济利益来源于知识合作对企业产品价值的贡献；竞争优势的增强来源于知识合作通过对企业外部价值链上的知识整合，增加了企业的知识存量，提升了企业把在知识合作过程中获取创新知识商业化的能力。因此，本书采用知识合作后，各个企业物质资本增值效率（VACA）、人力资本增值效率（VAHU）和结构资本增值效率（STVA）三方面来综合评价各企业的知识资本。借鉴以上研究成果及相关理论，本书拟选取物质资本增值效率（VACA）、人力资本增值效率（VAHU）、结构资本增值效率（STVA）、智力增值系数（VAIC）作为自变量来反映知识对企业能力提升的贡献。

8.2.3 模型构建

$$\ln F_i = \alpha_i + \beta_i \ln VAIC_{it} + \varepsilon_{it} \tag{8-2}$$

$$\ln F_i = \alpha_i + \beta_i \ln VACA_i + \delta_i \ln VAHU_i + \eta_i \ln STVA_i + \varepsilon_{it} \tag{8-3}$$

其中，i 和 t 分别表示参与知识合作的公司和考察期，α_i、β_i、δ_i、η_i 均为截距项，ε_{it} 为残差项。模型（8-2）用来衡量智力增值系数（$VAIC_i$）与合作企业发展能力综合指标（F_i）之间的关系。模型（8-3）用来衡量智力增值系数（$VAIC_i$）的三个成分，即物质资本增值效率（$VACA_i$）、人力资本增值效率（$VAHU_i$）和结构资本增值效率（$STVA_i$）与合作企业发展能力综合指标（F_i）之间的关系。

$$VACA_i = VA_i / CE_i \tag{8-4}$$

其中，VA_i 表示发生知识合作后，第 i 个企业的物质资本增加值；CE_i 表示知识合作前，i 企业的物质资本投入：

$$VAHU_i = VA_i / HC_i \tag{8-5}$$

HC_i 表示第 i 企业在合作中投入的人力资本，并且 HC_i 等于企业在参与知识合作中的所有员工身上的总花费：

$$STVA_i = SC_i / VA_i \tag{8-6}$$

其中，SC_i 表示 i 企业在合作中的结构资本，并且满足如下条件：

$$SC_i = VA_i - HC_i \tag{8-7}$$

$$VAIC_i = VACA_i + VAHU_i + STVA_i \tag{8-8}$$

其中，$VAIC_i$ 表示 i 企业智力增值系数、$VACA_i$ 表示 i 企业物质资本增值效率、$VAHU_i$ 表示 i 企业人力资本增值效率、$STVA_i$ 表示 i 企业结构资本增值效率。

8.3 知识合作构建企业竞争优势

在如今的全球性市场，随着知识创新的日新月异，分工越来越细，专业分工似乎在企业之间竖起了一道道无形的"高墙"，企业之间的知识合作正是要打破这种"高墙"，使企业之间的协作更加畅通从而达到 GE 总裁杰克·韦尔奇所倡导的"无边界企业"的理想情景。企业之间的知识合作创新实现了企业外部价值链的整合。

8.3.1　知识合作对企业外部价值链的整合

（1）知识合作实现了企业外部价值链整合。企业之间合作关系的存在为其外部价值链整合提供了条件。如第 3 章中所述的企业之间合作知识创新的基础是企业之间的知识存在互补性，或是资源聚积在一起能产生规模效益。根据企业合作创造价值的方式，可以把企业之间的合作分为垂直合作、水平合作和交叉合作。垂直合作是上下游企业之间通过降低物流成本，实现流程增值，如企业和供应商、销售渠道之间的合作，可以看作垂直方向价值链的整合。企业与位于相同价值节点上的竞争对手或其他相关企业之间的水平方向的合作关系可以看作是价值链的水平方向的整合。企业之间通过知识合作使流程增值，同是合作企业之间通过学习产生共生放大的作用，产生"$1+1>2$"的协同效应。如在企业与其供应商的垂直方向整合中，使供应商的知识与企业的知识相结合，不仅降低了研发费用及产品的制造成本、缩短了产品的研发周期，还更好地满足了产品的功能性需求，提高了新产品的研发质量。合作的结果不单单是使合作各方都获得了利益，对合作关系稳定更为有意义的是：在过程中通过合作企业外部价值链整合，整个合作系统的价值得到了提高，对于合作方来讲，合作的吸引不仅仅是直接经济利益的获得，还成为合作价值链上的一环。

（2）外部价值链上的知识整合给企业带来持续的竞争优势。企业之间的合作是以知识和知识共享、共同学习为基础的联系。同时，企业间的合作的过程也是知识运用的过程，机构、人员安排、资金流动以至生产过程的重新安排和配置都是一个复杂的过程，没有合理的知识分工和知识协作是无法取得较高效率的。有学者认为企业知识的增长既要依靠组织内部知识的积累又要注重利用企业边界之外的知识，只有这样才能进行有效的知识整合[①]（Kogut，1992）。随着分工的演进，企业不可能完全拥有完成任务所需的全部知识，所以，就必须借助企业外部的知识来完成相关的业务活动。归根结底，知识是企业合作的关键，企业竞争优势的持久性最终是由企业所拥有的知识特别是隐性知识决定的。企业关系观（the relationaview）认为企业之间可以在长期的合作中对资源和知识进行整合，这种企业关联虽然超越了企业边界，但仍然可以形成独特竞争优势并获取核心能力的关键资源[②]（Dyer，1998）。因此，企业通过知识合作对企业外部价值链进行

①　Kogut B，Zander U. Knowledge of the Firm. Combinative Capabilities and the Replication of Technology. *Organization Science*，3，1992，pp. 383 – 397.

②　Dyer J H，Singh H. The Relational View：Cooperative Strategy and Sources of Interorganizational Competitive advantage. *Academy of Management Review*，23（4），1998，pp. 660 – 679.

整合可以从根本上优化企业同价值链合作伙伴间的关系并且给企业带来持续的竞争优势。

不同知识合作方式产生不同的知识合作效应和对产品价值要素的贡献，使企业实现组合战略变得可行。本书认为，企业合作知识创新的外部价值链整合的竞争优势来自知识合作对价值链的重构。

8.3.2 知识合作价值链的形成

（1）与知识合作价值链有关的概念。价值链：波特（1985）在《竞争优势》一书中提出了价值链概念并建立了价值链模型。其主导思想就是沿着原材料到最终用户来追踪投入和产出的情况，并认为价值增值的过程可能在价值链的不同阶段中实现。

知识链：组织的知识活动涉及知识的发现、获得保存、分散和应用。有研究者据此提出了知识链的概念，认为组织的知识管理就是知识链管理。

知识价值链：鲍威尔（Tim. Powell，2001）根据波特的价值链模型的思想，认为在数据、信息、知识之间存在一种价值链关系，提出了知识价值链模型。

知识合作价值链：在企业知识合作创新中，在合作知识的投入与产出之间存在着由知识合作产生的价值链。知识合作价值链是一种企业外部的知识价值链。

（2）知识合作价值链与其他相关概念的区分。本书受上述各种价值链的启发，在对企业合作知识创新的研究中发现，进行知识合作的企业从双方对合作知识的投入、知识的活动、知识合作的价值产出之间存在着价值链，因此，定其为知识合作价值链。这种定义并非为了创造个新名词，而是由于研究的角度不同，知识合作价值链与上述价值链之间价值形成的原因、方式皆不同。

第一，研究的对象不同。无论是知识链还是知识价值链，都是基于隐性知识和知识创造思想而构建的。研究的是知识在企业之间的流动、转移、共享。知识合作价值链是研究知识之间的各种关系以及其合作产生的效应。

第二，研究对象的分类依据不同。无论是知识链还是知识价值链，它们的研究都是基于对知识的分类。隐性知识与显性知识的分类是它们研究的基础。知识合作价值链的研究是基于对知识之间关系的分类，关联理论与知识合作的协同与互补效应是研究的基础。

第三，价值产生的方式不同。无论是知识链还是知识价值链，其价值的产生都来自知识共享。知识合作价值链的价值来源于知识的协同与合作对产品价值的影响和竞争优势的重构。

（3）知识合作价值链模型。

假设 1：企业之间的合作知识创新能够获取竞争优势。

假设 2：消费者对产品质量与个性化有双重需求。

假设 3：知识合作具有协同效应和互补效应。

依据以上假设构建本书企业知识合作的价值链模型如图 8 - 2 所示。

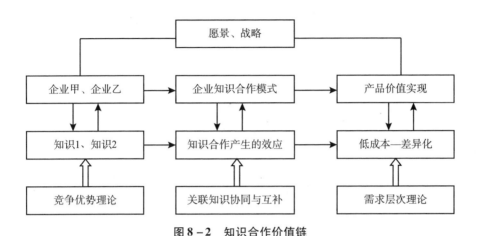

图 8 - 2　知识合作价值链

在企业内部，可以通过结构性资本的改善与优化来实现知识的有效整合，然而，在不同的组织之间，则可以通过战略性知识合作等形式来实现知识的有效整合。本书把企业间知识合作形式分为知识集聚、知识合作供应链和知识嫁接三类。这三种合作模式为企业的合作特别是研发合作以及技术转移等，提供了知识共享与知识创新的平台与机制。

从本书式（4 - 3）知识合作剩余的数学表达中可以看到，

$$V_{kc} = f(K) + (C + L) \times A \qquad (4 - 3)$$

$$A = I \times T \qquad (4 - 4)$$

式（4 - 4）中：I 为知识创新资源投入能力（input）；

T 为企业知识价值转化能力（translation）。

企业知识合作通过对企业外部价值链上的知识整合，使知识合作体的知识创新资源投入能力 I，企业知识价值转化能力 T 都得到了提升，增强了竞争的整体优势。

8.3.3　知识合作价值链对企业竞争优势的重构

（1）组合战略的可行性。第一，波特（Porter，1980）认为差异化和低成本战略是不同的，成功地实施两种战略均需要资源。两种基本战略间架构上差异很大，成功地实施它们需要不同的资源和技能。如果公司的基本目标不止一个，则这些力量将被分散。皮德·德鲁克认为：在知识经济时代，知识是企业最终唯一有价值的资源。企业之间的知识合作改变了单个企业知识资源稀缺的情况，与此相伴而来的结果是合作，使得信息的获取成本显著下降、产品的流通和交易环节减少，使交易费用降低；生产周期缩短；成品库存减少等。知识合作产生的协同作用必然使企业产品的生产成本降低。

第二，波特（1980）① 认为，"很多活动无须增加多少额外费用就可以使其更具独特性。一个好的方法就是利用联系来增进经营歧异性。企业可能有能力仅以更好的内部协调或与供应商或销售渠道的协调而使自己与众不同"。这也恰恰说明，依靠企业之间的合作，就有实现组合竞争战略的可能性。企业通过知识合作来重构价值链的不同环节及其联系使组合战略具有可行性。

第三，产品是企业与消费者联系的纽带，由于知识经济时代知识生产的模式已经从单一的知识生产变成多学科的汇聚，产品整合了越来越多的知识，一项产品的创新活动会涉及多个专门化的企业，产品正变得含有更多知识或技术含量。传统的产品和企业是建立在专门化理解的基础之上的，现在这些专门化的范围正在不断增加。知识合作的建立是基于顾客对产品的需求，消费者中心化使企业的组合战略成为必然；知识合作的方式使组合战略可行。

知识经济起着从根本上改变企业的经营环境、改变企业战略的作用。现在，公司战略中最为关键的就是要把公司发展成为具有何种知识的企业，并将这一愿景在组织管理体系中加以具体实施。在知识愿景的推动下，企业采纳了知识合作战略。例如，在 NEC（日本电器有限公司）成立伊始，高管层即确立了其知识专门化战略，这一知识战略目标是企业的发展集中于电子技术领域的研究，然而，通讯领域的竞争趋势与计算机有关联要求，使日本电器有限公司开始对计算机领域进行研究，随后公司认识到计算机和通讯一体化的趋势，明确地提出了将追求把计算机技术和通信技术联系在一起的 C&C 知识战略作为公司的发展愿景，并计划在 2000 之前将这两大技术知识融为一体。正是在这种知识愿景的指导下，企业才开始知识合作战略并支持计算机和遍布世界的通信网络的开发。

（2）知识合作价值链实现了知识的价值增值。

$$V_{kc} = f(K) + (C + L) \times A \qquad (4-3)$$

$$A = I \times T \qquad (4-4)$$

---

① Michael E. Porter. *Competitive Advantage*. The Free Press，1980.

在式（4-4）中：I 为知识创新资源投入能力（input）；

T 为企业知识价值转化能力（iranslation）。

我们知道，只有当知识应用于企业具体的生产过程时，并与企业流程相结合，转化成最终产品卖给最终用户，才是实现了知识创新的商业化，完成了知识的价值以及知识的价值增值。从式（4-3）可以看到，企业知识合作对其竞争优势的作用，并不是简单地由企业的知识存量和对知识的学习与吸收决定，企业的行动能力 A 是对企业知识合作的价值实现的重要因素。

"企业的核心竞争力是组织的积累性学识，尤其是那些关于对不同生产技能的协调和对多种流派知识的集成[①]。"知识合作不仅是企业的知识存量 C，比企业单独生产时得到更多的积累。同时，不同的知识合作通过对企业价值链外部知识的整合，实现了知识资源投入的优化，以及知识创新的价值转化能力的提高。

知识合作使合作体作为一个整体的竞争优势增强。研究表明，知识合作与共享可以促使合作企业总体知识的指数增长，取得双赢的效果（Paul Tracey and Gordon L Clark，2003）。由于知识生产模式的变化与经济的全球化加速了知识在更为广泛的区域内流动，现代的竞争已经由单个企业之间的竞争演变为企业集团之间的竞争。合作企业利益的获得不仅是对合作剩余的分配来获取经济利益，还有成为合作体的一员来增强企业竞争优势。企业之间的合作知识创新形成了知识合作价值链，实现了对合作企业竞争优势的重构。合作企业成为知识合作价值链上的一环而增加了本企业的竞争优势。

一种理论的产生总是有某种特定的历史背景和特定的经济环境。波特关于竞争战略的理论形成是在 20 世纪 80 年代，随着网络经济的发展和企业合作知识创新活动的加深，企业的经济背景不同，企业的战略形态亦发生变化。企业战略范式的转型不是随机的经营行为，而是环境的改变引进企业经济活动的价值创造的机制不同推动的。在传统的工业经济背景下，企业经验的连续积累可以成为企业竞争优势的源泉，在知识经济下，知识的淘汰速度非常快。行业竞争更多的是从"大鱼吃小鱼"变为"快鱼吃慢鱼"，从传统的规模效益之争转向速度效益与规模效益并重的竞争模式。企业战略的核心要从企业发展的全局出发，针对未来，而不是已有的经验，根据知识存量，利用合作的知识资源共享特性，企业之间形成利益相关的群体，通过实现价值链上的知识整合来实现竞争优势成为现实。

[①]　Prahalad C. K. &Hamel. G. The Core Conpetence of the Corporation. *Harvard Bussiness Review*, 7, 1990.

8.4　本章小结

本章从三个方面研究了知识合作对企业的贡献。以追逐利益为目标的企业必然以实现利益为知识合作的目标。8.1 中研究知识合作对企业产品价值的影响；为深入探讨在知识合作过程中，知识对参与合作的企业竞争能力的提升演变轨迹，在 8.2 中建立了知识对企业能力的测度模型；8.3 研究了知识合作如何通过对企业外部价值链上的知识整合来实现竞争优势。

本章主要研究结果如下。

（1）构建知识对企业能力贡献的测度模型。本书选取企业发展能力指标作为因变量，来衡量参与知识合作的各个企业从知识合作中的获益情况。

（2）知识合作方式对产品价值要素的贡献。产品价值构成的三个基本要素是：生产成本、销售价格、顾客价值。企业通过产品或服务满足顾客需求来获取经济利益。企业生产的目的就是通过满足顾客需求，赢得货币选票。

（3）知识合作价值链对企业竞争优势的构建。在企业知识合作中，在合作知识的投入与产出之间存在着由知识合作产生的价值链。知识合作价值链是一种企业外部的知识价值链。知识合作不仅是企业的知识存量，比企业单独生产时得到更多的积累。同时，不同的知识合作通过对企业价值链外部知识的整合，实现了知识资源投入的优化，以及知识创新的价值转化能力的提高。

第9章

总结与展望

9.1 本书结论

知识是知识经济时代最具有战略意义的资源，本书在吸收前人研究成果的基础上，从知识生产模式改变这一现象出发，对企业合作进行重新思考，运用管理学、经济学、社会学、心理学和信息系统等多学科的理论和方法，较为系统地研究了企业知识合作的原理、方法、机制等具体问题。知识合作是指企业与企业之间，以问题为导向、以消费者为中心，基于知识战略考虑，形成利益相关体，用多学科汇聚的知识生产模式使得企业进行价值链上跨组织的业务活动，通过企业外部价值链上的知识整合，实现经济利益和获取竞争优势的过程。现将本书主要内容和结论整理如下：

（1）通过对文献的评估确定研究基点，即企业知识合作的理论。依据野中郁次郎对企业知识创新原理的理论构建，尝试从企业知识合作的流程、企业知识合作的 KC–SECI 模型、企业知识合作创新的组织与制度来建立企业知识合作的理论。企业知识合作的 KC–SECI 模型就是企业知识合作的知识创造模型，与组织内的 SECI 模型相比较，首先，是知识创新的链条延展；其次，是知识创新过程分为不同组织间的知识溢出的过程和企业内的知识创造的两个阶段。

（2）对企业知识合作机制的研究。从系统的观点依据合作过程将企业知识合作分为动力机制、运行机制、调控机制。

知识合作的动力机制是企业在两种内在因素（知识员工的自我实现需求和知识经济财富缔造体系）和三大外部环境（信息发展带来的技术进步、全球经济一体化下企业竞合关系的形成、知识成为企业最重要资源的创新环境）的催进下，在知识合作能为企业带来直接经济利益的激励下，产生了知识合作的驱动力。基于企业进行知识合作的目的是在于获取各种利益的前提假设下，本书提出适合于企业知识合作的动力机制模型，此模型的含义是企业在外部宏观环境的影响和内在因素的促成下，受知识合作方式可以为企业带来利益的激励，产生了知识合作的驱动力。

企业知识合作的运行机制。研究了知识合作方式所产生的效应如何形成了合作运行环境；建立了知识合作运行原理的图形模型；论述知识合作中新知识的产生和对企业竞争力的影响。从知识集聚的形成、知识集聚运行的原理、知识集聚竞争优势的形成这三点入手来研究知识集聚合作的机制问题；知识供应链合作的效应是知识的推拉效应，因此，在这一节中研究知识的推拉效应、知识供应链的构建以及其知识创新；知识嫁接的合作效应形成了知识之间的互补，包括知识缺口互补的形成、合作运行环境等。知识网络的合作效应是形成了围绕客户需求的知识自组织系统，研究了知识网络的形成、运行和知识创新原理。

企业知识合作的调控机制。调控机制是制约合作体矛盾和维持合作正常运行的重要控制系统。企业知识合作存在不稳定性有三点原因：一是合作本身具有周期性；二是由于合作企业知识存量的不同，对知识的吸收能力不同，造成合作初始博弈条件的改变，引起合作的不稳定；三是对合作利益分配不公产生的不稳定。研究这三种知识合作方式在运行中存在的问题，并提出相对应的调控机制。知识集聚合作主要存在集聚外部性的持久性问题，应该通过形成集群内的知识势差、加强知识流动来实现知识创新的持续性；知识供应链的关键问题是上下游企业之间的信任关系，在程序公平的基础上建立基于依赖的信任是其调控机制；知识嫁接存在于风险控制问题，有效的风险治理和合理的组织设计是其调控机制的关键因素。知识网络可以通过自组织系统进行调整和自洁，这既是知识网络的优越性，也是它的局限性，监管和制度规则的健全也显得尤为重要。

（3）企业合作的组织。保障合作有两个方面的问题是必须考虑的，一个是合作的运行机制，另一个重要的问题就是合作的组织。研究了企业合作的组织、如何选择，以及对合作伙伴的选择这三点内容。通过对制药行业和半导体行业知识合作的知识特点与合作组织形式选择的研究，得出知识合作特点决定组织选择这一结论，并建立了企业组织的选择模型。

（4）研究知识合作对企业的贡献。以追逐利益为目标的企业必然以实现利益为知识合作的目标。与伙伴的谈判技巧能在利益分配上起一定的作用，但是合作伙伴所获得的利益与其所做的贡献比率是由其知识投入在合作所占地位来决定的，那些所做贡献最不可缺少的合作者几乎总能获得较高的比率。本书从价值驱动的角度描述了企业知识合作价值的组成，并构建了企业知识对企业能力的测度模型。企业知识合作价值包括知识合作产生的直接经济利益和企业竞争优势的增强。直接经济利益来源于知识合作对企业产品价值的贡献；竞争优势的增强来源于知识合作通过对企业外部价值链上的知识整合，增加了企业的知识存量，提升了企业把在知识合作过程中获取创新知识商业化的能力。

9.2　研　究　展　望

（1）本书对知识合作方式的分类仅限于对现实生活中的产品现象、企业现象、学科现象的归纳，存有不完全分类的可能。

（2）知识合作方式的研究是一个跨学科的研究，在对计算机专业的文献资料查阅中发现，知识合作的具体模型是极为复杂和专业的数据模型。本书对知识合作方式的研究维度是根据知识合作产生的效应对企业外部价值链上知识的整合，因此，对新知识的产生机理从技术层面上来讲，研究还缺乏深度，因此，无法对未来将会出现的知识合作模式做出准确地预测。知识合作模式是财富的缔造模式，如果能从理论上进行演算，列出组合算法，结合技术环境进行删选，预测下一轮触发经济发展的知识合作模式，就等于触摸了财富的神灯。希望本书可以抛砖引玉，吸引有更多知识储备的人来研究这一问题。

（3）本书得出知识合作方式通过对产品价值的影响来实现知识合作剩余的结论，并提出了知识合作剩余分配的基本原则，但由于个人能力所限以及研究主题的控制，缺乏对知识剩余分配的量化研究，而这一问题显然有现实价值。

（4）知识网络的新认识产生机理、知识网络平台环境治理等事关"互联网＋"创新模式的质量问题；事关网络平台环境下企业知识合作的质量问题；事关新一轮经济增长的质量问题，有进行更深入研究的现实意义。

参 考 文 献

[1] 安立仁、席酉民：《企业技术创新的内在机制》，载《西北大学学报》1996 年第 6 期。

[2] 安立仁、张建申：《试论企业技术创新的目的、前提和条件》，载《科学技术与辩证法》1995 年第 4 期。

[3] 蔡铂：《产业集群的创新机理研究》，华中科技大学博士学位论文，2003 年。

[4] 陈传明、史有春：《竞争优势与知识创新》，载《学海》2001 年第 6 期。

[5] 陈劲、王毅、许庆瑞：《国外核心能力研究述评》，载《科研管理》1999 年第 5 期。

[6] 陈劲、龚延、雍灏：《技术创新信息源新探：领先用户研究》，载《中国软科学》2001 年第 1 期。

[7] 储节旺、郭春侠、陈亮：《国内外知识管理流程研究述评》，载《情报理论与实践》2007 年第 6 期。

[8] 陈菊红、汪应洛、孙林岩：《灵捷虚拟企业科学管理》，西安交通大学，2002 年。

[9] 陈喜乐、廖志丹：《试论知识创新信息运动》，载《自然辩证法研究》2004 年第 1 期。

[10] 成思危：《解读新经济》，载《管理科学文摘》2002 年第 2 期。

[11] 盛小平：《面向企业核心竞争力的知识价值链研究》，载《图书情报工作》2007 年第 7 期。

[12] 董绍节、于爱君：《知识创新体系中的信息管理》，载《图书馆学研究》2000 年第 5 期。

[13] 杜元伟、段熠、段万春：《知识网络国内外研究述评与发展动态分析》，载《情报杂志》2013 年第 3 期。

[14] 方厚政：《企业合作创新的模式选择和组织设计》，上海交通大学博士论文，2006 年。

[15] 盖文启：《创新网络——区域发展新思维》，清华大学出版社 2002 年版。

［16］郭军灵：《企业技术联盟的合作动机分析》，载《科技情报开发与经济》2008 年第 18 期。

［17］郭咸刚：《多维博弈人性假设》，广东经济出版社 2003 年版。

［18］何传启、张凤：《知识创新——竞争新焦点》，经济管理出版社 2001 年版。

［19］洪江涛：《企业外部价值链上的知识整合研究》，载《情报杂志》2009 年第 9 期。

［20］洪江涛、陈俊芳：《价值链及其优化理论研究评述》，载《中国地质大学学报》2009 年第 1 期。

［21］洪江涛：《企业价值链管理中的知识分析法》，载《中国人力资源开发》2008 年第 4 期。

［22］胡永铨：《美国微软公司的知识创新战略探析》，载《科技管理研究》2000 年第 3 期。

［23］黄桂田、李正全：《企业与市场：相关关系及其性质——基于回归古典的解析框架》，载《经济研究》2002 年第 1 期。

［24］黄少安：《经济学研究重心的转移与"合作"经济学构想》，载《经济研究》2000 年第 5 期。

［25］黄卫国、宣国良：《知识价值链》，载《情报科学》2006 年第 6 期。

［26］江积海：《动态能力逻辑重构及其演化机理分析》，载《科学管理研究》2009 年第 5 期。

［27］江积海：《企业知识传导理论与实证研究》，上海三联书店 2007 年版。

［28］金明律：《论企业的知识创新及知识变换过程》，载《南开管理评论》1998 年第 2 期。

［29］李翠娟、宣国良：《基于 Shapley 值的企业知识合作剩余分配与协调》，载《上海交通大学学报》2006 年第 4 期。

［30］李翠娟、宣国良：《知识合作剩余：合作知识创新创造企业竞争优势的机理分析》，载《科学学与科学技术管理》2005 年第 7 期。

［31］李翠娟：《基于知识视角的企业合作创新》，上海三联书店 2007 年版。

［32］李红玲：《企业技术联盟的公平分配》，载《华中科技大学学报》（人文社会科学版）2008 年第 4 期。

［33］李纪珍：《研究开发合作的原因与组织》，载《科研管理》2000 年第 1 期。

［34］李景正、赵越：《论知识创新与知识组织、知识管理》，载《情报科学》2000 年第 10 期。

［35］李晓强、张平、邹晓：《学科会聚：知识生产的新趋势》，载《科技进

步与对策》2007 年第 6 期。

[36] 李一楠：《隐性知识管理研究综述》，载《情报杂志》2007 年第 8 期。

[37] 连建辉、赵林：《"企业性质"重探——合作剩余创造和分配的市场关系契约》，载《当代经济研究》2004 年第 1 期。

[38] 林菡密：《论企业的研发外包》，载《科技创业月刊》2004 年第 10 期。

[39] 刘宏、杨克华：《市场结构与合作技术创新行为关系研究》，载《科学学与科学技术管理》2003 年第 6 期。

[40] 刘慧：《集群创新纪录网络内的企业学习研究》，浙江大学硕士论文，2003 年。

[41] 刘慧、胡天佑：《我国生物医药外包市场浅析》，载《上海医药》2005 年第 2 期。

[42] 刘冀生、吴金希：《论基于知识的企业核心竞争力与企业知识链管理》，载《清华大学学报》（哲学版）2002 年第 1 期。

[43] 刘学、庄乾志：《合作创新的风险分摊与利益分配》，载《科研管理》1998 年第 5 期。

[44] 刘志国、刘小玲：《对隐性知识管理的哲学思考》，载《江苏苏金融职工大学学报》2007 年第 4 期。

[45] 柳洲、陈士俊、王洁：《跨学科创新团队的异质性知识耦合》，载《科学学与科学技术管理》2008 年第 6 期。

[46] 龙静：《企业知识创新与组织结构研究》，载《世界经济与政治论坛》2001 年第 3 期。

[47] 龙静：《试论知识创新与组织文化变革》，载《南京社会科学》2001 年第 9 期。

[48] 卢青：《论 CKO 的人选素质与职责任务》，载《情报理论与实践》2001 年第 5 期。

[49] 吕军：《企业知识创新研究》，武汉理工大学博士论文，2003 年。

[50] 罗炜、唐元虎：《企业合作创新的原因与动机》，载《科学学研究》2001 年第 9 期。

[51] 罗炜、唐元虎：《企业合作创新的原因与动因》，载《科学学研究》2008 年第 3 期。

[52] 罗炜、唐元虎：《企业能力差异与合作创新动机》，载《预测》2001 年第 3 期。

[53] 罗炜：《企业合作创新的理论研究》，复旦大学出版社 2002 年版。

[54] 马克思：《资本论》，人民出版社 1975 年版。

［55］彭灿:《供应链中知识的流动与组织间学习》,载《科研管理》2004年第3期。

［56］闫杰、苏竣:《信息技术在农业知识扩散中的应用》,载《科研管理》2000年第5期。

［57］施培公:《后发优势:模仿创新的理论与实证研究》,清华大学出版社1999年版。

［58］宋英华:《企业知识价值链及其管理研究》,武汉理工大学管理学院博士论文,2005年。

［59］苏新宁:《组织的知识管理》,国防工业出版社2004年版。

［60］唐礼智、狄炀:《集聚、外部性与FDI区位选择》,载《宁夏社科》2009年第2期。

［61］田耘:《跨国公司对外直接投资动机理论的文献综述》,载《经济论坛》2007年第7期。

［62］汪丁丁:《知识沿时间和空间的互补性以及相关的经济学》,载《经济研究》1997年第6期。

［63］王德禄:《知识管理:竞争之源》,复旦大学出版社2001年版。

［64］王缉慈:《创新的空间企业集群与区域发展》,北京大学出版社2001年版。

［65］王建宇、樊治平、姜艳萍、胡国东:《合作知识创新中基于Stackelberg博弈的资源共享决策模型》,载《中国管理科学》2005年第3期。

［66］王晰巍:《知识供应链构建模式及运行机制研究》,吉林大学管理学院博士论文,2006年。

［67］吴季松:《知识经济》,北京科学技术出版社1998年版。

［68］吴宪华:《动态联盟的分配格局研究》,载《系统工程》2001年第3期。

［69］幸理:《企业合作创新的动机与模式》,载《企业改革与管理》2006年第1期。

［70］姚小涛、席酉民:《以知识积累为基础的企业竞争战略观》,载《中国软科学》2001年第2期。

［71］魏江、申军:《产业集群学习模式和演进路径研究》,载《研究与发展管理》2003年第4期。

［72］张曙:《分散网络化制造》,机械工业出版社1999年版。

［73］张维迎:《博弈论与信息经济学》,上海人民出版社1996年版。

［74］张雯:《利用隐性知识创造企业竞争优势》,载《管理理论与方法创新论坛》(西北大学)2008年第8期。

[75] 张雄林：《知识集聚研究》，天津大学博士论文，2007 年。

[76] 张树义：《战略联盟的博弈分析》，西南交通大学博士论文，2002 年。

[77] 赵琳：《从价值分析角度看知识创新与技术创新》，载《价值工程》2000 年第 2 期。

[78] 赵鹏飞、王晓茜：《外包合作关系的科学管理》，载《石家庄经济学院学报》2004 年第 3 期。

[79] 赵雪松、杜荣、焦函：《师徒模式下隐性知识的共享障碍及解决方案》，载《预测》2006 年第 5 期。

[80] 钟书华：《我国企业技术联盟现状分析》，载《科研管理》2000 年第 4 期。

[81] 周丹、刘景江、许庆瑞：《合作创新形式的研究》，载《自然辩证法通讯》2003 年第 5 期。

[82] 周二华、陈荣秋：《技术开发的类型与创新模式选择的关系》，载《科研管理》1999 年第 4 期。

[83] 周君：《企业间合作研发的发展趋势与动机分析》，载《重庆大学学报》（社会科学版）2002 年第 5 期。

[84] 周三多、周建：《新经济的时代特征与企业战略范式的转型》，载《南开管理评论》2002 年第 1 期。

[85] 朱祖平：《知识进化与知识创新机理研究》，载《研究与发展管理》2000 年第 12 期。

[86] 张永成、郝东东：《开放式创新下的知识共同创造机理》，载《情报杂志》2011 年第 9 期。

[87] ［美］阿特拜克，高建、李明译：《把握创新》清华大学出版社 1999 年版。

[88] ［美］彼德·德鲁克，柯政译：《创新精神与创新》，工人出版社 1989 年版。

[89] ［美］彼特卫、德鲁克等著，杨开峰译：《知识管理》，中国人民大学出版社 1999 年版。

[90] ［美］阿尔文·托夫勒，吴文忠等译：《财富的革命》，中信出版社 2006 年版。

[91] ［美］戴布拉·艾米顿，金周英等译：《知识经济的创新战略》，新华出版社 1998 年版。

[92] ［美］亨利·切萨布鲁夫：《开放式创新——进行技术创新并从中盈利的新规则》，清华大学出版社 2005 年版。

[93] ［日］竹内弘高、野中郁次郎，李萌译：《知识创造的螺旋——知识管理

理论与案例研究》，知识产权出版社 2006 年版。

［94］［瑞典］西格法德·哈利森，华宏兹、李鼎新、华宏勋译：《日本的技术与创新管理：从寻求技术诀窍到寻求合作者》，北京大学出版社 2004 年版。

［95］［美］尼尔·瑞克曼等：《合作竞争大未来》，经济管理出版社 1998 年版。

［96］［日］首藤信彦：《超越国际技术联合》，载《世界经济评论》1993 年第 8 期。

［97］［美］斯蒂芬·P·罗宾斯，孙建敏、李原等译：《组织行为学》，中国人民大学出版社 1997 年版。

［98］［美］斯图尔特·巴恩斯，阎达五、徐鹿等译：《知识管理系统理论与实务》，机械工业出版社 2004 年版。

［99］［美］泰勒尔，张维迎总译校：《产业组织理论》，中国人民大学出版社 1997 年版。

［100］［美］维娜·艾莉著，刘民慧等译：《知识的进化》，珠海出版社 1998 年版。

［101］［美］维托德·瓦斯尼基，仲继银、胡春译：《知识、创新和经济》，江西教育出版社 1999 年版。

［102］亚当·斯密著，郭大力、王亚男译：《国民财富的性质和原因的研究》，商务印书馆 1972 年版。

［103］［日］野中郁次郎、竹内广隆，李萌、高飞译：《创造知识的公司》，知识产权出版社 2006 年版。

［104］［美］达文波特等，王者译：《营运知识——工商企业的知识管理》，江西教育出版社 1999 年版。

［105］［美］约瑟夫·熊彼德，何畏等译：《经济发展理论》，商务印书馆 2000 年版。

［106］尼玛利亚·库玛：《制造商与零售商之间信任的力量》，载《哈佛商业评论》1996 年第 11 期。

［107］Aghion, Philippe, and Jean Triole, On the Management of Innovation. *Quarterly Journal of Economics*, 109, 1994, pp. 1185 – 1207.

［108］Alberto. Galasso, Cross-licensing Agreements in the Semiconductor Industry: Waiting to Perswade? Work Paper, 2006.

［109］Arrow, K. J. "Economic Welfare and the Allocation of Resources for Inventions," inNelson, R. R. (ed.), *The Rate and Direction of Incentive Activity*, Princeton, N. J., Princeton University Press, 1962.

[110] Arrow, K. The Economics Implication of Learning by Doing. *Review of Economics Study*, Vol. 29, 1962, pp. 199 – 215.

[111] Atallah G, The Allocation of Resources of Cooperation and Noncooperative R&D. *Australian Economic Papers*, 43 (4), 2004, pp. 54 – 68.

[112] Banerjee S, Lin P, Vertical Research Joint Ventures. *International Journal of Industrial Organization*, 19 (1 – 2), 2001, pp. 285 – 302.

[113] Baptista J. I. &P. Swann, Do Firms in Cluster Innovate More. *Research Policy*, Vol. 27, No. 6, 1998, pp. 525 – 540.

[114] Baumol W, When is Inter-firm Coordination Beneficial? The Case of Innovation. *International Journal of Industrial Organization*, 19 (5), 2001, pp. 727 – 737.

[115] Beath J, Poyago – Theotoky J, Ulph D, Organization Design and Information-sharing in A Research Joint Venture with Spillovers. *Bulletin of Economic Research*, 50 (1), 1998, 47 – 59.

[116] Becker G. S. , Murphy K. , The Division of Labor, Coordination Costs, and the Knowledge. *Quarterly Journal of Economics*, Vol. 107, No. 4, Novermber, 1992, pp. 1137 – 1160.

[117] C. W. Holsapple&M. Singh, The Knowledge Chain Model; Activities for Competitiveness. *Expert Systems with Applications*, 20, 2002, pp. 77 – 98.

[118] Chesbrough HW, Teece D J. When is Virtual Virtuous. *Harvard Business Review*, (Jan – Feb), 1996, pp. 65 – 73.

[119] Christopher, M. , *Logistics and Supply Chain management*. Pitman Publishing, London. 1992.

[120] Cohen M. D, Sproull L. S. (Eds.), *Organizational Learning*. Sage Publication, Thousand Oaska, CA, 1996.

[121] Cohen W, Levinthal D, Absorptive Capacity: A New Perspective on Learning and Innovation. *Administrative Science Quarterly*, 35 (1), 1990, pp. 128 – 152.

[122] Cohen W, Levinthal D, Innovation and Learning: the Two Faces of R&D. *Economic Journal*, 99 (397), 1989, pp. 569 – 596.

[123] D' Aspremont C, Jacquemin A. Cooperative and noncooperative R&D in a duopoly with spillovers. *American Economic Review*, 78, 1988, pp. 1134.

[124] Debra M. Amidon. *Innovation Strategy for the Knowledge Economy*, Butterworth – Heinemann, 1997.

[125] Debra M. Amidon. The Challenge of Fifth Generation R&D. *Research Technology Management*, 1996.

[126] Doz. Y. L. Technoligy Partnerships between Larger and Smaller Firms: Some Critical Issues. *Cooperatives Strategies in International Business*, 1998.

[127] Durcker P F. The New Productivity Chanllenge. *Harvard Business Review*, 6 (1), 1991.

[128] Dyer J H, Singh H. The Relational View: Cooperative Strategy and Sources of Interorganizational Competitive advantage. *Academy of Management Review*, 23 (4), 1998, pp. 660 – 679.

[129] Grant R. M. , Prospering in Dynamically-competitive Environments: Organizational Capability Knowledge Integration. *Organization Science*, 102, 1996, pp. 375 – 380.

[130] Gulati R. , Social Structure and Alliance Formation Patterns: Alongitudinal Analysis. *Administrative Science Quarterly*, Vol. 40, 1995, pp. 619 – 652.

[131] Gulati. R. Social Structure and Alliance Formation A Longitudinal Analysis. *Administrative Science Quarterly*, 40, 1995, P. 619.

[132] Hagedoorn J, Link A, Vonortas N, Research Partnerships. *Research Policy*, 29 (4), 2000, pp. 567 – 586.

[133] Hall. Survival Strategies in A Hostile Environment. *Harvard Business Review*, 9/10, 1980, pp. 75 – 80.

[134] Hamel G, Competition for Competence and Inter-partner Learning within International Strategic Alliances. *Strategy Management Journal*, 12 (4), 1991, pp. 83 – 103.

[135] Hamel G. , Competition for Competence and Inter-parter Learning within International Strategic Alliances. *Strategic Management Journal*, 12 (Summer Spcial Issue), 1991, pp. 83 – 103.

[136] Hamel. G. Y. L. Doz. and C. K. Prahalad. Collaborate with Your Competitors and Win. *Harvard Business Review*, 67 (1), 1991, pp. 137.

[137] Harrigan K. R. , Joint Ventures and Competitive Strategy. *Strategic Management Journal*, 9, 1998, pp. 141 – 158.

[138] Hayek. F. A. , The Use of Knowledge in Socity. *American Economic Review*, Vol. 35. No. 4, 1945, pp. 519 – 532.

[139] Hill. Differentiation Versus Low Cost Or Differentiation And Low Cost: A Contingency Framework. Academy of Manag-ement. *The Academy of Management Re-*

view，7，1988，pp. 401 – 412.

[140] Hitt M. A.，Dacin M. T.，Levitas，ARREGLE，J. L，Borza，A，Partner Selection in Emerging and Developed Market Contexts：Resorce-based and Organizational Learning Perspectives. *Academy of Management Journal*，Vol. 43，2000，pp. 449 – 460.

[141] Iansiti M，Clark K B. Integration and Dynamic Capability：Evidence from Development in Automobiles and mainframe Computers，Industrial and Corporate，1994，3，pp. 537 – 605.

[142] Inkpen A. C.，Learning，Knowledge Acquisition，and Strategic Alliances. *European Management Journal*，1998，16（2），pp. 223 – 229.

[143] Inkpen AC Learning Knowledge Acquisition and Strategic Alliances. *European Management Journal*，Vol 16. No. 2，1988.

[144] Inkpen AC.，*The Management of International Joint Ventures：An Organizational Learning Perspective.* ve. Routledge：London. 1995.

[145] Joe Tidd，John Bessant，Keith Pavitt，*Managing Innovation：Integrating Tohnological.* Market and Orgnizational Change，John Wiley & Sons，1997.

[146] Jones，Butler. Costs，Revenue，And Business—Level Strategy. *Academy of Management Review*，7，1988.

[147] Kamin M I，Muller E，Zhang I. Research Joing Ventures and R&D Cartels. *American Economic Review*，82，1992，pp. 1307 – 1320.

[148] Katz. M. Analysis of Coopertative Research and Devolpment. *Rand Journal of Economics*，17，1986，P. 527.

[149] Kambil A，Friesen G B，Sundaram A. Co-creation：A New Source of Value. *Accenture Outlook*，2，1999，pp. 38 – 43.

[150] Khanna T，Gulati R，Nohria N. The Dynamics of Learning Alliances：Competition，Cooperation，and Relative Scope. *Strategic Management Journal*，19，1998，pp. 193 – 210.

[151] Kogut B，Zander U. Knowledge of the firm. Combinative Capabili-ties and the Replication of Technology. *Organization Science*，3，1992，pp. 383 – 397

[152] Krugman P.，*Development，Geography，and Economic Theory.* The MIT Press，Cambridge，Massachusetts，pp. 7 – 28.

[153] Ktsoulacos Y，Ulph D. Endogenous Spillovers and the Performance of Research Joint Venture. *Journal of Industrial Economics*，XL Ⅵ（September），1998，pp. 333 – 357.

［154］Markusen A, Sticky Places in Slippery Space: A Typology Industrial Districs. *Economic Geography*, 72, 1996, P. 293.

［155］Michael E. Porter, *Competitive Strategy*, The Free Press, 1980.

［156］Michael Gibbons etc. The New Production of Knowledge. *the Dynamics if Science and Research in Contemporary Societies*, 1994.

［157］Miller, Dess. Assessing Porter's Model in Terms of Its Generalizability, Accuracy and Simplicity. *Journal of Management Studies*, 30, 1993.

［158］Miller, Friesen. Porter's Generic Strategies and Performance: An Empirical Examination with Americanata. *Organization Studies*, 7/1, 31986, pp. 7 – 55.

［159］Mitsuru Kodama, Business Innovation through Customer-value Creation: Case Study of A Virtual Education Business ih Japan. *The Jornal of Management Development*, Vol. 19, 2000, pp. 49 – 70.

［160］Moore, James F. *The Death of Competition*. New York: Arts&Licensing International, inc. 1996

［161］Murray. A Contingency View of Porter's "Generic Strategies". *The Academy of Management Review*, 7, 1988, pp. 390 – 400.

［162］Narula R, Hagedorn J. Innovating through Strategic Alliances: Moving Towards International Partnerships and Contractual Agreements. *Technovation*, 19, 1999, pp. 283 – 294.

［163］Nonaka 1. A Dynamic Theory of Organizational Knowledge Creation. *Organizational Science*, 1, 1994.

［164］Oliver C. , Determinants of Interorganizational Relationships: Integrtion and Future Directions. *Academy of Management Review*, Vol. 15, 1990, P. 241.

［165］Parkhe A. , Understanding Trust in International Alliances. *Journal of World Business*, Vol. 33, No. 3, 1998, pp. 219 – 230.

［166］Parkhe. a. Strategic Alliance Structruing: A Game Theoretic and Transaction Cost Examination of Interfirn Cooperation. *Academy of Management Journal*, Vol. 36. No. 4. 1993.

［167］Petit M L, Tolwinski B. R&D Cooperation or Competition? *European Economic Review*, 43 (1), 1999, pp. 185 – 208.

［168］Petit M L, Tolwinski, Technology Sharing Cartels and Industrial Structure. *International Journal of Industrial Organization*, 15 (1), 1996, pp. 77 – 101.

［169］Poyago, Theotoky J A. Equilibrium and Optimal Size of A Research Joint Venture in An Oligopoly with Spillovers. *Journal of Industrial Economics*, 43, 1995, pp. 209 – 226.

[170] Prahalad C K, Hamel G. The Core Competence and the Corporation. *Harvard Business Review*, 68 (3), 1990, P. 71.

[171] Prahalad, C K., Ramaswamy, V. *The Future of Competition: Co-creating Unique Value with Customers*. Harvard Business School Pub Boston Mass, 2004.

[172] Richard Hall & Pierpaolo Andrian Management Focus Analysing Intangible Resources and Managing Knowledge in A Sup-ply Chain Context. *European Management Journal*, Vol. 16, No. 6, December, 1998.

[173] Rigers EM, Carayannis E G, Kurihara K, et al, Cooperative Research and Development Agreements (CRADAs) As Technology Transfer Mechanisms. *R&D Management*, 28 (2) 1998, pp. 79 – 88.

[174] Ring P. S. *Networked Organization: A Resource Based Perspective*, Working paper, Acta University Upasliecsie: Studia Oeronomiae Negotiorum, Almquist and Wiskell Internatinal, Uppsala, 1996, P. 39.

[175] Rumelt, R. P., Diversification Strategy and Progfitablity. *Strategic Management Journal*, 3, 1982, pp. 359 – 369.

[176] Sadao & Hyeog, *Unilateral vs. Cross Licensing: A Theory and New Evidence on the Firm-level Determinants*, 2003.

[177] Spanos et al. Strategy and industry Effects on Profitability: Evidence from Greece. *Strategy Management Journal*, 25, 2004, pp. 35 – 169.

[178] Stevens, Lesley., Different Voice: Anglican Women in Ministry. *Review of Religious Research*, 30, 1989, pp. 262 – 275.

[179] Sakakibara, *Evaluating Government-sponsored R&D Consortia in Japan: Who Benefits and How*? Research Policy. 26, 1997, pp. 447 – 473.

[180] Taylor, C. T. and Silberston, Z. A., The Economic Impact of the Patent System: a Study of the British Experience. *Cambridge University*, 1973.

[181] Teece D. J., Competition, Cooperation, and Innovation: Organizational Arrangements for Regimes of Rapid Technological Process. *Journal of Economic Behavior & Organization*, Vol. 18, 1992, pp. 1 – 25.

[182] Towill D. R., Time Compression and Supply Chain: Aguided tour. *Supply Chain Mangement*, Vol. 1 (1), 1996, pp. 15 – 27.

[183] Wernerfelt B., A Resource-based View of the Firm. *Strategic Management Journal*, Vol. 5, 1984, pp. 171 – 180.

[184] Wright, Tu, Helms. Generic Strategies and Business Performance: An

Empirical Study of the Screw Machine Products Industry. *British Journal of Management*, 2, 1991, pp. 57 – 65.

[185] Yashino, M. Y. , Rangan U. S. , *Strategic Alliance*, *An Enterprenurial Approach to Globalization.* Harvard University School Press. , 1995.

[186] Ziss, Steffen. Strategic R&D with Spillovers, Collusion and Welfare. *Journal of Industrial Economics*, XL Ⅱ (4), 1994.

附　　录

与本著作相关的研究成果：

［1］何景涛、安立仁：《知识合作模式对企业利润的贡献》，载《未来与发展》2010 年第 2 期，第 67～69 页。

［2］何景涛、安立仁：《企业合作的组织形式研究》，载《未来与发展》2009 年第 11 期，第 65～69 页。

［3］何景涛、安立仁：《知识合作模式与产品价值构成要素研究—企业合作创新研究的新视角》，载《科技进步与对策》2010 年第 5 期，第 78～83 页。

［4］何景涛、安立仁：《企业知识合作的稳定性研究》，载《企业研究》（人大资料全文转载）2010 年第 7 期，第 18～20 页。

［5］何景涛：《企业知识合作的动力机制研究》，载《生产力研究》2011 年第 11 期，第 168～171 页。

［6］何景涛：《管理理论中人性假设的逻辑演变》，载《领导科学》2012 年第 5 期，第 61～63 页。

［7］何景涛：《企业伦理特性及其形成机理研究》，载《领导科学》2018 年第 3 期，第 63～65 页。

［8］何景涛：《Web 技术支撑下的企业合作创新——知识网络模式及其自组织效应研究》，载《生产力研究》2018 年第 7 期。

后　记

　　本书是在我博士论文的基础上后续跟进研究，进一步延展成果的综合展示。著述于我是件非常严肃而且神圣的事情，总觉得自己的沉淀还不够；总觉得这本书还有未尽之处。直到我终于清楚地看到了它的价值和意义：它有着契合时代发展主题的生命脉动。

　　企业创新的本质是知识创新，企业合作创新的本质是知识作为生产要素的重新组合，知识合作是 21 世纪企业合作创新的主流模式，是企业财富的缔造模式。在读博士期间研究知识合作的模式时，将知识合作的模式分为知识集聚、知识供应链、知识嫁接模式，并且预知由于对知识合作方式的分类仅限于对现实生活中的产品现象、企业现象和学科现象的归纳，存有不完全分类的可能。时隔八载，Web 技术支撑下的企业合作创新——知识网络合作模式已悄然成为市场的主角。中国由于互联网的普及和改革开放的政策，迎来了这一轮知识合作创新的春天，许多中国的互联网平台企业已经走向世界，甚至引领发展，这些互联网企业倚借网络平台的吸附作用，组建了变化多端的复杂网络，形成知识网络合作的自组织效应，带动了实体经济的发展。企业与企业之间的依存关系前所未有地紧密相连，客户对于企业创新的参与也从来没有如此直接和深入。知识网络合作模式已成为带动其他知识合作模式、激活经济发展的中坚力量。

　　本书从知识合作的动力机制、运行机制、反馈机制来进行知识合作的机制研究，论证了企业之间进行广泛知识合作的必然性和持续性，然而，任何合作都可能遭遇合作的稳定性问题。在对知识合作稳定性的研究中发现，即使在利益可观的情况下，企业的合作行为也存在多样性，并呈现出合作—背叛—合作的特征。企业之间与合作群体之间的选择是一种双向选择，因此，知识合作的效果不仅要考虑合作各方的利益，还要考虑合作的整体利益。核心技术的掌握只是增加了博弈的筹码，知识合作的趋势不可阻挡。从合作体内部因素、外部因素对知识合作进行研究，以中美贸易战中的美国对中国中兴、华为的举措为引探讨了知识合作中的合作伦理问题，并结合具体的知识合作模式来探讨知识合作的基本伦理准则。在经济全球一体化的今天，自主创新必不可少，合作伦理更不可或缺。

　　企业进行知识合作，合作是有主体、客体之分的。主体由于掌握关键技术而在合作中拥有绝对优势。我国自改革开放以来，经济得到举世瞩目的发展，从知识管理的视角来评价我们的工业体系是产能高、产品全，但是技术含量低、基础研究不足。在基础材料、加工精度、提纯度等工艺缺乏的核心技术上。根据知识合作的特点来研究企业知识合作的质量问题，探讨我国企业如何将自主创新与知识合作创新相结合，提高知识合作中的竞争能力和合作地位。

知识合作模式的研究是一个跨学科的研究，在对计算机专业的文献资料查阅中发现，知识合作的具体模型是极为复杂和专业的数据模型。本书对知识合作方式的研究视角是根据知识合作产生的效应对企业外部价值链上知识的整合，对新知识的产生机理从技术层面上来讲，研究还缺乏深度，因此，无法对未来将会出现的知识合作模式做出准确地预测。知识合作模式是财富的缔造模式，如果能从理论上进行演算，列出组合算法，结合技术环境进行删选，预测下一轮触发经济发展的知识合作模式，就等于触摸了财富的神灯。希望本书可以抛砖引玉，吸引有更多相关知识储备的人来研究这一问题。

在本书即将付梓之际，我要特别感谢我的导师，西北大学安立仁教授。导师对学术的严谨与执着；对生活的淡定与从容，影响了我。在本书撰写过程中，从选题到提纲拟定、从初稿形成到最终定稿，都得到导师的指导和帮助。在此，谨向导师安立仁教授致以衷心的感谢。我只有让自己在回报社会的同时，不断地成长、健康快乐的生活，才是对这种付出的回报。

感谢西北大学任课教师白永秀教授、赵守国教授、常云昆教授、王正斌教授、齐捧虎教授、冯均科教授、冯涛教授、杨剑飞教授、茹少峰教授等。老师们的学术思想为我撰写本书提供了帮助

我更珍视西北经济管理学院 2007 级博士班同学们的友情。在共同的学习和生活中，我们相互勉励、帮助，共同进步，建立了浓厚的友情。此外，师弟薛振华在本书的撰写过程中给予了许多帮助、师兄西安外国语大学白少君教授对英文摘要做了校译。

感谢宁夏大学经济管理学院的各位领导和同事的友善与宽容使得我能够一直潜心于钟爱的研究领域。

感谢国家留学基金委给予我访学的机遇，拓展了研究思路和获得宝贵的研究与撰写本书的时间。

本书有诸多参考文献与引注，作者们的真知灼见和辛勤工作是本书得以存在的基石，常常有循着他人汗水的印记看见彼岸芳华的感激之情。虽从未谋面却对他们如同老友般的亲切。在这里对本书参考文献的作者表达我的尊重与感谢。

感谢经济科学出版社王娟老师辛勤的工作，使本书得以规范地呈现在读者面前。

感谢我的家人，相信、陪伴、帮助、等待……

最后，特别注明感谢国家自然科学基金委对本书出版的资助。

一个生命的绽放是因为另外一个生命的奉献。走过的路，遇到的人，要感谢的很多，良师、益友、亲人……一桩一件满满的都在心里不曾忘记也不会忘记。赞美是阳光，宽容是泥土，机遇是清泉。让我向你们，给予我阳光、泥土、清泉的你们说一声：谢谢！

何景涛

2018 年 6 月